KAI-UWE MERZ

Revolte Berlin

EINE KULTURGESCHICHTE DER 1970ER-JAHRE

ELSENGOLD

INHALT

Zwei Revolten – In West-Berlin die Studenten, in Ost-Berlin die Künstler

Was du sagst, ist ja gut und recht, aber beim König gibt es niemand, der dich anhört.
2 SAM 15,3

WOFÜR STEHT 1968? Diese Jahreszahl ist ein kulturelles Datum. Es steht für eine soziale Bewegung, jung, radikal, international. Sie wurzelt im Westen. Dieser Westen steht in der zweiten Hälfte der 1960er-Jahre weiter in der Auseinandersetzung mit dem Osten. Wir befinden uns 1968 in der von den beiden Blöcken des Kalten Kriegs beherrschten Weltordnung. Das von der Mauer geteilte Berlin hat eine einzigartige Rolle. Hier begegnen sich die beiden feindseligen Hemisphären. 1968 findet in Deutschland vor allem in West-Berlin statt. In Berlins Ostteil legitimieren die kommunistischen Denker und Revolutionäre Karl Marx, Friedrich Engels und Wladimir I. Lenin die Herrschaft der Sozialistischen Einheitspartei Deutschlands SED. 1968 wird jedoch im pointiert antikommunistischen demokratischen Westteil zeitweilig von einer Bewegung dominiert, die sich ebenfalls und unter anderen auch auf diese drei Ideologen beruft. Das geschieht in der Frontstadt des Kalten Kriegs, die sich seit dem Ende des Zweiten Weltkriegs über Blockade und Mauerbau hinweg gegen den Sowjetkommunismus behauptet hat. 1968 wirkte dort als Provokation und zwar ganz im Geiste jenes linksradikalen Revolutionärs von 1848, dessen *Kommunistisches Manifest* eine vergleichbare Konstellation 120 Jahre zuvor beschwor:

Karl Marx 1968 in Ost-Berlin: Der DDR-Staatsratsvorsitzende Walter Ulbricht spricht zum 150. Geburtstag des *Klassikers* am 2. Mai in der Kongresshalle am Alexanderplatz.

Ein Gespenst geht um in Europa – das Gespenst des Kommunismus. Alle Mächte des alten Europa haben sich zu einer heiligen Hetzjagd gegen dies Gespenst verbündet, der Papst und der Czar, [Clemens Graf von] Metternich und [François] Guizot, französische Radikale und deutsche Polizisten.

Karl Marx ist in seiner Zeit Repräsentant des Westens. Er verstand unter *Europa* jenen Westen als Ort der Unruhe, der Entwicklung, der Zukunft, der einst die proletarische Revolution gebären und mit dem Sozialismus, später dem Kommunismus, die paradiesische Welt der arbeitenden Menschen entstehen lassen sollte. Gemeinsam mit seinem Freund und Finanzier Friedrich Engels war er ein Feind des zaristischen Russlands, das er als zurückgebliebene Hauptmacht der aus seiner Sicht freiheitsfeindlichen, tyrannischen, imperialistischen Mächte ansah, die seiner Revolution am entschiedensten im Wege standen. Diesen Gegenwartsbezug darf die Einleitung eines Buchs, das am Freitag, dem 13. Mai 2022, unmittelbar nach der Fertigstellung des die ersten Mauerjahre behandelnden Bandes *Zement Berlin. Eine Kulturgeschichte der frühen 1960er Jahre,* begonnen worden ist, zumindest andeuten. Dieser 13. Mai ist der 79. Tag des von der Russischen Föderation begonnenen Eroberungs- und Vernichtungskriegs gegen die Ukraine. Von Marx herrührende Buchtitel wie *Die Geschichte der Geheimdiplomatie des 18. Jahrhunderts. Über den asiatischen Ursprung der russischen Despotie* oder *Russlands Drang nach Westen. Der Krimkrieg und die europäische Geheimdiplomatie im 19. Jahrhundert* sind Grundschriften westeuropäischer Russophobie – in der DDR weggeschwiegen, doch zu Beginn der 2020er-Jahre von neuer paradoxer Aktualität. 1977, noch im Nachgang der Studentenbewegung, erschien die deutsche Erstausgabe von Marx' *Geschichte der Geheimdiplomatie* im West-Berliner Verlag Olle & Wolter, versehen mit Kommentierungen von Bernd Rabehl, des *Genossen* von Rudi Dutschke.

Marx spricht im zweiten Satz seines Manifestes von der Gegenbewegung der Herrschenden, der Bourgeoisie, der Reaktion. Das ist seine Prophezeiung des seiner Bewegung feindseligen, umfassenden Antikommunismus. 1968 sind nicht mehr der konservative österreichische Staatskanzler oder der monarchistische französische Außenminister und Ministerpräsident die aktuellen Gegner des Kommunismus. Antikommunistisch gesonnen waren 1968 der deutsche Bundeskanzler Kurt-Georg Kiesinger, der mit seinem Außenminister Willy Brandt die erste Große Koalition gebildet hatte. Brandt war der Regierende Bürgermeister, der als Zögling des ehemaligen Kommunisten und wortgewaltigen Gegners des Kommunismus Ernst Reuter das Stadtoberhaupt war, das die Berliner durch die erste Mauerzeit geführt hatte. Gegner der Kommunisten waren besonders die Berliner Sozialdemokraten, die sich des Zusammenschlusses mit der KPD zur SED erwehrt hatten. Deren Gegner waren ebenso in besonderer Weise die West-Berliner Polizisten. Einer der seit 1972 in West-Berlin am Otto-Suhr-Institut der Freien Universität FU tätigen Politologie-Professoren und Vordenker der 68er-Bewegung war der aus Italien stammende Johannes Agnoli. Er ist 1998, 30 Jahre danach, überzeugt: „1968 hat ganz Europa verändert." Er räumt ein, dass die Revolte keine gültigen Antworten auf die Fragestellungen einer völlig veränderten Welt bot. Sein zuversichtlicher Trost: „Sie hinterlässt uns aber die richtigen Fragen." Agnoli resümiert mit Bezug auf den 1998 inzwischen 150 Jahre alten Marx-Text: „Und das ist gut so, denn es ist wieder so weit: ‚Ein Gespenst geht um in Europa' und in der ganzen Welt." Wie Marx und Engels zu ihren Lebzeiten weiß auch Agnoli um die Fehler der eigenen Bewegung, der *Studentenrevolte*. Agnoli stellt zu Recht heraus, dass diese *Revolte*, deren Schauplatz auch West-Berlin gewesen ist, die Welt verwandelt hat:

Dennoch war die Revolte nicht nur notwendig, sondern auch zwar kein Erfolg [sic], aber dennoch geschichtlich wirksam. Revolten kennen im allgemeinen nur das Scheitern, sonst wären sie Revolutionen. Die gescheiterte Revolte indessen greift in die Geschichte ein, sie setzt Zeichen, die teils verschwinden, um später wieder aufzutauchen, sie verändern doch die Welt.

Im von den Übervätern Marx, Engels, Lenin beherrschten Ost-Berlin scheitert in den von 1968 geprägten 1970er Jahren eine andere Revolte, die zum anderen Teil im Buchtitel gemeint ist. Ihre Weiterungen werden bleiben, trotz aller Unterdrückung wieder an die Oberfläche dringen und dazu beitragen, die Welt tatsächlich fundamental zu verändern. Davon hatten die 68er im Westteil immer nur geträumt. Andauernd rumoren spätestens ab Mitte der 1960er Jahre im Untergrund des Kulturlebens der DDR-Hauptstadt Unfrieden, Unruhe, Unfreiheit. Man möchte die Konstellation umdrehen und sagen, dass das SED-Regime die Revolte gegen seine Kulturschaffenden versucht, indem es Wolf Biermann nicht wieder ins Land lässt, ihnen die Mauer öffnet, damit sie ihre Unzufriedenheit bloß jenseits der meinungskontrollierenden, schützenden, mauerbewehrten Staats- und Stadtgrenzen ausleben mögen. Unerwartet war die *Revolte* vieler Kulturschaffender, die ihr murrendes Schweigen brachen. In ihrer ideologischen Wurzel sind beide Revolten ähnlich, sind doch die Kunstleute im Osten Berlins nach wie vor Anhänger der Idee jenes *besseren* Deutschlands, dessen Möglichkeit sie weiterhin in der DDR zu erblicken meinen, und sie sind Gegner des westlichen *kapitalistischen* Systems mit seinen noch immer manifesten nationalsozialistischen

Restbeständen. Sie sind dessen Gegner ebenso wie die Revoltierenden in West-Berlin, die das andere *System* jenseits der Mauer zwar kritisch, aber in vielen Tendenzen positiv wahrnehmen, als einen Staat, der potenziell das *bessere* Deutschland zumindest werden könnte. Es gibt eine Ähnlichkeit der Revolten, die erneut das Gemeinsame des einen Berlins in seinem Geteiltsein in den Blick kommen lässt. Wie in den vorangehenden Bänden *Wüste Berlin*, *Eiszeit Berlin* und *Zement Berlin* geht auch *Revolte Berlin. Eine Kulturgeschichte der 1970er Jahre* von der These aus, dass die Stadt über Nachkriegszeit, Kalten Krieg und 1960er Jahre hinweg *eine* Stadt geblieben ist. Das ist verblüffend häufig erkennbar. Dieses Buch behält diesen Zusammenhang im Blick, wenn es die Felder von Stadtpolitik, Hochschulen, Literatur und Tagebuch-Literatur, Kirche, Theater, des Lieds, der Schauspielerei, von Agitrock und Elektropop, Film, Malerei, Stadt-Architektur und des Verhältnisses von Frauen und Männern erörtert.

Dieses Buch ist keine Geschichte von Berlin 1968, es ist keine Geschichte der *Revolte* in dieser Stadt und keine umfassende, letzt-

Kannten sich aus Berlin: Liedermacher Wolf Biermann (l.) am 19. Juni 1977 nach der Ausbürgerung mit Schriftsteller Günter Grass in der ZDF-Sendung *Litera-Tour.*

gültige Kulturgeschichte des Berlins der 1970er-Jahre. Bewusst steht im Untertitel wie auch bei den übrigen Bänden, es sei *eine* Kulturgeschichte. Die Serie dieser kulturgeschichtlichen Berlin-Bände geht erklärtermaßen subjektiv vor, in der Auswahl, in den Vorlieben des Autors, in der Methode, die sich einzelne kulturelle Felder aussucht, sie mit als repräsentativ erachteten Persönlichkeiten besetzt und von diesen Menschen und ihren Leistungen erzählt. Das sind Menschen, verbunden mit Berlin, die exemplarisch für die Kultur der Stadt in der gegebenen Epoche stehen und als repräsentativ anzusehen sind. Schon deswegen muss das Zusammensetzen eines Gesamtbildes der Periode im Bewusstsein seiner Vorläufigkeit geschehen.

Kulturgeschichte soll lesbar und anschaulich dargestellt sein. Zeitgenössische Fotos gehören zu dieser Form des Erzählens dazu, denn Leserin und Leser sind sehende Augenmenschen. Dieser Band ist auch für Ohrenmenschen. Denn oft klingt uns laute Musik entgegen. Dazu gehört eine grafisch anspruchsvolle Gestaltung, die einmal mehr Goscha Nowak zu verdanken ist, die ebenso engagiert daran gearbeitet hat, dieses Buch zu gestalten, wie die Lektorin Marijke Leege-Topp und der Elsengold Verlag. Unser Ziel ist dabei, dass Inhalt und Form kulturvoll harmonieren. Subjektivität und persönliches Interesse müssen nicht Kritiklosigkeit und Verklärung mit sich bringen. Wolfgang Brauer ist ein Ost-Berliner Historiker und kundiger Kulturkenner und -politiker, der viele Jahre *Die Linke* im Abgeordnetenhaus von Berlin vertreten hat. Er hat am 17. Januar 2022 in seiner Doppelbesprechung der 2021 vorgelegten Bücher *Monster Berlin* und *Wüste Berlin* in der Berliner Kulturzeitschrift *Das Blättchen* die Haltung des Autors zu Berlin so charakterisiert: „Man muss die Stadt sehr lieben, um sich ihr subjektiv und dennoch unvoreingenommen nähern zu können.“ Berlin-Klischees haben dabei nichts zu suchen.

Dieses Buch betreibt keine Wissenschaft und nimmt nicht teil am theoretischen Diskurs darüber, was der Begriff Kultur meint, den auch die 68er geführt haben. Mit dem Kulturhistoriker Hermann Glaser machen wir uns einen Kulturbegriff zu eigen, „der sich in Unterscheidung zu dem Begriff der Natur auf alles bezieht, was der Mensch als gesellschaftliches Wesen in unterschiedlichster Weise produktiv bearbeitet oder gestalterisch hervorbringt.“ Deshalb darf diese Kulturgeschichte Berlins auch antworten auf die Frage: Wie ist diese Stadt in ihren 1970er-Jahren eigentlich gewesen? Antworten auf die Fragen, was sich für und in Berlin mit der Jahreszahl 1968 ereignisgeschichtlich verbunden hat und welche Bedeutung dabei die Figur des politischen Pastors und konservativen Sozialdemokraten Heinrich Albertz gehabt hat, skizziert der Prolog.

Heinrich Albertz 1968 – Seine Reise zu sich selbst in 285 Tagen

Fünf Tage vor seiner Wahl zum Regierenden Bürgermeister: Der Pastor Heinrich Albertz am 9. Dezember 1966 noch als Innensenator und Bürgermeister von Berlin.

DIE JAHRESZAHL *1968* IST WENIGER ZEITANGABE ALS SYMBOL. Sie gibt der 68er-Bewegung ebenso den Namen wie den Individuen der Gruppe. Was auch immer damit gesagt sein soll, *vor 68* und *nach 68* funktionieren als Umschreibungen eines Epochenwechsels, es sind historische Uhrzeiten, insbesondere in Berlins Westteil. 1968 bedeutet vor allem den Mai 1968, in dem in Paris die Regierung des Präsidenten Charles de Gaulle wankte und der Sohn eines atheistischen Berliner Juden, der gerade Anfang 20 war, zum Studentenführer, zum Gesicht der Bewegung avanciert – Daniel Cohn-Bendit, zweisprachig, 1945 in Montauban in Südwestfrankreich geboren, später ein Gesicht der Partei Bündnis 90/Die Grünen. 1968 aus Ost-Berliner Perspektive bedeutete dagegen vor allem den August 1968, als Panzer des von der Union der Sozialistischen Sowjetrepubliken UdSSR beherrschten Warschauer Pakts in der tschechoslowakischen Hauptstadt den *Prager Frühling* niederwalzten, der Hoffnung gemacht hatte auf einen *Sozialismus mit menschlichem Antlitz*.

AUSSERPARLAMENTARISCHE OPPOSITION, Studentenbewegung oder Studentenrevolte, das waren Begriffe, die das Aufbegehren von jungen Menschen der neuen Generation bezeichnen, die 1968 verkörpert haben. Sie nannten ihre Gegner Establishment, herrschende Klasse, Reaktionäre. Eines ihrer ersten politischen Opfer war der Regierende Bürgermeister Heinrich Albertz, der nach 285 Tagen als Regierungschef im Schöneberger Rathaus zurücktrat und daraufhin in seinen Beruf als reformierter Pastor zurückkehrte. Er ist einer dieser *politischen Pastoren* wie der frühere Dahlemer Pfarrer Martin Niemöller, wie Rudi Dutschkes Freund Helmut Gollwitzer, wie Berlins Bischof Kurt Scharf. Als Theologen, suchenden Christen, irrenden Menschen müssen wir Albertz wahrnehmen. Sähe man ihn allein als Politiker, nur als Staatsdiener, bloß als Sozialdemokraten, dann nähme man nur äußere Hüllen seiner Existenz wahr, nicht ihn selbst in seiner Vielgestaltigkeit. Der Berliner, Historiker und

Journalist Jacques Schuster betont in seiner 1997 erschienenen und bisher einzigen wissenschaftlichen Albertz-Biografie, wie der junge Albertz in der Tradition Karl Barths und der Bekennenden Kirche im Nationalsozialismus die Freiheitsverheißung, die ihm aus dem Ersten Gebot erwuchs, zu seinem Leitmotiv wählte. *Ich bin der Herr, dein Gott. Du sollst keine anderen Götter haben neben mir.* Dieser Gott des Ersten Testaments hatte sein Volk aus dem Völkerkerker Ägypten befreit, dem Joch des Pharaos entwunden. Bilder für das Dritte Reich, für Adolf Hitler waren das. Gottes Berufung hatte den Hofpredigersohn zum sich um die Menschen sorgenden, seelsorgenden Pastor gemacht. So empfand er das selbst. Politik, politische Ämter, Partei waren ihm Mittel zu seinem zentralen Zweck. Dabei war der am 22. Januar 1915 in Breslau geborene Albertz national gesinnt, grundkonservativen Zuschnitts, ein pedantischer Administrator. Er blieb seiner schlesischen Heimat immer verbunden, folgte dem Ruf nach West-Berlin auch deswegen, weil er dort Breslau näher sein konnte. Der Ex-Minister fing als Senatsdirektor in der CDU-geführten, kulturzuständigen Volksbildungsverwaltung des langjährigen Senators Joachim Tiburtius an. In Berlin hat er 1933 zu studieren begonnen, sich der Bekennenden Kirche zugewandt. Albertz war dennoch einer, den der viel ältere Halbbruder Martin, damals Superintendent in Berlin-Spandau, Pfingsten 1933 auf dem Spaziergang im Brieselanger Forst wütend ohrfeigte und den von Hitler schwärmenden Heinrich anherrschte: „Ein Albertz kann niemals Nazi sein!" Das sind Wurzeln, die denen des eine Generation älteren – 1880 geborenen und 1967 verstorbenen – Berliner Nachkriegs-Bischofs Otto Dibelius ähneln, der in Weimar deutschnationales Parteimitglied war, den Nationalsozialisten und dem Antisemitismus keineswegs von vorneherein seine Absage erteilt hatte und der dann zur CDU fand. Sozialdemokrat war Heinrich Albertz 1946 nach dem Zweiten Weltkrieg geworden, weil er eine christlich geprägte Partei für theologisch nicht vertretbar hielt. Sozialdemokratischen Stallgeruch hatte er nie, sein Verhältnis zur SPD war ein permanentes gegenseitiges Missverstehen, Missachten, Missbehagen. Seine Ämter in der Flüchtlingsverwaltung in Celle und als zuständiger Minister in Niedersachsen waren Instrumente, um Menschen sorgend zur Seite zu stehen. So sehr es ihn, den auch gefallsüchtigen, verletzenden, hochmütigen Mann, in die erste Reihe drängte, er war ein guter zweiter Mann, was er unter dem Regierenden Bürgermeister Willy Brandt vor allem als Ordnung und Struktur schaffender Chef der Senatskanzlei bewies. Ein Freund Brandts war er allerdings nie. Doch er gehörte zu dessen *Küchenkabinett*, half nach dem Mauerbau am 13. August 1961 entscheidender als oft angenommen bei der Grundlegung neuer Ostpolitik durch die Passierscheinabkommen und wurde schließlich am 14. Dezember 1966 Brandts Nachfolger im Rathaus Schöneberg. Politisch tätig war Albertz gut zwei Jahrzehnte: 1947 ging er in den niedersächsischen Landtag, am 26. September 1967 trat er als Regierender zurück. Er hat ein frappierendes Verhältnis zur Studentenrevolte. Er vollzieht in atemberaubend kurzer Zeit einen Wandel nicht nur von deren Gegner, anhand seines Handelns lässt sich gar von *Feind* sprechen, zum *Sympathisanten*. Albertz wird zum Mitfühlenden, Nachvollziehenden, Verstehenden, keineswegs zum *Genossen* der Revoltierenden, sondern vielmehr zu einem das Vertrauen der Jungen gewinnenden Seelsorger. Nicht erst seine mit Hilfe seines Bischofs, Freundes, Nothelfers Kurt Scharf bewerkstelligte Rückkehr ins Amt als Gemeindepfarrer zunächst zum 1. August 1970 in der Fürbitt-Gemeinde in Britz, dann in der Gropiusstadt und ab März 1974 in Schlachtensee ist somit seine Rückkehr zu sich selbst. Seit 1976 sprach er in der ARD öfters das *Wort zum Sonntag*.

DER FEIND. Von 1962 bis 1966 ist Albertz Senator für Sicherheit und Ordnung, wie das Amt zunächst heißt, ab 1963 dann Bürgermeister und nicht nur protokollarisch Stellvertreter des Regierenden Bürgermeisters. Willy Brandt hält sich immer häufiger in Westdeutschland, vor allem in Bonn auf. Er ist Kanzlerkandidat und seit 1964 SPD-Bundesvorsitzender. Albertz stellt sich als *Kronprinz* dar, will in der Stadt Brandts ostpolitisches Erbe antreten. Der anderen dienstbare „Knecht Heinrich", wie er sich selbst bezeichnet, entwickelt sich zum *Meister der Bürger*, bleibt in der zerstrittenen Berliner SPD ein Außenseiter. Zu dieser Zeit ist der Soldatenkönig mit dem Wahlspruch *Ordre parieren – nicht räsonieren* sein Vorbild. Und der Landesvorstand in der Berliner SPD-Zentrale in der Müllerstraße ist ihm eine „Räubersynode". Als Innensenator, so deutet es Schuster, gewinnt Albertz trotz anfänglicher Skrupel Gefallen an Sekundärtugenden, an Ordnung, Treue, Zuverlässigkeit, Fleiß, verliert seine Berufung als staatsbediensteter Diakon aus dem Blick. Unbewusst wird der *Urzivilist* zum „Oberbefehlshaber", der genießt, wie uniformierte Untergebene aufs Wort gehorchen. Die in Schulzendorf und Lankwitz kasernierte Bereitschaftspolizei, die sich West-Berlin mit alliierter Erlaubnis wegen der Bedrohung aus dem Osten leistet, besucht er regelmäßig, und das mit Freude. 1976 sagt er rückblickend: „Die Berliner Polizei ist doch [...] immer mehr und anders gewesen, sie ist in ihrem großen Block der Bereitschaftspolizei nichts weiter als ein motorisiertes und doch schon sehr erheblich bewaffnetes Infan-

Rudi Dutschke in der Bildmitte: Berliner Studenten demonstrieren am 5. Februar 1966 auf dem Kurfürstendamm gegen den Vietnamkrieg; die FNL ist die nationale Front zur Befreiung Südvietnams.

teriebataillon." Erst waren es Walther-Maschinenpistolen, die jeder Beamte bekam, später NATO-Schnellfeuergewehre. 29 Panzerspähwagen wurden gekauft, einige mit Kanonen. Die Mannschaftsstärken: 10 000 Schutzpolizisten, 3000 Mann Bereitschaftspolizei, 1400 Kriminalbeamte, 5000 Mann freiwillige Polizeireserve. Als „Stadtkommandant" tituliert der Senator den Polizeipräsidenten Erich Duensing. Ihn kennt Albertz aus dem Krieg, nachdem er sich der Verfolgung und Verurteilung durch das NS-Regime entzog, indem er sich zur Wehrmacht meldete. Duensing war Ritterkreuzträger, hatte im Dritten Reich bei der preußischen Polizei gedient, war Generalstabsoffizier geworden, trat nach 1945 der SPD bei und wurde unter Brandt 1962 oberster Berliner Polizist. Noch vor Amtseinführung als Regierender wünschte sich Albertz eine persönliche Ehrenformation der Schutzpolizei, die ihn beim Betreten des Rathauses militärisch korrekt grüßen sollte. Die Unruhe der West-Berliner Studentenschaft nahm Albertz nicht zur Kenntnis. Sein Bild der Studenten war das des Romans *Die Studenten von Berlin* des Gründungsstudenten der Freien Universität Dieter Meichsner, der 1954 den Entstehungsmythos der studentisch mitbestimmten FU erzählt. Die jungen Leute kämpfen gegen die Kommunisten, wie sie es noch in den frühen 1960er-Jahren tun, als Kommilitonen Menschen aus dem Osten Fluchthilfe leisten und in Dahlem US-Präsident John F. Kennedy zujubeln. Professoren waren aus Albertz' Sicht weltfremd, die Studenten sollten wie damals studieren. Die Überfüllung mit 1964 rund 16 000 Hörern ist für Albertz kein Thema. Dass aus dem Westen viele junge Männer kommen, weil sie in West-Berlin nicht zum Wehrdienst gezogen werden können, interessiert ihn nicht. Im Sommer 1965 gibt es einen Eklat an der FU, als der Rektor dem linkskatholische Publizisten Erich Kuby Redeverbot erteilt. Die Kommilitonen protestieren und beziehen sich auf die amerikanischen Studenten in Berkeley, die das Recht fordern, auf dem Campus jede Person zu jedem Thema sprechen zu lassen. Anfang 1966 verbietet der Rektor Demonstrationen auf dem Gelände. Studenten wehren sich gegen die „Ordinarienoligarchie". Aus den Aktionen des kleinen Sozialistischen Deutschen Studentenbundes SDS wird eine breite Opposition. 3000 Studierende veranstalten ein Sit-In im amerikanisch finanzierten Henry-Ford-Bau. Erstmals wird ein Rektor tätlich angegriffen, ihm wird das Mikrofon entrissen, es hat keine disziplinarischen Folgen. Bald folgt die Identifikation mit dem im Vietnamkrieg gegen die in West-Berlin präsenten USA kämpfenden *Vietcong*, der im Verständnis des SDS den gleichen Befreiungskampf führt wie die Berliner Studenten. Im Februar 1966 folgt die erste große Vietnam-Demonstration. Das Amerika-Haus wird angegriffen, davor findet ein Sit-In statt. Die *Stars and Stripes* werden auf Halbmast gesetzt. Die Berliner sind empört. Albertz sah seine Aufgabe darin, „politisches Rowdytum und strafbare Handlungen bei öffentlichen Veranstaltungen aller Art schnell und nötigenfalls auch unter Anwendung harten polizeilichen Zwanges zu bekämpfen". Abstoßend war für Albertz die Andersartigkeit der Protestierer. Sie lief seiner Wertschätzung von Tugenden zuwider, ihre Umgangsformen, Kleidung, Sexualität, das alles ging ihm gegen den Strich. Lange Haare, Bärte, das Duzen, die andere Sprache. Wie der Kommunarde Dieter Kunzelmann rief: „Was geht mich Vietnam an, ich habe Orgasmusschwierigkeiten." Greiftrupps der politischen Polizei wurden gegen Rädelsführer eingesetzt, ohne Erfahrung mit Großdemonstrationen, bewaffnet mit Pistolen. Zur Jahreswende 1966/67 wurde der Studentenschaft das Geld gesperrt. Die Polizei durchsuchte am 21. Januar 1967 ohne richterlichen Beschluss die SDS-Geschäftsstelle am Kurfürstendamm und beschlagnahmte die Mitgliederkartei. Am 28. Januar 1967 schreien rund tausend Studenten Albertz nieder, als er zur Eröffnung des John-F.-Kennedy-Instituts für Amerikanistik in der Lansstraße erscheint. Auf den Plakaten steht *Big Heini is watching you*. Am 5. April 1967 vor dem Hintergrund des Besuchs von US-Vizepräsident Hubert Humphrey soll angeblich von elf Kommunarden der „Lebensgemeinschaft junger Maoisten" nebst Kunzelmann eine von der chinesischen Botschaft in Ost-Berlin hinübergeschmuggelte Bombe zum Attentat auf den US-Gast zur Explosion gebracht werden, in Wahrheit ist es eine Masse aus Puddingpulver, Joghurt und Sahne. Albertz spricht von einer Gruppe „privat in abenteuerlichen Verhältnissen lebender [...] Studenten", und stellt mit Grund fest: „Wären die FU-Chinesen zur Ausführung ihres Vorhabens gekommen, dann hätten die Sicherheitsbeamten, die den Vizepräsidenten begleiteten, von der Schußwaffe Gebrauch machen müssen." So berechtigt diese Warnung war, so augenfällig für die Senatssicht der Dinge und die Frontstadtatmosphäre war die Tatsache, dass Albertz die Formulierung „FU-Chinesen" durchgehen ließ und dass sein Innensenator, der wie er aus Breslau stammende Wolfgang Büsch, von „Studentenkrieg" sprach. Im *Krieg* gibt es einen *Feind*.

DER TAG. Der Staatsgast Reza Pahlavi, Schah des Iran, war Albertz höchst unsympathisch. „Laßt mich mit diesem Tyrannen nicht allein", hatte er auf der letzten Senatssitzung vor dem Auftritt des iranischen Diktators gesagt. An diesem 2. Juni 1967, einem Freitag, herrschte in West-Berlin höchste Sicherheitsstufe. Das Bundeskriminalamt hatte vor einem Attentat von Exil-Iranern gewarnt und der SDS hatte zur Demonstration aufgerufen. 5000 Berliner Polizisten waren im Einsatz. Polizeitaktisch prekär war der Besuch der Deutschen Oper Berlin, weil dort mehr als 500 Abonnenten Zugang haben sollten. Ratschläge des Bonner Protokolls, die Berlin-Visite zu streichen, da es in München schon zu Schlagstockeinsätzen gekommen war, wurden nicht beherzigt. Bundespräsident Heinrich Lübke war bereits eingetroffen. Albertz wollte sich nicht diktieren lassen, wer in seiner Stadt zu Besuch kommen durfte. Als der Regierende Bürgermeister kurz nach zehn Uhr das Rathaus Schöneberg verließ, um den Gast auf dem Flughafen Tempelhof zu empfangen, war der John-F.-Kennedy-Platz abgesperrt. Hamburger Gitter trennten die Bereiche für schahfreundliche Iraner und für feindselige Demonstranten. Bei Albertz' Rückkehr, während Schah und Schahbanu Farah Diba noch ins Hilton-Hotel unterwegs waren, standen 3000 Menschen vor seinem Rathaus. Wenige bekundeten ihre Sympathie für den persischen Herrscher, viele protestierten mit Sprechchören, Spruchbändern und Plakaten. Schutzpolizei und Reiterstaffel waren angetreten. Zwei BVG-Busse brachten rund 100 iranische Gegendemonstranten, denen ein gesonderter Bereich auf dem Platz zugewiesen war. Kurz nach zwölf fuhr der Staatsgast vor und verschwand zum Eintrag ins Goldene Buch und zum Gespräch mit Albertz im Rathaus. Jetzt verwandelten sich die *Jubelperser* in eine Schlägertruppe, die mit den Stangen ihrer Transparente auf die Protestierer losgingen; mutmaßlich handelte es sich um Agenten des iranischen Geheimdienstes SAVAK. Die Polizei tat lange Zeit nichts, dann trennte berittene Polizei die beiden Gruppen, nahm keinen Iraner, sondern fünf Demonstranten unter Protest von Passanten fest. Vor diesem Hintergrund eskalierte die Lage am Abend vor der Deutschen Oper. Kurz nach 19 Uhr war die Bismarckstraße noch nicht gesperrt. Rund 3000 Menschen erwarteten den Schah, Demonstranten genauso wie schaulustige Berliner, die in einem mit Hamburger Gittern abgesperrten Bereich standen. Wieder waren Sprechchöre und Trillerpfeifen zu hören, Transparente wurden gezeigt, man kletterte auf Bauzäune und Bäume

Der Tag, an dem Benno Ohnesorg starb: Schah Reza Pahlavi (l.) und Schahbanu Farah Dibah tragen sich am 2. Juni 1968 in Heinrich Albertz' Rathaus Schöneberg ins Goldene Buch ein.

und Polizisten wurden als SA- und SS-*Schergen* beschimpft. Polizei besetzte die Baustelle im Rücken der Protestierer, Greiftrupps wurden vor der Oper postiert. Als Sandsäcke, Farbbeutel, Tomaten und Eier auf Opernbesucher flogen, begann der Schlagstockeinsatz der Polizei. Als Albertz' Kolonne eintraf, konnte seine Sicherheit sich kaum der Geschosse erwehren. Er wies in der Oper die Schließung der Türen

wurde zur Ikone: Dieses Foto des niedergeschossenen Studenten Benno Ohnesorg vom 2. Juni 1968, dem Tag der Anti-Schah-Demonstration vor der Deutschen Oper Berlin.

an, vergaß dabei jedoch seine Begleitung, darunter seine Frau Ilse, die erst durch heftiges Klopfen auf sich und die anderen wartenden Opernbesucher aufmerksam machte. Über den Kopf des zuständigen Innensenators Büsch hinweg wies der Regierende den Polizeipräsidenten an: „Wenn ich herauskomme, ist alles sauber!“ Duensing hatte sofort das Kommando übernommen. Einwände des Senatskanzleichefs ignorierte er. Trupps trieben kurz nach 20 Uhr unter Knüppeleinsatz die sich in dem durch Gitter abgesperrten Schlauch aufhaltenden Demonstranten und Passanten auseinander. Duensing verglich diesen Schlauch mit einer Leberwurst, in die „wir in d[er] Mitte hineinstechen, damit sie an den Enden auseinanderplatzt“. An der Krumme Straße warfen Studenten Knallkörper und Rauchkerzen, nun griffen Wasserwerfer ein. Greifer jagten Rädelsführer. Dann fielen Schüsse. Tatort war der Säulenhof Krumme Straße 66/67, wo heute eine Erinnerungsstele steht. Der Demonstrant Benno Ohnesorg hatte einem von Polizisten zu Boden geworfenen Kommilitonen geholfen, war im Handgemenge misshandelt, schließlich von einer Kugel getroffen worden. Er starb auf dem Weg ins Krankenhaus. Duensing erfuhr rasch vom Vorfall. Den Schützen Karl-Heinz Kurras ließ er nach Hause gehen. Der Polizeiobermeister war, was 2009 bekannt wurde, zu diesem Zeitpunkt Informeller Mitarbeiter IM des Ost-Berliner Ministeriums für Staatssicherheit und SED-Mitglied; für einen Tötungsauftrag gibt es keine Belege. Lautsprecherdurchsagen der Polizei behaupteten jedoch, ein Schutzmann sei ums Leben gekommen. Das steigerte die Erbitterung der Polizeikräfte. Albertz erfuhr davon in der Oper. Er war auch aufgrund einer erneuten Anschlagsdrohung in tiefer Sorge wegen der Sicherheitslage und verließ sich auf Duensing, der garantierte, dass der Schah sicher ins Hotel zurückkehren werde. Noch zu Hause wusste Albertz nicht, wer gestorben war. Duensing bekam er nicht ans Telefon. Der Polizeipräsident ließ sich verleugnen. Im Radio war die Rede von einem Schädelbruch Ohnesorgs. Senatssprecher Hans-Peter Herz und der Regierende gingen von Notwehr aus. Herz schrieb auf Bitten seines Chefs eine Presseerklärung. *Rowdies* hätten die Polizei provoziert. Albertz erklärte, dass er das Vorgehen der Polizei, die sich lange zurückgehalten habe, billige. Es findet sich kein Ausdruck des Bedauerns, nur diese Schilderung: „Einige Dutzend Demonstranten, unter ihnen auch Studenten, haben sich das traurige Verdienst erworben, nicht nur einen Gast der Bundesrepublik Deutschland in der Deutschen [sic] Hauptstadt beschimpft zu haben, sondern auf ihr Konto gehen auch ein Toter und zahlreiche Verletzte – Polizeibeamte und Demonstranten.“ Die Überschrift der Erklärung lautete: *Die Geduld der Stadt ist am Ende.*

DER SYMPATHISANT. Der Allgemeine Studentenausschuss Asta der FU sprach noch in der Nacht von „Mord“. Albertz fürchtete eine massive Ausweitung der Unruhen. Der Senat ging in seiner Sondersitzung am 3. Juni 1967 ohne weitere Prüfung fest davon aus, dass die Demonstranten die Schuld trugen.

Was tatsächlich geschehen war, blieb immer noch unklar, auch aufgrund der Vernebelungstaktik Duensings. Im Senat war von Schnellgerichten die Rede, ein Demonstrationsverbot wurde beschlossen, studentische gewalttätige Störer vor der Oper sollten disziplinarisch belangt werden, die Disziplinarordnung der FU sollte verschärft werden. Um die Räumung des Dahlemer Campus, auf dem eine Protestversammlung stattfinden sollte, wurde hart gerungen. Nur unwillig verzichtete Albertz auf die Polizeiaktion. Allmählich kamen ihm aufgrund der Angaben von Journalisten Zweifel. Klarheit brachte das Ergebnis der Obduktion am Montag, dem 5. Juni 1967. Es war eine Polizeikugel Kaliber 7,65, die Ohnesorg getötet hatte. Der Schusskanal sprach gegen einen Querschläger. Die Gerichtsmedizin hatte außerdem Blutergüsse am ganzen Körper Ohnesorgs festgestellt. Damit stand auch für Albertz fest, dass Duensing gelogen hatte.

Erst jetzt wurde er für Rat empfänglich, begann zuzuhören. Schuster konstatiert, dass für den Regierungschef in den folgenden Tagen eine Welt unterging – durch die Lüge: „Sie brachte ins Wanken, was ihm all die Jahre lieb und teuer gewesen war: seine Vorstellung vom Staat, sein Verständnis der eigenen Rolle in der Politik und schließlich sein Sinn für das Soldatische.“

Albertz schreibt aus der Distanz des Jahres 1991 über diesen Moment: „Verändern heißt zu erkennen, wer man ist, was man sein kann. Hinhören, hinschauen, Konsequenzen ziehen, die eigene Vergangenheit gerade nicht verleugnen um der Zukunft willen.“ Das fasst den schmerzhaften Prozess der folgenden Monate zusammen, den er mit Unterstützung von Bischof Scharf bewältigt hat. Schuster schreibt, Albertz habe sich auf seine Anfänge besonnen, eine 180-Grad-Wende vollzogen. In der *Zeit* ist 1979 dieser Satz von ihm zu lesen: „Das erste Gebot hat immer seine schneidende Rolle gespielt, schneidend und heilend zugleich, und war schließlich auch der tiefste Grund für mein Ausscheiden aus der Versuchung der Macht im Jahre 1967 in Berlin.“ Gott ist, bleibt sein letzter Grund. Als Regierender Bürgermeister kämpft Albertz zunächst noch um sein Amt. Dass er wieder lernte, auf andere einzugehen, sich einzufühlen, einzulassen, das zeigt seine Aussage in seiner vom Sender Freies Berlin in der Reihe *Wo uns der Schuh drückt* ausgestrahlten TV-Ansprache am 2. September 1967:

Nicht jeder, der einen Vollbart trägt, will die Gesellschaft aus den Angeln heben. Nicht jeder, der einen Rollkragenpullover trägt, will unsere freiheitlich-demokratische Grundordnung zerstören. Und nicht jeder junge Mensch mit langen Haaren ist ein Mitglied der Kommune.

In seiner letzten Rede als Regierender sagte er am 15. September 1967 den Satz: „Ich war am schwächsten, als ich am härtesten war, in jener Nacht des 2. Juni." Sein Innensenator trat am 19. September zurück, drei Tage später vollzieht er selbst diesen Schritt. Duensing verschwindet ebenfalls von der Berliner Bildfläche. Albertz wird sein Mandat im Abgeordnetenhaus im Juni 1970 niederlegen. Er geht im Kirchenauftrag einige Zeit nach Brüssel, gewinnt nicht wirklich Abstand. Nach der Rückkehr nach West-Berlin am 13. Februar 1968 spürt er die Anspannung in der Stadt, deren Studenten nach seinem Rücktritt das Gefühl haben, die alte Ordnung stehe vor ihrem Ende. Der Studentenführer Rudi Dutschke redet von einem „heißen Früh-

Audimax der Technischen Universität Berlin, 17. Februar 1968: Der Vietnam-Kongress des Sozialistischen Deutschen Studentenbundes SDS tagt.

ling" für das Jahr 1968, will einen „europäischen Cong", spricht von der Zerstörung der „Zentren des Imperialismus". Schon Anfang Februar war gegen die Militärjunta in Athen demonstriert worden, das „Springer-Tribunal" beschloss, den Verleger innerhalb der nächsten zwei Wochen zu enteignen.

Für den 17. Februar 1968 hatte Dutschke zur *Internationalen Vietnam-Konferenz* geladen. Der SDS wollte mit Tausenden Gegnern des Vietnam-Kriegs zu den McNair-Barracks in der Goerzallee ziehen, dem Hauptquartier der amerikanischen *Berlin-Brigade* in Lichterfelde. Sie wollten die Kasernen stürmen, um zu verhindern, dass die US-Soldaten nach Vietnam gehen. Ein Blutbad war absehbar, aber Dutschke ließ sich nicht beirren. Der Schriftsteller Günter Grass wollte vermitteln, bat Scharf um Hilfe, die Studentenvertreter Bernd Rabehl und Jürgen Treulieb waren dabei. Schließlich folgte zögernd auch Albertz Scharfs Einladung in die Jebensstraße, denn er befürchtete, die studentische Seite würde sich nicht mit ihm an einen Tisch setzen. Sie tat es. Auch Dutschke. Lange schwieg Albertz. Als Rabehl von Gerüchten über Schusswaffeneinsatz der Berliner Polizei berichtete, ergriff er das Wort. Durch das Demonstrationsverbot wolle

Der *Saulus* als *Paulus:* Heinrich Albertz diskutiert ein halbes Jahr nach dem Rücktritt am 15. April 1968 mit Studenten in der Technischen Universität.

der Senat eine bürgerkriegsähnliche Lage herbeiführen. Albertz bat in beschwörenden Worten, ihm abzunehmen, dass die Polizei die Entscheidung mit Gewalt erzwingen wolle. Über den neuen Innensenator Kurt Neubauer sagte er: „Neubauer ist alles zuzutrauen, Herr Rabehl. Für den ist die Grenze erreicht!" Konnte vom Senat die Aufhebung des Demonstrationsverbots eingehandelt werden, wenn der SDS zusagte, nicht in die Goerzallee zu ziehen? Das war Scharfs Vorschlag. Dutschke stimmte zu. Doch der Handel gelang nicht. Albertz' Nachfolger Klaus Schütz blieb hart. Am Ende schrieben der Anwalt Horst Mahler für die studentische Seite und Scharfs Vertrauter, der Jurist Reymar von Wedel, den Antrag ans Verwaltungsgericht, das Demonstrationsverbot aufzuheben. Das gelang. Am 18. Februar 1968 zogen 15 000 Menschen durch die Stadt. Berlin erlebte 1968 tatsächlich einen *heißen Frühling*. Für Albertz eröffnete sich die Aussicht auf eine neue Rolle als Vermittler zwischen den Fronten. Die schwerste Zeit war in dieser Rolle ganz sicher seine Indienstnahme durch die Entführer des Berliner CDU-Spitzenkandidaten für das Amt des Regierenden Bürgermeisters, also durch die *Bewegung 2. Juni*, benannt nach Albertz' Schicksalsdatum. Albertz hat diese Funktion als persönliche Vergeltung empfunden, aber seine Worte am 4. März 1975, als er kurz nach 18.15 Uhr in seiner TV-Ansprache im SFB das Codewort zur Freilassung von Peter Lorenz *ein Tag so wunderschön wie heute* sagte, gehören zur Stadtgeschichte und führten zu einer tief empfundenen Erleichterung für alle Beteiligten und für die Stadt, vor allem für die Familie und die Freunde von Lorenz.

HEINRICH ALBERTZ LEBTE AB 1986 in einer Seniorenwohnanlage in Bremen, wo er am 18. Mai 1993 gestorben ist. Als politischer Pastor hat er 1967/68 eine persönliche Wandlung begonnen, die eine vom *Saulus* zum *Paulus* gewesen ist. Er tritt für Hausbesetzer ein, wird eine der Figuren der Friedensbewegung der 1980er-Jahre. Sicherlich war sein ganzes Leben als Christ eine Reise zu sich selbst. 1989 begrüßt er die Bildung des rot-grünen Senats unter dem Regierenden Bürgermeister Walter Momper. Berlin ehrt ihn 1990 mit der Ernst-Reuter-Plakette. Albertz sprach erst Ostern 1968 auf der Kundgebung nach dem Attentat auf Dutschke vom „Gift der Hetze und der Gewalt" und sagte: „Die politisch Verantwortlichen, also auch ich, haben es in verschiedenen Graden versäumt zu sagen, was ist, was sein und nicht sein kann." Im Amt war er noch wie einer der Männer beim König David gewesen, die nicht vom Guten und Bösen hören wollten, wie es dessen Sohn Abschalom im Ersten Testament sagt. Hat Albertz' Amtsnachfolger zugehört?

VICE
SFB
RIAS
RIAS

Klaus Schütz – Ein Jahrzehnt Regierender Bürgermeister

Willy Brandts *junger Mann:* Albertz' Nachfolger Klaus Schütz spricht zu Beginn seiner Amtszeit als Regierender Bürgermeister vor den Mikrofonen von SFB und RIAS.

DER BERLINER STUDENT KLAUS SCHÜTZ war einer der Generation von Kommilitonen, die Albertz vor Augen gestanden hatten und die das Bild der Berliner von den Lernenden an den Universitäten bestimmten. In seinen Memoiren *Logenplatz und Schleudersitz* von 1992 berichtet Schütz, dass er zwei Jahre an der noch nach Friedrich Wilhelm benannten späteren Humboldt-Universität Geschichte und Germanistik studiert hat. Dort hat der nachmalige Berufspolitiker mit Neigung zur *großen* Politik sein erstes „öffentliches Mandat" errungen als Vertreter der Philosophischen Fakultät im Studentenrat, und zwar als einziger Nichtkommunist. Der Kampf der SPD gegen die Vereinigung mit der KPD hat ihm imponiert. Stolz ist er, dass sein Parteibuch den 28. April 1946 als Eintrittsdatum vermerkt. Das ist der Tag der Urabstimmung, in der sich die Berliner Sozialdemokraten der Vereinigung widersetzen. Schütz gehört zur Gründergeneration der FU. Er organisierte sich im Sozialistischen Hochschulbund und dann im SDS. Er und 19 weitere nichtkommunistische Studentenratsmitglieder waren es, die am 11. Juni 1948 wegen der Relegation von drei Studenten aus dem Umfeld der Studentenzeitschrift *Colloquium* zurücktraten. Dieser Protest, den auch der junge Peter Lorenz mittrug, gehört zu den Wurzeln der Entstehung einer *freien* Universität in Dahlem, an die Schütz 1949 wechselte. Er nennt die Zeit im Nachhinein *radikale Phase*, in der er die marxistischen Klassiker Marx, Engels, Lenin, Karl Kautsky, Rosa Luxemburg studierte und von Lenins Weggenossen und zugleich Stalins Widersacher fasziniert war: „Es schien mir so einfach, ein Marxist zu sein und gleichzeitig mit Leo Trotzki, dem Hauptfeind von Josef Stalin, zu sympathisieren." Er sei sogar einmal bei den Jungsozialisten aus einer Funktion herausgewählt worden, weil er für die *Diktatur des Proletariats* eingetreten sei. Schütz offenbart nicht erst in seinen Erinnerungen ein temperiert distanziertes Verhältnis zur Berliner SPD. Links, „linker ging es nicht", sei er gewesen, dann, zum Beispiel als Organisator der „Amerikanischen Fraktion" um Willy Brandt, sei er so weit rechts gewesen, „daß mich einige nicht mehr sehen konnten“. So verblüfft es, dass Schütz mit den Erfahrungen seiner radikalen Phase als Regierender Bürgermeister Sätze wie diese sagte:

Ihr müßt diese Typen sehen. Ihr müßt ihnen genau ins Gesicht sehen. Dann wißt Ihr: Denen geht es nur darum, unsere freiheitliche Grundordnung zu zerstören.

Solche Äußerungen des seriösen, sachlichen, nüchternen Politikers zeigen, welchen Stimmungen in der Stadt, in seiner Partei, in der Wählerschaft er in den 1968er-Jahren meinte, Rechnung tragen zu müssen. In den Erinnerungen bedauert Schütz diese Äußerung. Sie sei fehl am Platz gewesen in einer Zeit, in der es darum gegangen sei, Erregungen abzubauen. Schon damals sei er überzeugt gewesen, „daß Menschen nicht physiognomisch eingeordnet werden sollten“.

WIE IST SCHÜTZ' VERHÄLTNIS ZU BERLIN? „Ich bin also ein Berliner, ohne Wenn und Aber“, schreibt er. Diese Beteuerung kontrastiert zum Satz Willy Brandts, der Schütz 1950 als SPD-Kreisvorsitzender in Wilmersdorf politisch entdeckte und der in seinen ersten Erinnerungen *Mein Weg nach Berlin* 1960 die Feststellung getroffen hatte: „Ich bin kein Berliner.“ Geboren sind weder Schütz noch Brandt in der Stadt. Brandt ist Lübecker, Schütz kam am 17. September 1926 in Heidelberg zur Welt. Sein Vater, das vermerkt der Historiker Dirk Rotenberg in seinem biografischen Aufsatz von 1992, war ein Berliner Anwalt, der 1941 als Soldat an der Ostfront ums Leben kam. Der Vater hatte den Sohn 1936 bei Verwandten in Berlin untergebracht, wo Schütz aufs Paulsen-Realgymnasium in der Gritznerstraße in Steglitz kam. Als die Mutter, eine Angestellte, nach einigen Jahren nachzog, nahm sie den Jungen zu sich. Schütz war beim nationalsozialistischen Jungvolk, bekam 1944 das *Abschlußzeugnis mit Reifevermerk*. Seit 1943 diente er als Luftwaffenhelfer, kam 1944 zum Reichsarbeitsdienst, war ab Juli 1944 Soldat. Bei Padua in Norditalien schossen Partisanen auf ihn. Von der schweren Verletzung blieb die Lähmung seines rechten Arms zurück. Diese Verletzung nötigte ihn dazu, an dieser Hand zeitweise einen schwarzen Handschuh zu tragen, weil er fror, und er gab beim Handschlag die Linke, was gelegentlich zu Unverständnis führte. Aus der Kriegsgefangenschaft wird er in die Britische Zone entlassen, und er kehrt nach Berlin zurück. „Meine Welt war Berlin. Ich hatte einiges von Europa gesehen, sozusagen auf Staatskosten. Nun war ich zu Hause. Das war jetzt mein Zentrum und sollte es bleiben.“ Schütz lebt in dieser Stadt im Nachkrieg, wo die meisten unter dem Existenzminimum überleben mussten. Er erlebt die Blockade, den 17. Juni, Berlin-Krisen, Mauerbau. Er lernte die großen Sozialdemokraten kennen, den SPD-Vorsitzenden Kurt Schumacher, den ersten Regierenden Bürgermeister Ernst Reuter, den Landesvorsitzenden Franz Neumann. Aber Brandt ist die aufstrebende Persönlichkeit, der er sich anschließt, für die er arbeitet, mit der er den eigenen Aufstieg organisiert, indem er dessen Aufstieg organisiert. Schütz heiratet 1953, bekommt mit seiner Frau drei Kinder. Am Haus Johannisberger Straße 34 erinnert eine Berliner Gedenktafel an ihn. Dort wohnte die Familie bis 1974. Schütz starb 2012. Bis zu seinem Tod lebte er in der Wohnung im zweiten Stock des Mietshauses in der Nähe der Kurfürstendamms, über der seine Tochter mit Familie wohnte, die am Schluss für ihn sorgte. Seine Frau Adelheid Seeberger nannten alle Heidi, sie galt als „Mutter West-Berlins“. Sie war Pfarrerstochter aus Tempelhof, Nichte des bedeutenden Theologen und Theoretikers des *religiösen Sozialismus* Paul Tillich. Schütz las die Bibel erst, als er nach seiner Zeit als Regierender Botschafter in Israel wurde.

Was bedeuten die USA für Schütz? Amerika hat ihn geprägt. Deshalb berührt ihn der Anti-Amerikanismus der Studentenbewegung persönlich. Schütz bewarb sich an der amerikanisch mitfinanzierten FU um ein Stipendium für ein Studienjahr an der angesehenen US-Universität Cambridge, Massachusetts. Ihn fasziniert als Gegenstand seiner Forschung das demokratische System, er ist zwischen 1951 und 1957 Assistent am Institut für Politische Wissenschaften der FU, der vom späteren Regierenden Bürgermeister Otto Suhr nach 1945 wiederbegründeten Hochschule für Politik. Schütz ist ein Beispiel für die diesem Institut zugemessene Aufgabe, demokratischen Politiknachwuchs heranzubilden. Er hat mehrere wissenschaftliche Schriften publiziert, sein Promotionsvorhaben jedoch aufgegeben. 1960 ist Schütz mit dem späteren Bundesfinanzminister Alex Möller ein weiteres Mal in den USA, und er verfolgt im Auftrag des SPD-Parteivorstandes die Präsidentschaftskampagnen der Kandidaten John F. Kennedy und Richard M. Nixon aus der großen Nähe der Pressebusse. Nixon verlor die Wahl. Sein privater Berlin-Aufenthalt sechs Jahre vor seinem offiziellen Besuch als Präsident im Jahre 1969, bei dem ihn der Regierende Bürgermeister Schütz empfing, wird darüber gern vergessen. Nixon besuchte West- und Ost-Berlin am 24. Juli 1963, drei Wochen vor dem Mauerbau. Der zu diesem Zeitpunkt ehemalige US-Vizepräsident fuhr mit seiner Familie und großem Gefolge über den Kontrollpunkt Checkpoint Charlie in den sowjetischen Sektor und am Abend desselben Tags gleich nochmals mit kleiner Begleitung, weil ihm die Abschottung von der Bevölkerung missfallen hatte. Im Restaurant *Budapest* in der Stalinallee spielte er *The Missouri Waltz* auf dem Klavier und widmete sein Spiel dem früheren US-Präsidenten Harry S. Truman. Vom erfolgreichen Wahlkampf Kennedys profitierte dank Schütz der SPD-Kanzlerkandidat Willy Brandt. Schütz, 1961 wie Albertz und Bahr Bestandteil der *Heilige Familie* genannten Entourage des Regierenden Bürgermeisters Brandt, leitete1961 nur dem Kandidaten verantwortlich dessen Berliner Wahlkampfbüro, während die Parteizentrale in Bonn die Kampagne zentral organisierte. Aus der Rückschau bezeichnet Schütz das Bemühen als neuartig und als *amerikanisch*, den Bewerber so nah wie möglich an die Wähler zu bringen, ihn also am Arbeitsplatz und im Wohnquartier anzusprechen und nicht wie bislang nur auf Abendveranstaltungen. Daraus resultierte die von ihm konzipierte *Deutschlandreise*, mit einem Zug der Bahn. Brandt war bereit, die außerordentlichen Strapazen auf sich zu nehmen: „In bis zu fünfundzwanzig Reden am Tag sprach er vor dem maximal erreichbaren Publikum." Bahr schreibt 1998 in seinen Erinnerungen Schütz den Import des Begriffs *Kanzlerkandidat* zu.

Welchen Stellenwert hat Außenpolitik für Schütz? Er erklimmt im Gefolge Brandts die Karriereetappen, wird Abgeordneter im Berliner Parlament, ist ab Dezember 1961 Bundessenator, kommt in den Bundestag, lernt Bonn und die Parteizentrale kennen. Als Brandt Außenminister der Großen Koalition wird, holt er Schütz als Staatssekretär, faktisch wird er Chef des Auswärtigen Amtes. Der Tag der Ernennung, der 16. Dezember 1966, ist ihm in Erinnerung geblieben. Im Außenministerium war West-Berlin nach wie vor Teil seiner Arbeit. Ein Schlaglicht auf dessen prekäre Sicherheitslage wirft seine Schilderung seiner Aufgaben:

Wir hatten unsere Verteidigungsplanungen und zusätzlich das, was „contingency planning" für Berlin hieß, die Planung also für den Ernstfall: Was geschieht, wenn beispielsweise von der DDR oder der UdSSR die Autobahn oder der Luftweg gesperrt werden, mit welchen Mitteln und zu welchem Zeitpunkt reagiert der Westen? Alles schrecklich, wenn es je hätte in die Tat umgesetzt werden müssen. Aber so furchterregend es auch war, es bildete einen beträchtlichen Teil meiner täglichen Arbeit.

Das war die Ausgangslage, als es darum ging, in Bonn Entspannungspolitik mit dem Osten in die Wege zu leiten. Schütz bemühte sich,

Für die USA, gegen die Studenten: Klaus Schütz redete am 21. Februar 1968 auf der Kundgebung vor dem Rathaus Schöneberg, wo auch John F. Kennedy gesprochen hatte.

erste kleine Schritte zu gehen. Noch galt die nach seinem Amtsvorgänger Werner Hallstein benannte Doktrin von 1955, der zufolge Bonn es als *unfreundlichen Akt* ansah, wenn dritte Staaten die DDR als Staat anerkannten und mit Ost-Berlin diplomatische Beziehungen aufnahmen. Schütz nennt 1992 als erste Breschen, die geschlagen wurden, die Aufnahme von Beziehungen mit dem nationalkommunistischen Rumänien und die Erneuerung der Beziehungen zum blockfreien sozialistischen Jugoslawien sowie den Beginn der Verhandlungen des Westens mit der Sowjetunion über die Nichtverbreitung von Atomwaffen. Es wird kein Jahr in diesem Bonner Amt, und Schütz schreibt es in aller ehrlichen Deutlichkeit: „Ich mache keinen Hehl daraus: Die zehn Monate an der Spitze des Auswärtigen Amtes waren für mich außergewöhnlich interessant und wichtig." Als Albertz abtrat, war Schütz sofort im Gespräch als neuer Regierender wie schon Monate zuvor, als Brandt nach Bonn gegangen war. Brandt räumte den Weg frei und der SPD-Fraktionsvorsitzende im Deutschen Bundestag, Brandts Nachfolger im Amt des Bundeskanzlers, Helmut Schmidt, zog zurück. Am Tag der Amtsübernahme, dem 29. September 1967, sagte Schütz im RIAS einen Satz über den Rang des Amtes, das er da angetreten hatte, der einen seltsamen Klang hat: „Das Amt des Regierenden Bürgermeisters von Berlin ist eine der wenigen Spitzenpositionen, die die freie Welt meiner Ansicht nach zu vergeben hat." Wollte er ausdrücken, dass dieses Amt deshalb gerade recht sei für einen wie ihn? In den Erinnerungen spricht Schütz von den Zweifeln, das Amt in Bonn zu verlassen, wieder nach Berlin zu gehen, und er gibt zu:

Für mich war es nicht die Aufgabe, die ich vorher zielstrebig anvisiert und die ich ohne Vorbehalt übernommen habe. Ich war mir keineswegs sicher, ob ich der richtige für dieses Amt und ob dieses Amt für mich das Richtige sei, diese Mischung aus Außenpolitik und Parteibasis, Universität und Märkischem Viertel, Stadtreinigung und DDR-Kontakt, Kindergarten und Zugangsregelung, amerikanischer Schutzmacht und Anti-Vietnam-Demonstration, Kleingärtnern und Abrassimow und so weiter und so weiter.

Der bedeutendste Durchbruch zwischen Mauerbau und Mauerfall der Schütz-Ära hat mit Außenpolitik, mit der Entspannung und mit dem sowjetischen Botschafter in Ost-Berlin, Pjotr A. Abrassimow, zu tun. Ihn kannte Schütz bereits. Es gab diese verschwiegenen Kontakte, die über den schwedischen Generalkonsul liefen und über Willy Brandt, der den Botschafter und Schütz im seit 1964 eingerichteten repräsentativen Gästehaus des Senats in der Menzelstraße 12 in Grunewald, heute Botschaft Südkoreas, zusammengebracht hatte. Am 18. Januar 1968 besuchte Schütz als Regierender Bürgermeister Abrassimow in dessen Botschaft Unter den Linden. Das war eine Novität, wenn nicht gar ein Tabubruch. Schütz will 1992 nicht einschätzen, was solche Kontakte brachten, bei denen ohnehin nur bekannte Positionen ausgetauscht wurden. Aber offenbar empfindet er es als Mangel, dass solche Kanäle mit Ost-Berlin fehlten: „Ich habe in den Jahren als Regierender Bürgermeister von Berlin nie einen Spitzenmann der ‚anderen Seite' gesehen." Dem Staatsratsvorsitzenden Erich Honecker sei er lange nach der Berliner Zeit 1987 bei dessen Staatsbesuch in der Bundesrepublik begegnet. Auch die Ost-Berliner Amtskollegen habe er nie getroffen. Allen Einschränkungen und gewärtigenden Status-Problemen eines solchen Kontakts zum Trotz hält Schütz diese Quintessenz fest: „Ost-Berlin wollte nicht, und wo kein Wille ist, ist auch kein Weg.“ Er erzählt aber auch, dass es eine Fülle von informellen Verbindungen nach Ost-Berlin gab, wozu er die Informationen der Nachrichtendienste zählt. Den Wert dieser Kontakte schätzt Schütz jedoch gering. Aber: „Meine Linie war einfach: Jeder Kontakt, der notwendig war, sollte wahrgenommen werden.“

WEST-BERLIN WAR 1968 IN EINER UNGÜNSTIGEN LAGE. Unmittelbare Bedrohungen gab es keine mehr, die Berlin-Frage war offen, damit lebte West-Berlin eher schlecht als recht. Der Zugang schien gesichert, aber reibungslos funktionierte er nur auf dem vom Osten unabhängigen Luftweg. Das beeinträchtigte die Investitionsbereitschaft der Industrie. Rückschritte gab es bei den *menschlichen Erleichterungen*. Die Passierscheinabkommen waren seit 1966 ausge-

Schlagbaum geöffnet, im Nebel die Oberbaumbrücke: Dank des Passierscheinabkommens passieren West-Berliner zu Weihnachten 1963 den Grenzübergang zwischen Kreuzberg und Friedrichshain.

setzt. Erst 1972, und damit verbindet sich der größte berlinpolitische Erfolg der Periode des Regierenden Bürgermeisters Klaus Schütz, wurde es wieder möglich, dass West-Berliner Verwandte und Bekannte in der Osthälfte besuchen durften. Auch der Regierende Bürgermeister selbst bekam die Zugangshemmnisse zu spüren. Am 26. April 1968 wollte er mit dem Pkw über die Transitautoautobahn nach Helmstedt in Niedersachsen fahren. Es wurde ihm verweigert, weil er zu diesem Zeitpunkt Präsident des Bundesrats war, was sich nach sowjetischer Interpretation nicht mit dem Status West-Berlins vertrug. Das galt auch für Sitzungen des Bundestags in West-Berlin, bei denen es eine Zugangssperre von und nach West-Berlin gab. Schütz erlebte, dass er von einem voreiligen Grenztruppen-Offizier in Marienborn im Nachtzug geweckt wurde und zur Rückkehr in die *BRD* aufgefordert wurde; die Angelegenheit wurde bereinigt, nachdem Schütz „sehr laut" geworden war. Schütz betont rückblickend das gute Verhältnis zu westalliierten Staats- und Regierungschefs wie dem französischen Präsidenten Charles de Gaulles oder dem britischen Premier Harold Wilson, aber er hebt US-Präsident Nixon und seinen Nationalen Sicherheitsberater und späteren Außenminister Henry A. Kissinger hervor: „Das Berlin-Abkommen hat viele Väter. Sein Zustandekommen aber ist nicht zuletzt Nixon und Kissinger zu verdanken." Schütz setzte als Regierender ostpolitische Akzente. Abrassimows Einladungen nach Moskau lehnte er zwar ab, denn die hatten den statusrechtlichen Fallstrick, dass Schütz nicht in Begleitung des westdeutschen Botschafters hätte auftreten dürfen. Doch er ist der erste politische Vertreter des westlichen Deutschlands, der das NS-Vernichtungslager Auschwitz besucht hat. In Verbindung mit dieser Reise nach Posen, dem polnischen Poznań, gehört seine Äußerung – ebenfalls als einer der ersten offiziellen westdeutschen Repräsentanten –, dass die polnische Westgrenze an Oder und Neiße verlaufe. Eine Aussage, die heftigen Widerspruch erregte. Schütz hatte dies mit dem Hinweis auf die *Realitäten* verbunden, die es anzuerkennen gelte. Das war eine in der damaligen Zeit geläufige Wendung, wenn es um *Anerkennung* ging, sei es um die Anerkennung der DDR oder um die Anerkennung der von östlicher Seite gern bestrittenen Existenz West-Berlins.

Juristisch hielt auch die UdSSR bis zum Schluss am Vier-Mächte-Status fest. West-Berlin unter dem außenpolitisch ambitionierten Klaus Schütz spielte für das Vier-Mächte-Abkommen über Berlin eine Schlüsselrolle. Mit dem Amtsantritt des Bundeskanzlers Brandt begann 1969 die *Neue Ostpolitik*. Schütz: „Wer es bis dahin nicht gewußt hatte, der konnte es jetzt beispielhaft erleben: Es führte kein Weg an Berlin vorbei. Es war nicht möglich, überall Spannungen zu überwinden, aber in Berlin alles beim alten zu lassen." Schütz erklärt die Motivation für die Botschafter der vier Mächte, darunter Abrassimow, nach vielen Monaten endlich Fortschritte zu erzielen, damit, dass die Bundesregierung die Ostverträge mit Warschau und Moskau ratifizieren lassen musste und dass sie der Opposition zugesagt hatte, dass sie erst unterschreiben werde, wenn es eine Berlin-Regelung gebe. Der frühere Senatssprecher im Schöneberger Rathaus Egon Bahr erzählt 1998 in seinem Band *Zu meiner Zeit*, dass die Koordinierung mit dem Senat für ihn besonders nervenaufreibend gewesen sei und dass er in Gegenwart seines Ost-Berliner Verhandlungspartners Michael Kohl sogar einmal per Telefon persönlich und gegen alles Statusrecht in West-Berlin intervenieren musste, denn:

Ein Senatsbeauftragter verhandelte über Besuchsmöglichkeiten von West-Berlinern in „die angrenzenden Gebiete", hielt sich analog an unsere Regelung, wonach ausreisen darf, wer einreisen durfte, und über einen Gebietsaustausch. Daß die West-Berliner die Erlaubnis zu Mehrfachbesuchen bis zu dreißig Tagen bekamen, privilegierte sie gegenüber den Westdeutschen, allerdings zum erstenmal. Es glich ihre bisherige Benachteiligung aus, in den letzten Jahren nicht einmal Passierscheine für Tagesbesuche erhalten zu haben. Natürlich tauschten wir Erfahrungen und Papiere aus, damit der Senat nicht unwissentlich das feine Gefüge der Bindungen zum Bund auch nur mit einem Wort zugunsten der DDR verletzt.

Bonn hatte mit der DDR über den Transit verhandelt, aber die Anerkennung der Unterschrift der Bundesregierung durch die DDR mit Bindungskraft auch für West-Berlin blieb am Ende eine Klippe. Der Senat musste auf Honeckers Wunsch offiziell mitteilen, dass er bereit sei, das Transitabkommen offiziell zu übernehmen. Bonn überwies Ost-Berlin für jedes der ersten vier Jahre 234,9 Millionen DM. Es dauert bis zum 11. Dezember 1971, bis der Senat das Besuchsabkommen für *paraphierungsfähig* erklärt. Es ist ein dramatischer Tag. Bahr und Kohl paraphieren das Transitabkommen, der Berliner und DDR-Staatssekretär Günter Kohrt und Senatsdirektor Ulrich Müller paraphieren die Vereinbarungen über die „Erleichterungen und Verbesserungen des Reise- und Besucherverkehrs" sowie die „Regelung der Frage von Enklaven durch Gebietsaustausch". Am Abend war Bahr in Oslo, wo Brandt für seine Ostpolitik den Friedensnobelpreis entgegennahm. Die beteiligten deutschen Seiten hatten Transit und Besuche geregelt, und zwar eigenständig und miteinander und im

Rahmen der Vorgaben der vier Siegermächte. Bahr scherzte mit Kohl: „Falls wir uns nicht einigen, sind die Vier Großen gescheitert; solange wir uns nicht einigen, müssen sie warten.“ Die Verbindungen West-Berlins auf der Straße, der Schiene und zu Wasser unterlagen grundsätzlich nicht mehr der Willkür der DDR-Behörden. Die Besuchsregelung ließ die Berlinerinnen und Berliner wieder ein Stück weit zusammenkommen, trotz der Mauer. Das hatte weitreichende Konsequenzen für die Stadt. Am Tag der Unterzeichnung des Vier-Mächte-Abkommens der Alliierten nach anderthalb Jahren Verhandlungen am 3. September 1971 hatte der des Deutschen mächtige Abrassimow dafür die historisch gewordene Formel gefunden: „Ende gut, alles gut.“

WAS DEM REGIERENDEN BÜRGERMEISTER SCHÜTZ jetzt noch bleibt, das sind die Mühen der stadtpolitischen Ebene. West-Berlin ist zwar nicht von jeglichen Spannungen befreit, Ost-Berlin und die DDR sind nicht beste Freunde West-Berlins und der Bundesrepublik. *Regierungsalltag* überschreibt Schütz das Memoirenkapitel zum Thema Verwaltung: „Der Regierende Bürgermeister ist verantwortlich für alles, was die Bürger direkt betrifft. Das sind viele Details, und vieles ist für sich gesehen möglicherweise trivial. Es ist aber bedeutsam für den direkt Betroffenen, und das zu Recht.“ Das Schwierige lande immer auf dem Schreibtisch des Regierenden. Schütz ist am 2. Mai 1977 zurückgetreten. Die Stadt hatte allerdings reichlich Probleme. Dazu zählten der Verlust von Arbeitsplätzen, die Aufblähung des öffentlichen Dienstes, um dem zu begegnen, das starke soziale Gefälle zwischen den Bezirken und die rapide Überalterung der Bevölkerung. Was er als besondere Leistungen seiner Amtszeit hervorhebt, das ist die Installierung der Schaubühne am Halleschen Ufer sowie die Vereinbarungen mit den Religionsgemeinschaften, insbesondere mit der Jüdischen Gemeinde zu Berlin. Die Kosten für das am 2. April 1979 eröffnete Internationale Congress Centrum Berlin, das Prestigeobjekt ICC, liefen immer wieder aus dem Ruder. Da war das Projekt der umtriebigen, gerissenen Berliner Architektin Sigrid Kressmann-Zschach, das in Schütz’ Amtszeit fällt. Sie geriet 1972 in die Insolvenz, der Senat haftete mit einer Millionenbürgschaft, Schütz hatte zum Richtfest des Steglitzer Kreisels eine Rede gehalten. Klaus Schütz ist auch der Regierende, der am 27. April 1970 den Grundstein für den Flughafen Tegel legte. Der Flughafen wurde am 23. Oktober 1974 in seinem Beisein eröffnet. Die Komplikationen bei der Errichtung machen daraus keine Erfolgsgeschichte. Schütz erwähnt Tegel in seinen Erinnerungen wie so vieles nicht.

HAT ABER SCHÜTZ DEN STUDENTEN besser zugehört als Albertz? Der West-Berlin-Historiker Wilfried Rott berichtet, Schütz habe nach Amtsantritt gehofft, die Unruhen mit ihren, wie er es formulierte, *unappetitlichen Randerscheinungen* zu befrieden, wiewohl er erklärte, sich nicht von morgens bis abends um studentische Dinge kümmern zu wollen. Zwei Tage nach Senats-Wahl verlegte sich die Polizei bei einer Vietnam-Demonstration auf eine Deeskalationsstrategie. Es gelang, die Protestierer bis auf einen harten Kern zu zerstreuen. Der Polizist im Lautsprecherwagen, geübt als Conférencier bei Feiern der Kollegen, pflegte erfolgreich polizeilichen Humor. Werner Textor riet den „Demonstranten im 17. Semester" zu Bademantel und Badehose. So kündigte der Oberkommissar „Wasserspiele" an, also die Wasserwerfer, die die letzten, laut Textor die „Humorlosen", vertreiben sollten. Wirklich menschenfreundlicher als unter Albertz war die Atmosphäre seitens des Schütz-Senats nach wie vor nicht. Anfang Dezember 1967 fuhren die Behörden sechs Wasserwerfer, berittene Polizei und 750 Beamte am Kriminalgericht Moabit auf. Anlass war die Verhandlung wegen Landfriedensbruchs gegen den Kommunarden Fritz Teufel, der im Ergebnis nach sechs Monaten Untersuchungshaft freigesprochen wurde. Am 19. Dezember 1967 folgte Schütz einer Einladung des Allgemeinen Studentenausschusses der FU ins Audimax an der Garystraße zu einer Asta-Veranstaltung zu seinem Herzensthema „12 Monate Außenpolitik in Bonn". Fotos zeigen, dass der Regierende und der Studentenführer im selben Raum waren und damit einander so nahgekommen waren wie nie zuvor. Rangeleien waren programmiert. Der Empfang für Schütz war drohend. Auf einem Transparent stand: „Solche Idioten regieren uns. Phrasendrescher, Knüppel im Genick, das ist Berliner Schütz'-en Politik". Fritz Teufel spottete über Schütz eine Woche vor Heiligabend, man solle ihn zum Weihnachtsmann wählen. Gängig war auch der Slogan „Brecht dem Schütz die Gräten, alle Macht den Räten". Die 1968 erschienene Broschüre *Worte des Regierenden Klaus* mit den dort gesammelten, ohne ihren Zusammenhang wiedergegebenen Schütz-Zitaten bezweckte mit sublimer Häme, ihn lächerlich zu machen und intellektuell bloßzustellen. Die rot gebundene, kleinformatige Broschüre zeigte auf dem Titel Schütz im Halbprofil mit einem besserwisserisch deutenden Zeigefinger. Schütz-Zitate wie dieses sollten den Regierenden bloßstellen: „Der Regierende Bürgermeister sei unfähig – das ist eine Aussage, die ich für völlig legitim halte. Ich bin anderer Meinung, aber das ist eine Randerscheinung."

Am Ende ähneln sich Schütz und Albertz während der Amtsführung in ihrem Verhältnis zu den Studenten der APO und zu Dutschke.

Rudi Dutschke – Das Gesicht der Revolte und die Berliner *Kommune*

In seinem stadtbekannten Ringelpulli und mit Megafon: Rudi Dutschke 1968 auf einer Kundgebung mit West-Berliner Studenten.

EIN STUDENT DER FREIEN UNIVERSITÄT BERLIN war das Gesicht der Revolte. Die Berliner Zeitungen, erfahren wir aus Ulrichs Chaussys Biografie des Rudi Dutschke von 2018, erwähnen seinen Name das erste Mal nach einer Vietnam-Demonstration am 11. Dezember 1966. Er wird harmlos vorgestellt als „Sprecher des SDS" oder schon polemisch als „Sprecher des pekingfreundlichen SDS-Flügels". Zehn Tage darauf liest es sich in der Berichterstattung der in Axel Springers Ullstein-Verlag erscheinenden auflagenstärksten Berliner Tageszeitung *B.Z.* über eine Podiumsdiskussion zur rotchinesischen Kulturrevolution im Askanischen Gymnasium in Tempelhof deutlich feindseliger. Die Überschrift: „Der Führer der Berliner ‚Provos' verteidigte das Treiben der ‚Roten Garden' – Dutschke dreht an einem dollen Ding ..." Die negative Wertung steht fest, aber der Überschriftenmacher weiß noch nicht, wie es mit diesem Mann weitergehen wird. Deshalb setzt er die drei Punkte. Chaussy hat wohl recht: Ab diesem 21. Dezember 1966 steht der Name Dutschke mindestens in Berlin für die Studentenrevolte. Deren Gesicht glich in der Darstellung der *B.Z.* einer Fratze: „Schwarze Strähnen in der Stirn. Stechende Augen unter buschigen Brauen. Lederjacke und Pullover – Rudi Dutschke vom Sozialistischen Deutschen Studentenbund sieht aus wie der leibhaftige Bürgerschreck. Wo er auftaucht, da riecht es nach Rabatz." Rudi Dutschkes Bild oszilliert zwischen Dämonisierung und Verklärung. Dabei ist er vor allem Kind seiner Zeit. Die Studentenbewegung hat aus bürgerlich, bildungsbürgerlich und mittelständisch geprägten jungen Menschen der bundesdeutschen Wohlstandsgesellschaft der Wirtschaftswunderzeit bestanden, auch in West-Berlin oft aus Westdeutschen. Das betont der Alt-68er und Historiker-Journalist Götz Aly 2008 in seiner Würdigung *Unser Kampf 1968 – ein irritierter Blick zurück*. Woher stammte Rudi Dutschke, wie kam er nach West-Berlin?

Er ist ein brandenburgischer Bauernjunge. Alfred Willi Rudolf Dutschke kommt am 7. März 1940 zur Welt. Seine Mutter Elsbeth gebar ihren vierten Sohn in der Mansarde im kleinen Haus des Schwagers in Schönefeld, einem Dorf mit einer backsteinernen kleinen Kirche zwölf Kilometer westlich von Luckenwalde. Dorthin zieht die Familie, als der Jüngste drei ist. Dort geht er zur Schule, macht sein DDR-Abitur. Musterschüler und Rabauke sei er zugleich gewesen, Lieblingsfach Geschichte. Sein Vater ist bei der Geburt nicht da, sondern seit einem halben Jahr Soldat. Der Postbeamte hatte 1933 deutschnational gewählt, war als Reservist zur Wehrmacht eingezogen worden, mochte das Militär. Die Elektrikerlehre hatte er abgebrochen, um zur Reichswehr zu gehen. 1947 erst wurde er aus sowjetischer Gefangenschaft entlassen. Die fromme, streng protestantische Mutter ist unter ihren fünf Männern die Respektsperson. Sie bleibt es lange. Als sie den Sohn im September 1965 in West-Berlin besucht – Rentner durften jetzt in den Westen –, putzte Dutschke die verkommene Wohnung und leiht sich einen Anzug, um die Mutter mit Hemd, Schlips und Kragen abzuholen. Es gibt dieses Foto von Mutter und Sohn, wie beide in West-Berlin vor einer *Persil*-Reklame stehen. Die Mutter lehrt Rudi zu beten, still für sich, auch und gerade in Notsituationen. Sie nimmt ihn am Sonntag mit in den Gottesdienst. Die Gemeinde wird ihm zur Heimat, vor allem die vom Regime beargwöhnte *Junge Gemeinde*. Die erste Begegnung mit dem Vater: „Was will der da? Der soll weggehen“, sagt der Sohn, denn der Vater ist auf Fronturlaub, in Uniform, Soldat. Es geht die Rede, die Mutter habe im zu Ende gehenden Zweiten Weltkrieg ihre Söhne vor den *Soldaten* gewarnt. Sie meinte Russen, Rot-Armisten. Getroffen von der Kugel des Attentäters habe Dutschke gerufen *Soldaten, Soldaten*, was in Zusammenhang mit den Worten der Mutter stehe. Seine erste Leidenschaft gehört dem Sport, erst Fußball, dann Leichtathletik. Er ist ehrgeizig, bringt es zu Titeln. Askese kennzeichnet ihn auch als Erwachsenen. Das wurzelt im Protestantismus, es ist im Sport nützlich, wenn einer nicht raucht und trinkt. Sportlich getarnte Enthaltsamkeit und Distanz zu Mädchen, Frauen bemänteln Angst, Verklemmtheit. Sport hat bei Dutschke mit Sprechen und Sprache zu tun. Die Familie hatte seit 1956 einen Fernseher. In der ersten Fassung seiner Dutschke-Biografie von 1983 nennt Chaussy den DDR-Sportreporter Heinz-Florian Oertel, in der zweiten den ZDF-Mann Harry Valérien als Sportkommentatoren im TV, die den Jungen begeisterten und die ihn dazu brachten, das Reportieren zu trainieren, die eigene Sprache, sein Sprechen zu schulen, ein Gefühl für Wörter und Sätze zu entwickeln. Er will Sportjournalist werden. Diese Neigung führte in West-Berlin zu einer kurzzeitigen Tätigkeit im Sportressort der *B.Z.*, der damals größten Tageszeitung, die ausgerechnet im Konzern seines und der Studentenbewegung späteren Feindbildes Axel Springer erschien.

DAS ELTERNHAUS WAR UNPOLITISCH. Die Zeiten in der jungen DDR sind umso politischer. „Wie es so allgemein üblich war [...]“, geht Dutschke ohne rechte Überzeugung in die FDJ, die zur Jugendweihe und zum Verzicht auf die Konfirmation aufruft. Dutschke bleibt in der Jugendorganisation der Partei und lässt sich trotzdem konfirmieren. Beide Linien, hinter denen Sozialismus und Christentum als utopieträchtige Lehren stehen, prägen ihn, in kritischer werdender Distanz, aber nie in rigoroser Ablehnung. Im Gegenteil, Christentum und Sozialismus verbinden sich für Dutschke, gehören zusammen, auch wenn er das Christliche in West-Berlin als Studentenführer nicht mehr herausstellen wird, dort bald nicht mehr in die Kirche geht. In der DDR birgt das für den Heranwachsenden handfeste Konflikte mit der Staatsmacht. Die nächste Herausforderung ist die Nötigung, in der jungen Nationalen Volksarmee, der NVA, zu dienen. In dieser Auseinandersetzung wird die pazifistische Haltung des jungen Mannes erkennbar, die bis vor kurzem auch noch Haltung der DDR gewesen war. Dazu hält Dutschke seine erste politische Rede. Er verweigert an der Gerhard-Hauptmann-Oberschule, die er seit 1954 besucht, die freiwillige Meldung zur Armee. Wolfgang Gattner, Parteisekretär der Anstalt, im Rechenschaftsbericht für das Jahr 1957: „So äußerte der Jugendfreund Dutschke, wenn er das Wort ‚schießen‘ hört, liefe es ihm kalt über den Rücken. Keiner wolle Krieg. Das Verbot der Westreisen sei ein Eingriff in die persönliche Freiheit. Man solle doch immer alle Deutschen an einen Tisch bringen.“ Die *Westreisen*, damit sind vor allem die regelmäßigen West-Berlin-Besuche der Oberschüler gemeint.

Der Druck steigt. Schülervollversammlung, rund 150 Schüler in der Aula. Der Direktor klagt Dutschke an. Alle wissen, dass es um die Chance geht, nach dem Abitur Sportjournalismus in Leipzig zu studieren. Er steht allein, keiner hilft, er spricht, er dreht den Spieß um. Dutschke fragt, warum die anderen den Pazifismus vergessen haben. Zehn Jahre später schildert er es so, dass er sich geweigert habe, in einer *Bürgerkriegsarmee* zu dienen, wo eine auf die andere deutsche Armee schießen solle, dass er Wiedervereinigung gewollt habe, Sozialismus, aber nicht den im Land praktizierten. Die Repression folgt. Die Abiturnote wird von *zwei* auf *drei* gesetzt. Im Zeugnis steht seine angeblich *inaktive gesellschaftliche Haltung*. Was bleibt, ist *Bewährung in der Produktion*. Er lernt Industriekaufmann im VEB TEWA Luckenwalde, einem Hersteller von Möbelbeschlägen. Er schließt mit *sehr gut* ab. Das System ist unerbittlich: Universität nur, wenn er zwei Jahre freiwillig zur NVA geht. Dutschke wird nach West-Berlin gehen, gerade 50 Kilometer sind es von zu Hause zur FU. Zu weit

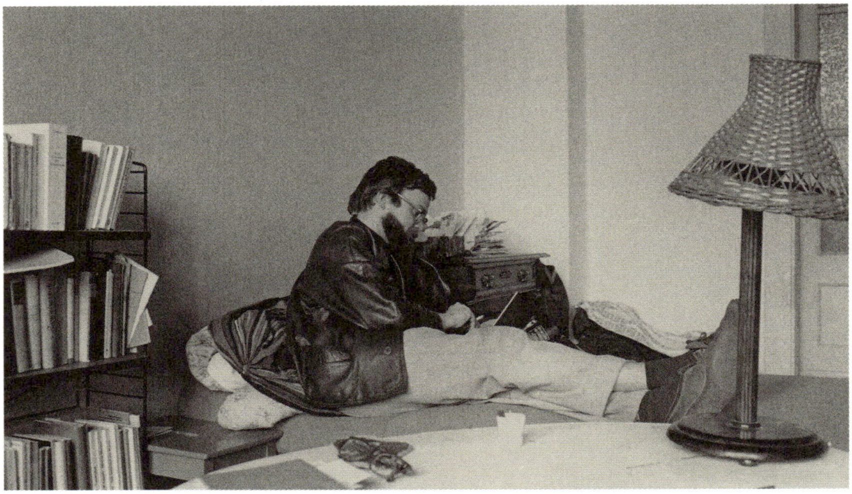

Bücherregal, Stehlampe, Altbauwohnung: So ließ sich Rudi Dutschkes Freund Bernd Rabehl im April 1968 bei der Lektüre fotografieren.

zum Pendeln. Also mietet er eine Studentenbude in der Lutherstraße in Steglitz. Sein Ost-Abitur wird nicht anerkannt. Also absolviert er von Oktober 1960 bis zum Juni 1961 am Askanischen Gymnasium in Tempelhof den Abiturkurs. Er entscheidet sich dafür, Soziologie zu studieren. Dutschke ist ein Beispiel dafür, wie der Gehorsam und Anpassung fordernde autoritäre DDR-Staat junge, intelligente Menschen in den Westen treibt, statt sie durch das Ernstnehmen ihrer Meinung und die Auseinandersetzung zu gewinnen. Dutschke denkt im Mauer-Sommer 1961 nicht daran, im Westen zu bleiben. Für Dutschke ist West-Berlin wie für so viele Zeit- und Schicksalsgenossen in der DDR das Guckloch in den Westen, in das freie Leben, und das Loch im Eisernen Vorhang, das im Mauerjahr noch die Chance zum Durchschlüpfen der Grenze bietet. Es sind die Eltern, die ihm zuraten. Donnerstag, der 10. August 1961, ist der Tag, an dem ihn sein Bruder Helmut auf dem Motorrad nach Teltow bringt. Beim Abschied sagt Rudi der weinenden Mutter, dass er rasch wiederkäme, spricht vom Pflaumenkuchen, den die Mutter so gut backen kann. Brüder und Vater sieht er erst sechs Jahre später wieder, als die Mutter beerdigt wird. Dutschke lebt allein in West-Berlin. Die Mauer trennt ihn von der Familie. Unerbittlich. Er muss seinen Weg finden. Am 16. August 1961, drei Tage nach dem Mauerbau, ist er auf dem Rudolf-Wilde-Platz vor dem Rathaus Schöneberg. Er hört Willy Brandt sprechen. Später wird er lockere Kontakte zur Berliner SPD haben, vor allem zum Anführer des linken Flügels, zu Harry Ristock. Aber es entsteht nichts Bleibendes.

DIE ELTERN VERSTEHEN NICHT, weshalb er Soziologie studiert. Die Mutter hätte lieber einen Studienrat gehabt. Aber der Sohn möchte später in *Entwicklungsländern* arbeiten, da reiche eine historische Ausbildung nicht, begründet er gegenüber der FU die Entscheidung. Das Pensum ist umfassend. Das Studienbuchblatt für das Sommersemester 1962, sein zweites, zeigt, dass er Suaheli lernt, dass er bei dem angesehenen Philosophen Wilhelm Weischedel die Veranstaltung *Der späte Heidegger* belegt und bei dem renommierten Zeitungswissenschaftler und CDU-Mitgründer Emil Dovifat die Veranstaltung *Die deutsche Sprache in der deutschen Publizistik* besucht. Daneben interessiert ihn Ethnologie, natürlich gehören die soziologischen Veranstaltungen dazu. Er findet Anschluss, besonders bei anderen aus dem Osten. Darunter ist der spätere Mitstreiter Bernd Rabehl, dem er im Treffpunkt dieser Studenten begegnet, dem *Café am Steinplatz*. Rabehl erinnert sich:

Rudi las damals [Wladimir I.] Lenin, ich [Albert] Camus, und konnte nicht verstehen, wie jemand, der aus der DDR kommt, jetzt noch Lenin liest. Ich haute ihn an und fragte: „Warum liest du das Zeug, das brauchen wir doch jetzt nicht mehr." Da meinte er, in der DDR hätte er das nie gelesen, sondern er wolle wirklich wissen, was dieser Lenin geschrieben hat, was überhaupt Marxismus-Leninismus heißt. So haben wir uns angefreundet.

Dutschke wohnt in „Berlin-Schlachtensee, Wasgenstr. 47, bei Scholz", die Mansarde in einem Reihenhaus, er kann Waldlauf machen, es ist nicht weit zum Studentendorf. In Zehlendorf liegt auch die FU. Er jobbt, gemeinsam mit seinem späteren Freund, dem Psychologen Thomas Ehleiter, der ihm nach dem Attentat das Sprechen wieder beibringen wird, als Küchenhelfer im US-Casino im Harnack-Haus um die Ecke vom FU-Campus. Er arbeitet als Studentische Hilfskraft im Osteuropa-Institut der FU. Dutschke liest nicht nur Lenin, sondern er beginnt Marx zu studieren. „Der Marx analysiert fantastisch und eindeutig", schreibt Dutschke unter dem 18. Februar 1963 in sein regelmäßig geführtes Tagebuch. Er hat die Einsicht gewonnen, dass Marx' Analyse zwar in Südeuropa und Teilen Asiens noch gelten mag, aber nicht mehr in Westeuropa: „Natürlich verkauft auch der Arbeiter Westeuropas seine Arbeitskraft. Er verkauft sie gut. Er hat heute mehr zu verlieren als seine Ketten." Der Arbeiter verbürgerliche in Ländern mit umfassenden sozialen Errungenschaften. Lenin, Marx – und Jesus: „In diesen Stunden verschied keuchend im Morgenlande der

Welt größter Revolutionär – Jesus Christus", notiert Dutschke am Karfreitag 1963 ins Tagebuch. Innere Freiheit, zu der Jesus den Weg weist, und äußere gehören für ihn zusammen, die äußere aber müsse noch mehr erkämpft werden als die innere. Darauf gründet sein Anspruch auf Weltveränderung, Wirklichkeitsveränderung als *Hic-et-nunc-Aufgabe der Menschheit.*

Dutschkes Weg zur politischen *Aktion*, ein zentraler Terminus, führt ihn über den lockeren Zusammenschluss junger Leute insbesondere um Dieter Kunzelmann. Der Franke wird später zum revolutionären, noch später zum parlamentarischen Inventar West-Berlins gehören, seine Anfänge aber liegen in München. Die teils witzigen Aktionsformen, Texte seiner *Subversiven Aktion* ziehen Dutschke und Rabehl an. Sie sind die *Mikrozelle* in West-Berlin. Die erste Aktion richtet sich gegen den im Januar 1963 zum Asta-Vorsitzenden gewählten Eberhard Diepgen, Mitglied einer schlagenden Verbindung, später Regierender Bürgermeister; Kunzelmann wird da immer noch sein Antipode sein. Das ist linkes Engagement, aber keines im Sinne der DDR. Dutschke weiß, dass es in der Oktoberrevolution von 1917 schon Lenin war, nicht erst Stalin, der den Terror entfesselte. Diesen Terror hält er für legitim, es geht um Parteiverbote, sogar Fraktionsverbote in der Kommunistischen Partei, um die Abschaffung der Rede- und Versammlungsfreiheit: „Hier hatte die repressive Gewalt, der Terror, eine eindeutig aus der Situation heraus zu rechtfertigende soziale Funktion." Dutschke lehnt in der historischen Betrachtung die Gewalt keineswegs rundweg ab, sondern unterscheidet „sehr genau zwischen notwendigem und zusätzlichem Terror". Das korrespondiert mit der späteren Auseinandersetzung um die Gewalt gegen Sachen, die zulässig, und der gegen Menschen, die nicht zulässig sein soll. Stalins Terror, so sieht es Dutschke, habe die *historische Notwendigkeit* gefehlt, wie es „uns die Stalinisten der Gegenwart, die es natürlich in Ost und West gibt, mit aller Gewalt einprägen wollen." Der junge Student, diskriminiert und weggestoßen vom stalinistisch grundierten DDR-Sozialismus, gehört zu den zahlreichen marxistisch denkenden Antibolschewisten, deren Kritik der unerbittliche Machtwille des Revolutionärs Lenin von Beginn an hervorgerufen hatte. Dutschke ist deshalb nicht weniger Linker, nicht weniger Revolutionär, nicht weniger Leninist. Er hält auf die *Avantgarde des Proletariats*, nach Lenins Lehre ist sie Vortrupp der Revolution.

Zu dieser Zeit ist Rudi Dutschke 24 Jahre alt. Im Café am Steinplatz trifft er auf die junge Amerikanerin Gretchen. Da lernte er gerade Polnisch. Der Asket der werdenden Bewegung, die Ehe und Familie verpönt, die beides für unvereinbar erklärt mit dem Revolutionär-Sein, schickt die Theologiestudentin bald weg, und es braucht Zeit, bis er erlaubt, dass sie nach West-Berlin zurückkehrt. Mit 24 Jahren schläft er das erste Mal mit einer Frau, mit ihr. Am Ende steht die Eheschließung. Gretchen schildert es detailliert in ihrer 1996 erschienenen Biografie ihres Mannes mit dem Titel *Wir hatten ein barbarisches, schönes Leben*. Das Postulat der *freien Liebe* und das Modell der *Kommune I*, wie es Kunzelmann in West-Berlin verwirklichte, war dem Paar fremd. Sie ist protestantische Christin, hat in den USA den *religiösen Sozialisten* und Theologen Paul Tillich gehört, aber Gretchen lernt erst von ihrem künftigen Mann, dass Sozialismus und Christentum zusammengedacht werden können. Dutschkes späteren Freund, den an der FU lehrenden Theologieprofessor Helmut Gollwitzer, kennt sie vor ihm. Später werden sie, als sie getrieben sind, auf der Flucht, im Haus des Ehepaars Gollwitzer in Dahlem wohnen.

DAS HAUS KURFÜRSTENDAMM 140 war im Dritten Reich das *Stabshauptamt beim Reichskommissar für die Festigung deutschen Volkstums*; der Gründerzeitbau wurde zu Beginn der 1970er-Jahre abgerissen. In dieses Haus war Dutschke das erste Mal im Sommer 1964 gekommen, um beim SDS im vierten Stock ein Flugblatt zu drucken. Seitdem kam er öfters. Am 27. Januar 1965 ging er zusammen mit Freund Rabehl hin. Beide erklärten, sie wollten Mitglieder werden. Wir beschreiben nicht alle Einzelheiten der Auseinandersetzungen, der ideologischen und strategischen Differenzen. Aber es ist zu verzeichnen, dass Dutschke und der 1946 in Hamburg gegründete Verband, mit dem er im öffentlichen Bewusstsein eng verbunden ist, an diesem Tag zusammengekommen sind. Der Empfang ist nicht euphorisch, sondern misstrauisch. Das liegt an dem Hintergrund der *Subversiven Aktion*, den bereits an diesem Tag zutage liegenden Abweichungen von der Linie des damals schon nicht mehr mit der SPD organisatorisch verbundenen Verbands.

VIETNAM IST IN DIESEN TAGEN das die linken Studenten beschäftigende Thema. Der US-Krieg, berichtet Chaussy, habe Dutschkes bis dahin positives USA-Bild als das der Befreier vom Nationalsozialismus erschüttert. In diese Zeit fällt Dutschkes Reise nach Moskau als Mitglied einer offiziellen SDS-Delegation; sein Verhältnis zur Sowjetunion, zur Partei, zur Ideologie ändert sich nicht, mehr noch: „Die ‚Komsolmol'-Gastgeber scheinen unsere, meine Probleme nicht im Geringsten zu spüren oder zu verstehen." 1965 ist bereits ein Jahr, in dem die Beschaulichkeit des Dahlemer Campus schwindet. In diese Zeit fallen seine intensiven Kontakte mit lateinamerikanischen

Spassguerilla: Kommunarde Fritz Teufel mit Adventskranz bei der Haftentlassung am 9. Januar 1972 mit Anwalt Horst Mahler, später Mitgründer der Rote Armee Fraktion.

Studenten. Ihnen vermittelt er juristische Unterstützung durch den jungen Anwalt Horst Mahler, der 1955 sein Abitur am Friedrich-Ebert-Gymnasium in Wilmersdorf gemacht hatte, als Student von der Studienstiftung des Deutschen Volkes gefördert worden war und der in der Konstanzer Straße nahe Kurfürstendamm eine lukrative Anwaltskanzlei übernommen hatte. Alsbald sollte Mahler den Kommunarden Fritz Teufel verteidigen. 1965 ist auch das Jahr, in dem es nach einem von den 21 000 Konzertbesuchern als zu kurz empfundenen Auftritt der *Rolling Stones* zu Krawallen und zur Zerstörung der Waldbühne kam. Rudi Dutschke vermochte die Bedeutung von Musik, besonders des Rock, für die Bewegung und für die Revolution nicht nachzuempfinden.

Am 2. Juni 1967, dem Tag, als in Berlin Ohnesorg erschossen wurde, war Dutschke in Hamburg. Er kommt am nächsten Morgen zurück. Er ist am 8. Juni im Auto im Konvoi, der den Leichnam im schwarzen Cadillac unter Duldung der DDR-Behörden in die Bundesrepublik eskortiert. Es ist der Weg nach Luckenwalde zu seinen Eltern, die Dutschke als Republikflüchtiger nach wie vor nicht besuchen darf. Auf dem Kongress *Bedingungen und Organisation des Widerstandes* in Hannover wenig später ist er der Hauptredner, entwirft eine als teils unpräzise kritisierte aktionistische Strategie gegen die

„staatliche Gewaltmaschine" und provoziert den Philosophie-Professor Jürgen Habermas zu dessen Invektive, in der er den immer wieder zitierten Begriff *linker Faschismus* benutzte.

WELCHE BEDEUTUNG HAT BERLIN FÜR DUTSCHKE, welche Rolle schreibt er der Stadt zu? Auskunft gibt uns ein Gespräch, das der Verleger Hans Magnus Enzensberger, Dutschke, sein Freund Rabehl und der Berliner Christian Semler führen. Semler ist SDS-Mitglied, später Gründer der maoistisch orientierten KPD/AO, also Aufbauorganisation. Das Gespräch vom Oktober 1967 wird im wichtigen Theorieorgan der Studentenbewegung, dem von Enzensberger herausgegebenen *Kursbuch*, der Ausgabe mit der Nummer *14*, die den Titel *Kritik der Zukunft* trägt, im August 1968 publiziert. „Gibt es für hochindustrialisierte Länder eine revolutionäre Zukunft, und wie könnte diese Zukunft aussehen?" fragt Enzensberger als Erstes. Dutschke wirft ein, es müsse um den *Transformationsprozess* gehen, es gehe also um eine *Zukunft der Gegenwart*. Enzensberger, der mit 38 Jahren der älteste Teilnehmer ist, erwidert, es gebe kein Beispiel einer hochindustrialisierten Gesellschaft, die sich von Grund auf revolutioniert habe. Aber Dutschke korrigiert: „Wenn wir von der Pariser Kommune absehen, der ersten Revolution in einer Metropole." Der Austausch wogt hin und her, Marx, Lenin, auch der Philosoph Georg Wilhelm Friedrich Hegel werden angeführt; es ist eine theoretisierende Auseinandersetzung, obwohl Dritte Welt, Hippies, die *Neger* in den USA, *radikale Gewalt*, das Konzept der *Gegenuniversität*, Vietnam und Konsum diskutiert werden. Nach geraumer Zeit zieht Enzensberger die Zwischenbilanz des bisher dürftigen Austauschs und konkretisiert das Thema, indem er sich auf den Standpunkt eines Mannes stellt, eines Berliners, der das vergangene Jahr mitverfolgt hat:

Dieser Mann würde etwa so argumentieren: Ja, ich interessiere mich für das, was ihr sagt, ich habe euch zugehört, ich bin bei einer Demonstration dabeigewesen, ihr habt in meinen Augen weitgehend recht, aber wie soll das nun weitergehen, das heißt, wie soll nun eine konkrete unmittelbare Zukunft nach euren Vorstellungen aussehen? Damit stellt sich die Frage nach der Zukunft ganz anders, viel unmittelbarer [. . .]. Wenn man statt von Weltrevolution von einer lokalen Situation spricht, dann muß man viel bescheidener werden, man hat es zu tun mit ökonomischen, mit Strukturproblemen, mit einer vorhandenen Bevölkerung, die so ist[,] wie sie ist, aus den Gründen, die wir kennen.

Rabehl scheint geradezu herauszuplatzen, beschreibt sein Gesellschafts-, Berlinbild:

Was finden wir vor in Berlin? Eine radikale Intelligenz, eine überalterte Stadt, sehr viele Rentner, sehr viele Bürokraten, eine veraltete Industrie, Arbeiter, die nur zum Teil radikal geworden sind. Was machen wir? Die radikale Intelligenz muß die Universität auflösen, die Universität muß in die Gesellschaft übergehen; d. h. sie muß an den direkten Problemen dieser Berliner Gesellschaft arbeiten, die Arbeiter zur Übernahme der Industrie erziehen, sich Gedanken darüber machen, wie dieses Stadtbild aufgelöst werden kann, wie die Rentner, die alten Leute zu ihrem Alter, zu ihrem Menschsein zurückfinden können, statt in den Hinterhöfen in ihren engen Wohnungen herumzuhocken; sie wird die Bürokratie zerstören, die Polizei zerstören.

Diese Analyse unterscheidet sich in vielen Punkten nicht von dem Bild West-Berlins, und nur von diesem Teil der Stadt ist die Rede, das den Regierenden Albertz und Schütz vor Augen stand. Rabehl will die *Alten* wieder in die Fabriken zurückholen, glaubt, *Westberlin* könne seine Produktion in den *Volksdemokratien* und in der *Dritten Welt* absetzen. So schildert er die Bürokratie in West-Berlin:

Was machen wir mit den Bürokraten? Gerade die Berliner Bürokratie besteht zum großen Teil aus Frauen, aus verkrüppelten Frauen. Wer einmal durch die Gänge der Berliner Bürokratie gelaufen ist und dort diese frustrierten Frauen gesehen hat, der ist erschreckt. Die Bürokraten sind gar nicht so ohne weiteres in der Produktion verwendbar. Sie sind einfach derartig in der Hörigkeit gefangen, daß sie gar nicht selbsttätig werden können. Ein Großteil der Bürokraten wird nach Westdeutschland emigrieren müssen.

Dutschke hält dem entgegen, dass die Bürokratie als *Gewaltorganisation* zerstört werden müsse. Aber er setzt darauf, die Menschen produktiv auszubilden, mit *bloßem Wegschicken* sei es nicht getan. Es gebe, und er spricht den Vergleich mit der Oktoberrevolution nicht aus, keine *Bourgeoisie*, „die wir in die Wüste schicken können [...]“, die also als Klasse liquidiert werden könnte. Es entsteht das Bild eines West-Berlins, das, übrigens im Benehmen mit den West-Alliierten, aus einzelnen Fabrik-Kollektiven von mehreren tausend Menschen konstituiert ist. Dutschke fasst den Gedankengang zusammen und bezieht sich bei der Beschreibung dieser von den Diskutanten nicht so bezeichneten Berliner *Kommune* auf das Paradigma von Paris 1871:

In der Idee solcher Kollektive sehe ich einen Rückgriff auf die Pariser Kommune. Diese Assoziationsform bedeutet: Herrschaft der Produzenten über ihre Produktionsbedingungen, ihre Produkte, und ihre ganzen Lebensbedingungen. Die ganze Stadt wäre in solche dezentralisierten Kommunen aufzugliedern.

Dieses Szenario einer *Berliner Kommune* bezeichnet Dutschke als *Universität*, die keine Fakultäten mehr habe und die eine *lernende Gesellschaft* sei. West-Berlin ist nur noch als Experimentierfeld gedacht.

Zwei Attentate auf Studenten gehören in die Geschichte der *Revolte:* das auf Ohnesorg und das auf Dutschke. Josef Bachmann drückte am 11. April 1968 vor dem SDS-Haus dreimal ab, verletzte Dutschke schwer. Sprechen und Denken musste er wieder lernen. Am 24. Dezember 1979 ertrank er im epileptischen Anfall in der Badewanne. Im Kurfürstendamm-Trottoir erinnert eine Steinplatte an den Anschlag. Seit 2008 heißt ein Teil der Kochstraße im Zeitungsviertel nach ihm. Seine Straße stößt vor dessen Verlagshaus auf die Axel-Springer-Straße. Wolf Biermann schrieb 1968 das Lied *Drei Kugeln auf Rudi Dutschke*, in dem er Springer, Schütz und Kanzler Kiesinger anklagt.

Nach dem Attentat am 11. April 1968: Der blanke Asphalt des Kurfürstendamms, die Kreidestriche der Ermittler um Rudi Dutschkes Schuhe.

Peter Schneider – Sein *Lenz* als Abgesang auf die Studentenbewegung

Er schien ganz vernünftig, sprach mit den Leuten; er tat alles wie es die anderen taten, es war aber eine entsetzliche Leere in ihm, er fühlte keine Angst mehr, kein Verlangen; sein Dasein war ihm eine notwendige Last. – – So lebte er hin.

GEORG BÜCHNER, *LENZ*, SCHLUSS

WIE WAR DER STUDENT RUDI DUTSCHKE, wenn er im Seminar saß? Der Berliner Schriftsteller und damalige Mitkämpfer der Studentenrevolte Peter Schneider beschreibt seinen allerersten Eindruck von diesem Kommilitonen in einem Seminar des Otto-Suhr-Instituts in der Ihnestraße in Dahlem in seiner autobiografischen Erzählung, die 2008 unter dem Titel *Rebellion und Wahn* erschienen ist:

Im Jahr vor seinem Buch *Lenz:* Der Autor und 68er Peter Schneider im Juli 1972 mit 32 Jahren in der ZDF-Sendung *Literarisches Colloquium.*

Von seinem Auftritt habe ich vor allem die kompakte Gestalt und ein schmales, unrasiertes Gesicht mit eng stehenden schwarzen Augen unter pechschwarzen, in die Stirn fallenden Haaren in Erinnerung. Der junge Mann meldete in aller Höflichkeit einen Einwand gegen den Beitrag eines Vorredners an und setzte dann zu einem phantastisch langen Satz an, dessen abenteuerlich geschachtelte Hypotaxen er erst Minuten später zum Punkt brachte. Niemand im Raum hatte damals die offenbar aus dem Gedächtnis zitierte Quelle – die Protokolle der Dritten Internationale – gelesen; niemand konnte dem Sprecher folglich etwas Triftiges entgegensetzen. Mit einem fröhlichen Aufblitzen in den Augen nahm der Marathonredner das betretene Schweigen im Anschluß an seine Intervention zur Kenntnis. Offenbar war er völlig immun gegen den Eindruck, den er hinterlassen hatte. Wir alle, ich eingeschlossen, waren überzeugt, daß wir einem hochbelesenen Halbirren zugehört hatten, einem wandelnden Archiv des Marxismus-Leninismus, dem man so bald nicht wieder das Wort erteilen würde.

Die besondere Art des Sprechens, die Belesenheit, beide Eigenheiten Dutschkes hat Schneider bei ihrer ersten Begegnung wahrgenommen. Dutschke las ständig, las viel. Immer packte er morgens die Tasche voller Bücher. Schneiders Sicht der 68er ist im Rückblick kritisch. Er lässt den Leser dennoch seine damalige unkritische Wahrnehmung nachempfinden. Unter den „Führern der Studentenbewegung" sei Dutschke ihm „der liebste" gewesen. Als Einziger habe Dutschke „mit der ihm tumultuös zuwachsenden Autorität umzugehen" gewusst, sei immun gewesen gegenüber den „Versuchungen der Macht und der Intrige"; „er war, ich zögere nicht vor dem Wort, ein Mann reinen Herzens". Von *Führer*, von *Vorsehung* schreibt Schneider, von der *Bewegung* sowieso, ohne Skrupel ob der Konnotationen solcher Wörter, die ins nationalsozialistische Vokabular gehörten, wenn er zu Dutschke feststellt: „Er sah sich als Diener einer Sache, die ihm nicht gehörte, und nahm seine Führerrolle als ein Mandat an, das ihm – von den Massen? von der Vorsehung? – zugeteilt war." Ironie, Spott und Zynismus seien Dutschke fremd gewesen. „Ich glaube, er hatte nicht einmal Humor." Doch Vertrauen habe Dutschke gehabt – „zu sich selbst und zu jedem, mit dem er sprach". Schneider stellt das als „seine hervorstechendste Eigenschaft" dar, spricht von „Urvertrauen". Diese Eigenschaften spiegeln sich auch in dem Gedicht *Rudi*, das Schneider in seinem 1970 das erste Mal beim Verleger Klaus Wagenbach in West-Berlin herausgebrachten Band *Ansprachen* veröffentlichte. Er ist nicht der Einzige, der Dutschke poetisch überhöht:

Wenn er auf einen Schwächeren trifft
ist sein erster Reflex ihm zu helfen
Ist der andere stärker, so er greift er ihn an
und prüft, ob es sich um einen Verbündeten handelt
oder um einen Feind. Er läßt das nicht offen

Schneider ist Jahrgang 1940, Lübecker von Geburt wie Willy Brandt, sein Vater Horst Dirigent. Schneider ist nach Stationen in Königsberg in Ostpreußen, in Sachsen und Bayern seit 1950 in Freiburg im Breisgau aufgewachsen. Was in den 1970er-Jahren „politisches Bewusstsein" hieß, das fehlte Peter Schneider bis in die erste Studentenzeit in West-Berlin. Altsprachliches Gymnasium bedeutete für ihn neun Jahre Latein, sechs Jahre Altgriechisch. Abitur machte er 1959. Geige spielte er, Musik war prägend. Er nennt Bill Haley, Fats Domino, Little Richard, auch Kino war ihm wichtig, Filme mit James Dean, Marlon

Der linke Berliner Verleger am Schreibtisch: Klaus Wagenbach Ende der 1970er-Jahre.

Brando. In der Freiburger Welt war damals angeblich schon links, wer den *Spiegel* las. Zu seinen Lehrern stellt Schneider 2008 fest: „Daß wir in Wahrheit nur die Wahl zwischen mehr oder weniger reuigen ehemaligen Nazis hatten, ist uns damals nicht aufgefallen." Der Vater nimmt ihn ins Stadttheater mit. Der kulturbeflissene Sohn schreibt als Schüler erste Gedicht, inspiriert von Joseph von Eichendorff und Heinrich Heine. Er ist zwölf, dreizehn Jahre alt, da dramatisiert er in Versen Märchen der Brüder Grimm. Ein Lehrer inszeniert sie in der Schule. Jedes der Geschwister erlernt ein Instrument, kulturelle Fähigkeiten sind wichtiger als weltliche Dinge. Das lernen sie vom Vater wie auch die Fertigkeit, sich an der Einlasskontrolle vorbei ins Konzert zu schmuggeln. Der Vater führt die Kinder hin zu Pazifismus und Wehrdienstverweigerung, wenngleich dieser Vater auch seinen Jähzorn hat und die Schwester drangsaliert, schlägt, ihr keine Freiheit lässt. Schneider gerät mit diesem bildungsbürgerlich-westdeutschen Hintergrund zum Prototyp des APO-Studenten. Skiwochenenden mit Langlauf auf hölzernen Skiern auf dem Schauinsland gehören zu dieser süddeutschen Jugend. An dessen Hütte sehen er und sein Freund wiederholt den Philosophen Martin Heidegger: „[...] den kurzen, unbewegten Rücken mit der Lodenjacke auf der Bank, wie er ins beschneite Tal schaute und dünne Rauchfäden in die Luft blies.“ Schneider hört seine Vorlesungen in Freiburg, verwundert sich im Nachhinein, dass er nur Heidegger-Jünger dort antraf, dass niemand von Heideggers pro-nationalsozialistischer Rektoratsrede von 1933 sprach. Das Dritte Reich war kein Thema: „Erst der Eichmann-Prozeß in Jerusalem und der nachfolgende Auschwitzprozeß in Frankfurt öffneten mir die Augen.“ Der Gelehrte Arnold Bergstraesser, Mitbegründer der Wissenschaft der Politologie, US-Emigrant in der NS-Zeit, empfahl Schneider für die Studienstiftung des Deutschen Volkes. Sie hätte ihm die Studienzeit veritabel finanziert, denn der Vater, inzwischen sind es sechs Kinder, hat an der Freiburger Oper gekündigt, um auf Musiklehrer umzusatteln, weil er für die Familie anders nicht mehr aufkommen kann. Aber Sohn Peter sagt Bergstraesser ab, indem er verkündet, Freiburg sei ein „Paradies der Anthroposophen und ihrer weißen Kügelchen“, in dem nichts mehr lebe. Er sei nicht geeignet für ein Dasein in diesem Städtchen, seinen Bibliotheken und Seminaren. Der Mentor verliert die Geduld, Schneider hat sich, nicht das letzte Mal, eine Chance verdorben, und der Professor schimpft ihn: „Ein rotznäsiges Ungeheuer sind Sie!“ Schneider will weg aus Freiburg. Erst München, dann 1962 West-Berlin, die richtig große Stadt: „Berlin hatte hinter einer Zwei nicht fünf, sondern sechs Stel-

Fiel Peter Schneider bei der Ankunft in West-Berlin ins Auge: Das Kaufhaus *Bilka* Joachimstaler/Ecke Kantstraße mit seinen Fassadenornamenten (hier 1956).

len zu bieten." Er kam mit dem Zug, sah graue Häuser, an deren Fassaden der Putz bröckelte, blickte auf verwitterte Werbe-Schriftzüge, die rostigen Bahngleise schienen einer vergangenen Zeit zuzugehören. Der Bahnhof Zoologischer Garten enttäuschte ihn, Großstädtisches spürte er erst auf dem Vorplatz. 2008 beschreibt er, was er als Student bei seiner Ankunft in der City West-Berlins außer dem gleich in den Blick fallenden, 1996 von Karstadt übernommenen Billig-Kaufhaus *Bilka* wahrgenommen hatte:

Mir gefielen das Bilka-Kaufhaus mit den auf die Spitze gestellten Zierquadraten, die riesige Reklamewand am Zoopalast, die Gedächtniskirche mit dem Turmstumpf, die zweistöckigen Busse. Anders als im mittelalterlich geprägten Freiburg gab es, jedenfalls beim ersten Hinsehen, nichts Schönes – keinen Punkt, auf dem sich das Auge hätte ausruhen können. […] Etwas Wüstes, Ungestaltes ging von diesem Bahnhofsvorplatz aus. Der erste Eindruck, den die Stadt einem Süddeutschen wie mir mitteilte, war die Abwesenheit des Schönheitssinns, das Fehlen eines Zusammenhangs, einer architektonischen Ordnung.

Was er „Berlins Häßlichkeit" nennt, sei ihm recht gewesen. Er war in der großen Stadt anfangs außerhalb aller sozialen Bezüge, niemand kannte ihn, er kannte niemanden. Er wohnt bei einer Kriegerwitwe am Olivaer Platz. Ihn schockieren die Tauben, ihre Geräusche stören ihn aus dem Schlaf. Sie stehen ihm fortan für Tod, für Verfall. „Die Tauben und die Kriegerwitwen waren meine ersten Musen in Berlin." Ihm wird bewusst, wie angenehm der Umgangston in Freiburg gewesen war, wie gut das Essen. Die Busfahrer seien am schlimmsten gewesen. Rückblickend sinniert Schneider über die vielen Verbotsschilder, im Bus, im Hinterhof, in Fahrstühlen. Seine erinnerten Beobachtungen zeugen vom Widerstand, auf den er in dieser Stadtgesellschaft stieß, in der er vermeinte, restlos frei zu sein, vermutlich war er den Städtern ebenso fremd wie sie ihm. Er erkannte trotzdem eine Grundstimmung ähnlich wie in Freiburg, die „sich in absurden Zurechtweisungen und unkontrollierten Wutausbrüchen Luft verschaffte, einen Konsens der Lebensverhinderung, eine Kultur des Gehorsams". Eben doch, so lässt sich Schneider deuten, dieses West-Berlin hatte seine autoritären Züge. Seine Fächer sind vor allem Germanistik, offenbar schon mit dem Ziel, Schriftsteller zu werden, dazu Geschichte, Philosophie. Seine Überzeugung: „Aus irgendeinem Grund war ich von dem Gedanken besessen, daß ich bis zum Alter von fünfundzwanzig eine unauslöschliche Spur hinterlassen oder den Erdteil wechseln müsste.“ Schneider bekommt über Walter Höllerer, Autor, Literaturwissenschaftler und Professor an der Technischen Universität, dessen Veranstaltungen an der TU er besucht, das Stipendium für das von dem Mitglied der *Gruppe 47* gegründete *Literarische Colloquium* am Wannsee, eine Schreibschule für junge Autoren. Selbstbewusst seien sie alle gewesen, sie waren privilegiert, schreiben, das könnten sie, dachten sie, aber: „Nachträglich kommt es mir so vor, als ob wir alle bei unseren Fingerübungen auf der Suche nach einem Sujet waren, das uns existenziell berührte. Wir hatten keines.“

ES IST AN DER BUSHALTESTELLE in der Garystraße an der Universitätsbibliothek der FU, wo er am Steuer seines von WDR-Honoraren bezahlten blauen Käfer-Cabrios das erste Mal *L.* sieht. Jahre später sieht er sie auf den mit der Überschrift *Terroristen* versehenen Fahndungsplakaten: „Eines der Fotos zeigte L., meine große Liebe in den Jahren der Revolte.“ Jene L., die er gewinnt, die gern schicke Klamotten klaut, die manisch sein Leben bestimmt, die in der Trennung seine Lebenskrise bedeutet, die er als L. literarisiert in seinem Erstling *Lenz* von 1973, die sexuell begierig, verfügbar, bereit ist, jederzeit an jedem Ort angeblich bei jeder Geschwindigkeit sogar im Wagen. Zu dieser Zeit wohnte Schneider universitätsnah im Souterrain in Lichterfelde-West. Mitte der 1960er-Jahre bricht er sein Studium ab, weil er von journalistischen Honoraren einigermaßen leben kann. Anfang der 1970er macht er doch das Lehramtsstaatsexamen, hat bis vor Gericht ausgetragene Probleme mit der Zulassung zum Referendariat, weil der Senat ihm *Verfassungsfeindlichkeit* vorwirft, auf das er aber nach dem juristischen Erfolg verzichtet. Da ist er gesetzter Schriftsteller. Aber Mitte der 1960er schreibt er vermittelt durch Klaus Wagenbach erst noch für das von seinem Verleger und von Günter Grass gegründete *Wahlkontor* Reden für SPD-Größen wie Karl Schiller und Helmut Schmidt, unter denen er vor allem Willy Brandt verehrt – „so ungefähr der einzige Politiker, dem ich traute.“ Dem jungen Autor sind davon Kontakte geblieben und eine Skatrunde mit Wagenbach und Oskar Röhler, die anscheinend organisiert war von Grass und die im *Bundeseck* am Friedrich-Wilhelm-Platz in Friedenau zusammenkam.

IM FRÜHLING 1966 ZOGEN L. UND SCHNEIDER zusammen in eine Hinterhofwohnung in Schöneberg ohne Küche und Bad. L. hatte die Arbeitsstelle in der Universitätsbibliothek aufgegeben und arbeitete in einem Antiquitätengeschäft. Da habe ein „distinguierter Mann im Blazer und mit Schnallenschuhen“ ihr den halben Laden

Sind Tagebücher zeitgemäß? Das diskutierten im *Literarischen Colloquium* des ZDF im Dezember 1972 die Literaten (v. l.) Max Frisch, Barbara König und Walter Höllerer.

leergekauft und sie in seine Wannsee-Villa eingeladen. „Der Kunde entstamme natürlich einer anderen Welt, genauer gesagt sei er ein Kapitalistenschwein, aber er habe erstaunlich gute Manieren an den Tag gelegt, bilde sich nichts auf seinen Reichtum ein und sei überhaupt ganz anders, als man ihn sich vorstelle." Es war der Verleger Axel Springer, der angeblich nach ihrem Hinweis auf Avancen verzichtet habe, der aber ein zwölfteiliges Service der Königlichen Porzellan-Manufaktur schickte, womöglich um seine Einladung an L. nach Sylt zu untermauern.

Zu seiner ersten Demonstration fährt Schneider im Dezember 1966 mit dem Wagen und wundert sich, dass er wegen der Absperrungen keinen Parkplatz findet. Er lobt noch im Rückblick die wirkungsvollen Vietnam-Flugblätter des SDS. Eins davon erklärte detailliert die Wirkungsweise des von den USA eingesetzten Kampfstoffs Napalm. Es ist die kleine unangemeldete Demonstration am Kranzlereck am Kurfürstendamm nach der großen angemeldeten, bei der er seine Wende durchmacht. Da steht ein Tannenbaum, geschmückt mit der US-amerikanischen Flagge und Pappmachéköpfen, US-Präsident Lyndon B. Johnson und dem DDR-Staatsratsvorsitzenden Walter Ulbricht, die angezündet werden. Die Polizei löscht und prügelt. Gegenüber wird das Spruchband *Spießer aller Länder, vereinigt euch!* entrollt. Demonstranten und Passanten sind nicht zu unterscheiden. Dieser Protest ist der *Kommune 1* zuzuschreiben, und er erzeugt empörtes Echo der Presse. Worauf es ankam, das war die Regelverletzung. „Diesen Lernvorgang hat Rudi Dutschke später in einen – für ihn untypisch handlichen – Merksatz übersetzt: ‚Ohne Provokation werden wir überhaupt nicht wahrgenommen.'" Schneider taucht ein in die Bewegung, in die Demonstrationen, erlebt das Frühjahr 1967 „wie im Rausch". Er erlebt die Demonstration vor dem Gericht in Moabit, wird Zeuge, wie Dutschke sich gegen zwei Polizeireiter wendet, sich am Schweif eines der Tiere festhält, dessen Reiter die Sporen gibt und den Menschen abschütteln will, der sich mitschleifen lässt, am Ende wirft das Pferd den Reiter ab. Schneider: „Der große Redner und Stratege – gleichzeitig ein Draufgänger mit Stuntman-Qualitäten?" Und weiter: „Meine Bewunderung wurde grenzenlos." Hier problematisiert Schneider die Frage nach dem Steinwurf auf Menschen, auf Polizisten, wie das auch in seinem *Lenz* geschehen wird. Schneider bekommt bei einer Demonstration den Stein in die Hand gedrückt, wird nicht werfen, sondern ihn wieder wegwerfen. Führungsfigur wird Schneider als Redner. Am 5. Juni 1967 hält er auf der Vollversammlung aller Fakultäten der FU die Rede *Wir haben Fehler gemacht*, die in immergleichen Formulierungen von *Wir haben ...*, *Wir sind ...* das Tun und das Lassen der Studenten und der Studentenbewegung bilanziert. Die Rede endet im Aufruf zum *Sit-in*, in der Einsicht, „daß wir gegen den ganzen alten Plunder am sachlichsten argumentieren, wenn wir aufhören zu argumentieren und uns hier in den Hausflur auf den Fußboden setzen. Das wollen wir jetzt tun."

Der Berliner Verleger war das Feindbild der 68er: Axel Springer (r.) am 18. April 1968 mit dem Chef der Berliner Damenoberbekleidungsindustrie Heinz Mohr.

Er habe nach diesen 15 Minuten seiner Rede plötzlich zum weiteren Leitungskreis gehört, habe neue Aufgaben bekommen, obwohl er gar nicht daran gedacht habe, „ein Kader im SDS zu werden". Schneider ist am 2. Juni 1967 vor der Deutschen Oper. Im Nachhinein widerspricht er 2008 der These, wonach die Gewalt nur vom Staat ausgegangen sei. Er schreibt von jenem 22. Mai 1967, an dem in Brüssel der Großbrand in einem Kaufhaus rund 300 Menschenleben kostet, von den Flugblättern der Kommunarden, die das Unglück rechtfertigen und bewitzeln: „Warum brennst du, Konsument?" Schneider verurteilt das 2008 und nennt die Brandstiftung in zwei Frankfurter Kaufhäusern am 3. April 1967 Vorspiel für den *Gründungsakt* der Rote Armee Fraktion RAF.

Schneider gibt seine beruflichen Pläne, die ihn an Theater in der Bundesrepublik hätten führen sollen, auf, als ihn Hans Magnus Enzensberger in seinem Haus in der Fregestraße 19 in Friedenau gemeinsam mit Dutschke und dessen Vertrautem, dem aus Chile stammenden Gaston Salvatore, für die Anti-Springer-Kampagne einspannen. Dutschke in seinem Tagebuch: „Gaston und ich [...] entscheiden uns, den Peter Schneider für die Anti-Springer-Kampagne zu gewinnen – der war nicht glücklich." Schneider sollte eine Veranstaltung organisieren, auf der Prominente wie Rudolf Augstein vom *Spiegel*, Enzensberger vom *Kursbuch*, der Philosoph Jürgen Habermas, Henry Nannen vom *Stern* und der aus der DDR nach West-Berlin geflüchtete linke Schriftsteller Gerhard Zwerenz über Macht und Monopol Axel Springers diskutieren sollten. „Die Springerpresse ist nicht der Anwalt der arbeitenden Massen, sondern ihr Feind", erklärte Schneider am 1. Februar 1968 auf der Vorbereitungsveranstaltung im Audimax der TU. Die Rede ist geprägt vom marxistischen Jargon. Sie kam nicht an. Andere setzten das Programm fort, bis etwas Überraschendes geschah. Ein Film wurde in die plötzliche Dunkelheit projiziert. Ein Filmstudent zeigte in fünf Minuten, wie ein Molotowcocktail herzustellen war – Holger Meins wird später RAF-Mitglied.

Der Gründonnerstag 1968 war der Einschnitt für Schneider. Seine Erinnerung 40 Jahre später: „Wenn ich meinen Gefühlen traute, war nach dem Attentat auf Rudi Dutschke alles vorbei – meine Rolle in der APO, meine Beziehung zu meinen Freunden, mit denen ich über das für mich Wichtigste nicht hatte reden können, meine Liebe zu L." Innerlich sei er auf dem Absprung gewesen.

Schneiders *Lenz* erzählt seine eigene Entwicklung in der Revolte und den Fortgang nach dem Ausstieg in Verfremdung. Die Bezüge sind evident. Die tragische Liebesgeschichte, die ferne an Johann Wolfgang von Goethes *Werther* anklingt, die unglückliche Liebe

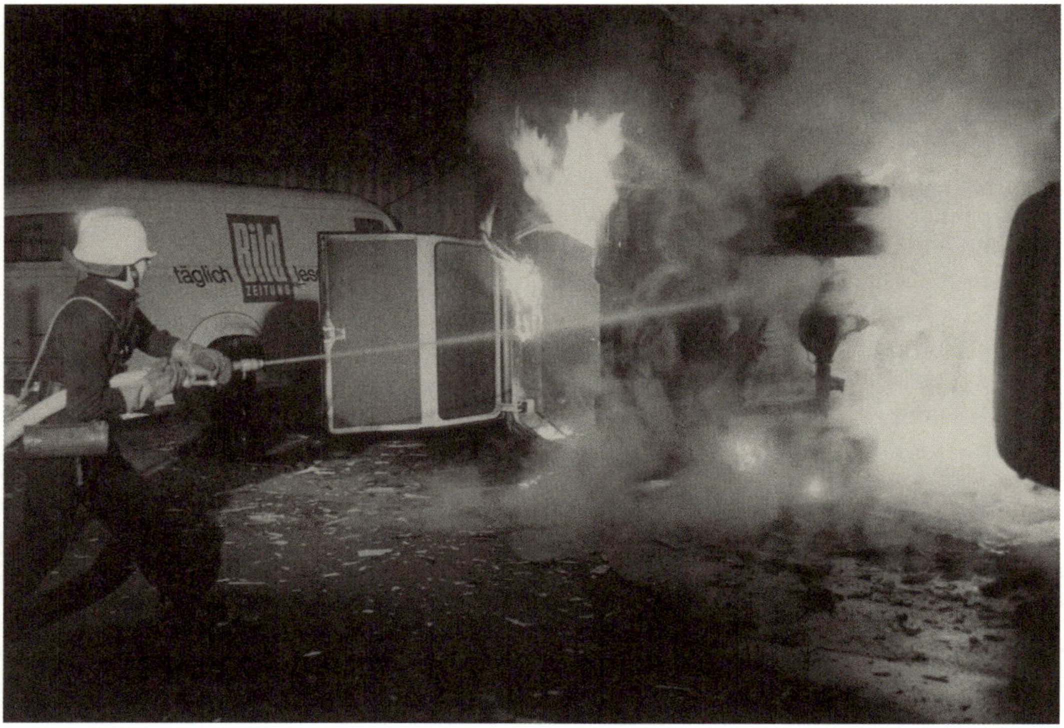

Der Tag nach dem Dutschke-Attentat: Feuerwehr löscht bei Protesten am 12. April 1968 vor dem Springer-Haus angezündete Zeitungs-Lieferwagen.

zur Revolution, die ferne an den jung gestorbenen Georg Büchner mahnt, der Namenspatron des wichtigsten deutschen Literaturpreises ist, schließlich dessen 1839 posthum gedruckte Erzählung *Lenz*, die sich dem bewegenden Leiden eines jungen Intellektuellen des Sturm und Drang widmet, dem Schriftsteller Jakob Michael Reinhold Lenz. Der wandert in Büchners Erzählung zu Beginn durchs Gebirge, ist der Natur ausgesetzt. Schneiders Lenz erwacht aus seinem gewohnten Alptraum, wir erfahren, dass er sein Marx-Porträt über dem Bett nicht mehr ertragen kann, und er fragt seinen Marx: „Was waren deine Träume, alter Besserwisser, nachts meine ich? Warst du eigentlich glücklich?“ Die Person, das war Schneiders Erkenntnis, ihr Ich, ihre Träume waren in Ideologie und Bewegung, in Aktionismus und Gewalt verschwunden. Schneiders Lenz wandert durch die Stadt. Es ist Berlin. Er ruft aus der Telefonzelle L. an, sie nimmt nicht ab. Er sieht an diesem Morgen die Stadt, als würde er sie das erste Mal sehen. Er hat eine Fahrkarte gekauft, liest in der S-Bahn die Zeitung der Platznachbarin. „Dann wieder die alte kindische Vorstellung: das Hochhaus des Verlegers sackt brennend in sich zusammen.“ Hatten die Studenten, hatte die Bewegung als Gesellschaft für sich in dieser Stadt gelebt, diese Städter dabei ignoriert, die Stadt gar nicht wahrgenommen im Zerrbild ihrer ideologischen Sicht? Er fuhr ziellos mit der S-Bahn durch die Stadt, stieg irgendwann aus:

Dann ließ er sich von dem Menschenstrom, der aus dem Bahnhof drängte, wegtragen. Er war mitten in der Stadt, es waren andere Leute um ihn herum. Das schnelle Anfahren der Autos, wenn die Ampel auf grün schaltete, störte ihn. Es war einer der ersten warmen Tage im Jahr, und wie auf einen Gongschlag, der durch die ganze Stadt dröhnte, kamen die Frauen zum ersten Mal ohne Strümpfe und in leichten Pullovern auf die Straßen. Überall trippelte und stöckelt es, die Beine der Frauen waren unglaublich weiß, und ein paar von den jungen Männern hatten schon etwas von dieser Art zu gehen an sich, in der man über die Fußspitzen federt. Zum ersten Mal wippte und ruckte es unter den Pullovern, Lenz spürte ein unruhiges Gefühl, das irgendwo im Magen beginnt und bis in die Fußspitzen geht, aber dort nicht aufhört. Zuerst wehrte er sich. Er kniff die Brauen zusammen, als dächte er nach. Aber es war so ein Tag, an dem jeder jeden mit der Tatsache bekannt machte, daß er unter anderem ein Geschlechtsteil besaß.

Schneider entdeckt im individuellen und kollektiven Scheitern sein fiktives sexuell bestimmtes Selbst mit Namen *Lenz*. Mag also Sexualität das Ausschlaggebende, der letzte Grund sein, der befreit und damit entfesselt wird? Der Roman *Lenz* ist die Bilanz der APO, die in Aporie ausläuft. Die Erzählung endet mit dem Ausblick in das künftige Dasein ihres Protagonisten, der seine Flucht als Italien-Reise hinter sich hat, der in diesem hässlichen und nach der *Revolte* anscheinend unverändert gebliebenen Berlin hängenbleibt.

Der Schluss von Schneiders *Lenz* lautet: „Was Lenz denn jetzt tun wolle. ‚Dableiben', erwidert Lenz."

Schneider attestiert diesem Berlin der beginnenden 1970er-Jahre seine kulturelle Potenz: „Berlin war auch eine Experimentierbühne für neue Kunstformen und Schreibweisen." Er hebt das Literaturseminar von Walter Höllerer an der TU als einzigartigen geistigen Ort hervor. Namen, die für die deutsche Literatur prominent werden oder die es in den 1970er-Jahren schon sind, verbinden sich mit dem Ortsteil Friedenau. Max Frisch lebt einige Jahre in West-Berlin. Doch er bleibt nicht wie Schneider da, der später neben Berlin auch in Italien lebt. Was für Frisch gilt, das gilt für manch anderen Schriftsteller, Künstler von Rang: Sie sind Lebensabschnitts-Berliner.

Max Frisch – Sein *Berlin-Journal* und Friedenau als Literatur-Ort

Der Schweizer Erfolgsautor und Brecht-Freund 1970: Der Etappen-Berliner Max Frisch lebte seit 1973 in Friedenau.

GÜNTER GRASS, GEBOREN 1927 IN DANZIG, war Multi-Künstler. Als Bildhauer begann er, war Zeichner, Grafiker, sowieso Poet, Prosaist, im *Revolte Berlin* wenn auch meist in *Westdeutschland* Wahlkämpfer – vielleicht sogar Politiker.

Er verbrachte zwei Lebensabschnitte in Berlin. Von 1953 bis 1956 studierte er, erlebte von Westen den 17. Juni 1953, ging nach Paris, von wo er 1960 zurückkehrt und erst nach Grunewald in die Karlsbader Straße 16 zieht. Er bleibt bis 1972 in der Stadt, ist Berliner, Brandt-Freund, politisch Beteiligter. Hier bekommt Grass Kinder, sein in Berlin 1966 von Boleslaw Barlog im Schillertheater uraufgeführtes, am 17. Juni spielendes Berlin-Stück *Die Plebejer proben den Aufstand* bringt ihm, so bezeugt es Frisch, die anhaltende Ablehnung des Ost-Berliner Regimes und außerdem die Missgunst Helene Weigels ein. Friedenauer ist Grass ab 1963 mit seiner Frau Anna und mit den Kindern Bruno, Laura, Raoul, Franz. Der Stadtteil-Kulturgeschichtsforscher Harry Balkow-Gölitzer schreibt in seinem Band *Prominente in Berlin-Friedenau und ihre Geschichten* von 2013 über den Mann, der Motor der neuerlichen Literatur-Ort-Werdung des Ortsteils in den 1960er-Jahren war und der Grass' Friedenauer-Werdung betrieb: „Uwe Johnson, mit dem ihn neben der gemeinsamen Arbeit in der Gruppe 47 auch eine tiefe Freundschaft verband, hatte der größer werdenden Familie Grass ein gemütliches kleines, ziegelrotes Bürgerhaus in der Niedstraße 13 besorgt. Wohl nicht ohne Eigennutz, denn Johnson wollte nach seiner Flucht aus der DDR seine engsten Freunde wie eine Familie so nah wie möglich bei sich haben. Auch Hans Magnus Enzensberger erlag kurze Zeit später der Familienpolitik Johnsonscher Prägung, er wurde in die Fregestraße 19 gelockt." Grass' Frau wiederum vermittelt eine Wohnung erst an Marianne Frisch, in die dann das Ehepaar einzieht, als Drittwohnung; man hat noch zwei in der heimischen Schweiz in Berzona und in Küßnacht. Erst wird gemietet, 1972 gekauft. Diese Autoren sind keine armen Leute. Auch keine reichen, aber sie sind arriviert, wohlhabend. Grass' wohl berühmtester Roman *Die Blechtrommel* war schon 1959 erschienen. Frisch, am 15. Mai 1911 in Zürich geboren, nun also um die 60, kämpft in seiner Berliner Zeit mit dem Altwerden, hat seine großen Werke wie die Romane *Homo Faber*, *Mein Name sei Gantenbein*, *Stiller* bereits vorgelegt, zehrt von Ruhm und Größe, erleidet vor allem mit den Dramen *Andorra* und *Biedermann und die Brandstifter* das Schicksal, Autor von Schullektüren geworden zu sein.

GRASS UND DIE REVOLTE? Gretchen Dutschke erwähnt, wie der Autor nach dem Tod Ohnesorgs am 3. Juni 1967 in der FU auftaucht, zu den Studenten spricht; es gibt ein Foto davon, auf dem Grass in Dutschkes Nähe sitzt. Dessen Kommentar über die Äußerungen der plötzlich erscheinenden Prominenten: „Viele Reden, viel Unsinn auch darunter." Grass, so referiert Schneider, war gerade aus Israel zurückgekommen, schlug eine Resolution für „das tödlich bedrohte Israel" vor – zwei Tage später begann der Sechstagekrieg –, erfuhr Ablehnung. Schneiders Resümee: „Auch mir war der Skatbruder von einst plötzlich fremd geworden. Zu deutlich war, daß der Autodidakt Grass mit den verachteten Akademikern eigentlich nichts zu schaffen haben wollte." Grass hat Sympathien für die Revoltierenden, aber begrenzte, bedingte, beschränkte. Von Grass stammt das Verdikt von der *angelesenen Revolution*, er bekennt sich dazu, *Revisionist* zu sein, noch dazu *Scheißliberaler*. Sein Biograf, der Journalist Michael Jürgs,

Der Schweizer Max Frisch war schon in den 1960er-Jahren im deutschen Fernsehen: Szene aus der TV-Fassung von *Andorra* von 1964.

schreibt, Evolution habe Grass gewollt, die Revolution abgelehnt. Das Leben unter dem Vietcong habe er nicht verlockend gefunden. Er wollte nicht auf der Straße gegen Amerika brüllen. Grass stand zwischen den Fronten, was ihm beiderseits verübelt worden sei. Er, so zitiert ihn Jürgs, habe gewusst: „[...] die Thesen ‚Verbot des SDS‘ und ‚Enteignet Springer‘ sind mit der gleichen autoritären Tinte geschrieben. Es besteht kein Grund, diesen Wegweisern in politische Sackgassen zu folgen." Schneider berichtet uns von seiner zufälligen Sichtung Grass' bei der großen Demonstration nach dem Vietnam-Kongress. Da stand der Schriftsteller am Straßenrand in der dunklen Bahnunterführung Windscheidstraße und schaute den Studenten zu, „als wolle er sich der Flut entgegenstemmen – einer gegen all die anderen, die mit der neuen Ho-Ho-Ho-Tschi-Minh-Gewißheit durch die Straßen zogen". Schneider meint zu wissen, was Grass gedacht haben könnte in dieser Situation, nämlich „daß er uns, die damals Zwanzig- und Fünfundzwanzigjährigen, auf einem ähnlichen Irrweg sah, auf dem er und seine HJ-Kameraden gewesen waren, als sie sechzehn oder siebzehn waren". Schneider hatte schon als Skatpartner nicht hinter dem Berg gehalten mit seiner Meinung über Grass. Am 8. September 1966 hatte Schneider in seinem Tagebuch notiert, der Schriftsteller, der sich politisch einmische, müsse dennoch Schriftsteller bleiben: „Große, auf die zukunft berechnete und auf eine idee gegründete wirkungen anzustreben, das – und nicht die rote backe nach der ohrfeige – heißt die wirkungsmöglichkeiten des schriftstellers realistisch einzuschätzen. Sie wollen als schriftsteller die wahl der spd gewinnen? Sie, herr Grass, sind der utopist!" Aber tatsächlich wurde der Sozialdemokrat Brandt Kanzler. In seinem *Berlin-Journal* hält auch Kollege Frisch unter dem 27. April 1973 den Inhalt eines Gesprächs mit Grass über Grass fest, das den gleichen Konflikt zwischen der politisch-öffentlichen Figur und dem Schriftsteller umreißt. Eine Phase sei das, sagt Grass, die vorbeigehe, dabei, notiert Frisch, schreibt er gerade eine politische Rede zum 1. Mai:

Es scheint, dass er noch nicht an einer großen Arbeit ist; er sagt sehr oft, daß er jetzt zeichnet, nichts lieber als Zeichnen. Was die politische Phase an literarischer Potenz gekostet hat, ist nicht auszumachen; immerhin lässt er diese Frage jetzt zu. Die Gefahr der Verbravung, Kastration der Fantasie durch den politisch-bedingten Trend ins Pragmatische, Didaktische. Er ist nicht einverstanden, teilt solche Bedenken gar nicht, hört sie sich aber an; das war vor einem Jahr noch nicht möglich.

Literaturort Friedenau: In diesem Haus in der Niedstraße 13 wohnte Günter Grass in seiner Berliner Zeit in den 1970er-Jahren.

HIER ERLEBEN WIR FRISCH als den präzisen, einfühlsamen Beobachter seiner Kollegen. So zeigt sich Frisch nicht nur in dem von seinem Suhrkamp-Verlag, im Erscheinungsjahr 2014 bereits wieder ein Berliner Verlag, herausgebrachten Band *Aus dem Berliner Journal*. Er erscheint, wie von ihm verfügt, nach Verstreichen der Sperrfrist, und liegt mit Auslassungen vor, die dem Schutz der Persönlichkeitsrechte im Text erwähnter Personen geschuldet sind. Dieser Tagebuchband ist Literatur, unvollendet, wenn auch nicht zur Gänze durchgearbeitet für die Publikation, die ihm beim Niederschreiben immer im Hinterkopf war. „Alles wird bei Max Frisch zu Literatur, jede kleinste Beobachtung", stellt Ingeborg Gleichauf in ihrer Lebensbeschreibung Frischs von 2010 fest. Es wäre der dritte Band nach seinen Bänden *Tagebuch 1946–1949* von 1950 und *Tagebuch von 1966–1971* von 1972, ist aber fragmentarisch geblieben. Der Herausgeber Thomas Strässle weist darauf hin, dass in New York eine Liebe dazwischenkam, die Frischs Schöpferenergie ablenkte vom dritten Band und ihn

1975 die Erzählung *Montauk* herausbringen ließ. Wir verwenden alle drei, wenn wir Antworten auf die von Frisch selbst immer wieder an die eigene Person gerichtete Frage suchen, wer er sei, woher er komme, wenn wir Antwort geben auf die Frage nach seinem Wissen um, seiner Beziehung zu, seiner Sicht auf Berlin. Zuerst aber der Blick auf den Schweizer Frisch und die Revolte, die er in dem 1972er-Tagebuch gelegentlich erwähnt, aber nie mit direktem Bezug auf Berlin. Vielmehr gibt es da einen langen Abschnitt über die *Globus*-Krawalle in Zürich, die am 29. Juni 1968 begannen. Solche vehementen Straßenschlachten hatte die Schweiz zuvor noch nicht erlebt. Die jüngste Tochter, Charlotte, ist beteiligt. Max Frisch gehört zu der Gruppe Intellektueller und Künstler, die einen „Aufruf zur Besinnung" initiiert, der als *Zürcher Manifest* publik wird. Er ist im Tagebuch abgedruckt mit dem Hinweis „(unterzeichnet)" und ist eine Soldarisierung mit den Anliegen der Jugend. Schon im März 1968, so steht es in einem Abschnitt in Maschinenschrift im Tagebuch, trifft Frisch zwei deutsche SDS-Studenten, Freunde von Dutschke, mit Berlin-Erfahrung. In dem Text kondensiert Frischs Beurteilung der 68er:

Gespräch mit zwei SDS-Leuten in Canero. Sie
heißen [Dietrich] Wetzel und [Günter] Amend; einer sehr schick
und fröhlich, der andere mit blondem Ernst,
aber auch weltmännisch. Zum Glück habe ich in
letzter Zeit einiges in dieser Sache gelesen.
Spät genug, aber grad noch zur Zeit – sonst
hatten sich die beiden nicht entfalten können.
Ihre kanalisierte Intelligenz. Jemand am
Tisch hält sich bei Frage und Widerspruch
nicht an die Terminologie, er scheidet aus.
Das richtige Bewußtsein hat jetzt sein Voka-
bular. Die revolutionäre Masse, die Arbeiter-
schaft, wird viel zu lernen haben, um zu
begreifen, daß ihre Erlösung gemeint ist und
daß sie für ihre Erlösung unentbehrlich sein
wird. Zum Establishment sehr offen: Zur Zeit
können Sie uns noch nützen, später natürlich
nicht mehr. Abends langes Spaghetti-Essen mit
Chianti und Feuer im Kamin. Aufklärer mit
Bereitschaft zur Gewalt, dabei die Zauber-
Formel: Gewalt gegen Sachen, nicht gegen
Personen. Und wenn die Sachen bewacht werden
von Personen? Es wird Tote geben.

Die Anrede „Sie" zeigt dezent an, dass der Gastgeber höchstpersönlich zum späterhin entbehrlichen Establishment gehört. Frisch fühlt sich direkt angesprochen. Anwesende, auch wenn sie freigebige Gastgeber sind, werden nicht ausgenommen vom künftigen Unnütz-Werden. Die Gewaltfrage treibt Frisch um, nicht erst angesichts des Terrorismus. Schon im Abschnitt für das Jahr 1967 diskutiert Frisch darüber in dem *VERHÖR I.* überschriebenen höchst sachlich inszenierten Dialog zwischen einem *A.* und einem *B.* benannten Gegenüber. Sie diskutieren anhand eines Textes von Lew N. Tolstoi, dem russischen Schriftsteller und Pädagogen adliger Herkunft. Vermutlich erprobt der Diskutant *B.* die Position des Demokraten und zeit seines Lebens demokratischen Sozialisten Frisch, der insofern Gleichgesinnter des Sozialdemokraten Grass ist. Diesen Satz hat *B.* bei der Lektüre angestrichen: „Die gewaltsame Revolution hat sich überlebt. Alles, was sie den Menschen geben kann, hat sie ihnen schon gegeben".

Gerade in der Berliner Zeit scheint Frisch umso mehr Schweizer zu sein, so sehr setzt er sich hier mit dem Heimatland auseinander. Unmittelbar nach der Tagebuch-Passage über die Züricher Randale notiert er eine kurze *REMINISZENZ* an das Jahr 1936. Da will er in Zürich eine Studentin aus Berlin ehelichen, die Jüdin Käte Rubensohn, die den Antrag ablehnt. Frisch erinnert, unverlangt habe er einen Arier-Nachweis bekommen. Sofort habe er das Papier zerrissen. „Die Schweiz war nicht von Hitler besetzt; sie war, was sie heute ist: unabhängig, neutral, frei usw." Im ersten Tagebuch steht ein achtseitiger Abschnitt *Autobiographie*, der in seinen eigenen Worten sein Leben berichtet, geschrieben im Park von Versailles. Der Vater war, wie er selbst, Architekt, aber nicht studiert, nicht akademisch. Das war wichtig. Die Söhne sollten darum Akademiker werden, hatten die freie Wahl des Fachs. Der Junge las kaum, nie Karl May, wenn schon *Don Quixote* und *Onkel Toms Hütte*: „Was mich unersättlicher begeisterte, war Fußball und später Theater." Er erinnert eine Aufführung von Friedrich Schiller *Die Räuber* und begreift nicht, warum die Erwachsenen nicht jeden Abend ins Theater gehen. Er beginnt zu schreiben, nachdem er das erste Gegenwartsstück gesehen hat: „Zwei Monate später erhielt Max Reinhardt, Deutsches Theater Berlin, die schriftliche Ankündigung meines ersten Werkes, das den Titel trug: Stahl." Dieses Haus in der deutschen Hauptstadt war dem 16-jährigen Züricher 1927 die empfehlenswerte Adresse des deutschsprachigen Bühnenwesens. Sieben Wochen später bekam er das Heft zurück mit einem ausführlichen, ihm jedoch unverständlichen Bericht und mit der Aufforderung, weitere Arbeiten einzusenden. Er ist verletzt, die Familie spottet. Matur heißt das Schweizer Abitur, Frisch ironisch:

„Der Gang an die Universität war unvermeidlich ...“ Hauptfach Germanistik, es sind „zwei sonderbare Jahre“. Frisch ist 22 Jahre alt, als der Vater stirbt. Geld muss er verdienen, das fehlende, nicht hinreichende Geld, das bleibt lange Antrieb, bis er leben kann vom Schreiben. Jetzt Journalismus, er arbeitete für die angesehene *Neue Zürcher Zeitung*. Er besucht 1933 als Reporter die Eishockey-Weltmeisterschaft in Prag. Danach mit seinem ersten Koffer eine Reise. Das Reisen wird als sein Getriebensein und als sein mangelndes Gebunden-Sein-Wollen an Orte, wohl auch Menschen, ein lebenslanger Begleitumstand. Dieses erste Mal Ungarn, der Balkan, Griechenland. Mit 25 kehrt er zurück an die Universität. 1936 will er, muss er etwas werden. Ein reicher Freund gibt das Stipendium, was Frisch sein Leben lang nachgeht. Sein bürgerlicher Beruf ist Architekt. Wie beim Vater, allerdings mit akademischer Ausbildung an der Eidgenössischen Technischen Hochschule, der angesehenen ETH Zürich. Geschrieben wird weiter, bis er sich entleeren will davon, alles verbrennt, sein Konflikt ums Künstlersein wird aber nur vorläufig entschieden. Mit dem Tagebuchschreiben beginnt er erst wieder in Ansehung des Krieges, als er eingezogen wird, in der Erwartung, das Ende des Krieges nicht mehr

SPD-Parteitag in Hamburg, 17. November 1977: Der SPD-Vorsitzende und ehemalige Regierende Willy Brandt dankt Gastredner Max Frisch.

Das Paar lebte gemeinsam in der Wohnung in Friedenau: Max Frisch mit seiner damaligen Ehefrau Marianne Oellers.

zu erleben. Frisch ist „etwas über 500 Diensttage" Soldat. Seine Aufzeichnungen aus dieser Zeit erscheinen 1940 als die *Blätter aus dem Brotsack*. Als Kanonier macht er in diesem Jahr Diplom. Er heiratet eine Architektin, zusammen hatten sie ein Haus gebaut. Bürgerliche Existenz. Sein Widerstreit mit der Rolle des Schriftstellers bleibt ebenso wie das Schreiben selbst. Erstmals wird 1945 am Zürcher Schauspielhaus ein Stück von ihm aufgeführt, *Nun singen sie wieder*. Dieses Theater war während des Zweiten Weltkriegs das große Theater des deutschen, des Berliner Exils. Die späteren Größen des Deutschen Theaters, Wolfgang Langhoff, den Frisch in Ost-Berlin trifft, und Wolfgang Heinz fristeten hier ihr Leben in der Emigration. Frisch reist nach Kriegsende von neuem, in Nachbarländer, nach Deutschland, nach Berlin. Der Schnitt in seiner Biografie erfolgt 1954: *Stiller* erscheint, Frisch trennt sich von der Familie, von der bürgerlichen Lebensweise, verkauft das Architekturbüro. Von 1960 bis 1965 lebt er in Rom. In diese Zeit fällt die Beziehung zur Literatenkollegin Ingeborg Bachmann. 1968 heiratet er die Schriftstellertochter und Studentin Marianne Oellers, jene Frau, mit der er in Berlin lebt, jene Ehe, die in Berlin zu zerbrechen beginnt.

FRISCHS ERSTES TAGEBUCH enthält die Erzählung *Berlin, November 1947*, die von einem Berlin-Besuch berichtet. Er sieht nach der Ankunft „die ersten roten Fahnen, grell wie frisches Blut vor dem bleiernen Himmel“. Es ist Schwarzer Markt auf dem Alexanderplatz. Sein Kommentar: „Dreigroschenoper ohne Songs.“ Er beobachtet die Razzia. Das 1947 noch zerschossene Brandenburger Tor. Der Tiergarten ist eine „baumlose Steppe“. Er ist jeden Abend im Theater. Will Gustaf Gründgens sehen. Ihm ist bewusst, dass dieses Theater weithin eine Fortsetzung aus dem NS-Berlin ist. „Grunewald, Krumme Lanke, Schlachtensee, Wannsee, eine Landschaft, die mich schon heute, kaum haben wir die Fahrkarten bestellt, mit sicherem Heimweh erfüllt.“ Max Frisch hat es gesehen, das *Wüste Berlin*. Er kommt wieder, erlebt im April 1948 den Beginn der Blockade. Sein Kompliment für das *Berlinische*, das er sehr mag, das die Dinge beim Namen nenne, das *Antipathos* dieser Sprache. Im zweiten Tagebuch unter dem Jahr 1966 heißt es über Berlin: „Zu sehen ist, was man schon weiß. Seither bin ich öfter in Berlin gewesen und habe auf Besichtigung der Mauer verzichtet.“ Er trifft Uwe Johnson, der sich nicht als Flüchtling bezeichnet, „aber nicht mehr auf die andere Seite“ kann. Johnson als Mauerbegleiter: „Wenn man die Mauer sieht, so gibt es nichts dazu zu sagen; allerdings lässt sich bei diesem Anblick auch nichts anderes reden.“

BERTOLT BRECHT IST ÄHNLICH GRASS vieles zugleich, aber viel stetiger Repräsentant der Kulturmetropole Berlin. Im zweiten Tagebuch erinnert sich Frisch im Berlin-Kontext an seine Begegnungen mit Brecht. Erstmals sieht er ihn im November 1947 „wenige Tage nach seinem Eintreffen in Europa“. Er nimmt Brechts damalige Armut wahr. Der 36-jährige Architekt erzählt Brecht von Deutschland, von Berlin. Brecht sagt: „Vielleicht kommen Sie auch einmal in diese interessante Lage, […] daß Ihnen jemand von Ihrem Vaterland berichtet und Sie hören zu, als berichtete man Ihnen von einer Gegend in Afrika.“ Es entsteht eine den jungen Schriftsteller fordernde Freundschaft. Anfang 1949, das steht schon im ersten Tagebuch, ist Brecht auf eigenen Wunsch auf Frischs Baustelle des von ihm entworfenen Freibads Letzigraben, das die Züricher Max-Frisch-Bad nennen. Brecht ist der Unterwiesene, drollig die Fahrradklammern des Architekten, die auf dem Foto des Zusammentreffens zu sehen sind. Frühling 1950 Begegnung in Ost-Berlin. Das Berliner Ensemble hat Lenz' *Der Hofmeister* gegeben. „Brecht draußen auf dem Platz vor dem Deutschen Theater, ohne Aura.“ Helene Weigel holt den Gast bei der unvermeidlichen Mai-Feier zum Tanz. Frisch lernt die Villa Brechts in Weißensee kennen, schlief in der Dachkammer. Bei späteren Besuchen dort Gespräch über *Formalismus*-Vorwürfe, Frischs Reflexion über Brechts Erleben des 17. Juni, wir denken an Grass, beim letzten Besuch im September 1955, der „ein kurzer und sogar etwas steifer Besuch an der Chaussee-Straße" ist. Es gebe einen Satz über Brecht, schreibt Frisch, der, obschon von Maxim Gorki über Tolstoi geschrieben, Brecht gerecht werde: „Trotz der Einseitigkeit seiner Lehre ist dieser märchenhafte Mensch unendlich vielseitig."

Der Radfahrer mit Hosenklammern: Max Frisch (r.) erfüllte Bertolt Brecht Anfang 1949 den Wunsch, ihm in Zürich sein Schwimmbad zu zeigen.

Als Frisch und seine Frau am 6. Februar 1973 die Wohnung in Friedenau übernehmen und den Abend dann bei Grass verbringen, kennt der Schweizer die Stadt bereits. Er ist kein Fremder. Aber er hat die Weltsicht des Schweizers. Die neue Wohnung ist noch leer, sie ziehen am 11. Februar ein. Der Leser des *Berliner Journals* erfährt Einzelheiten vom Einrichten der Wohnung. Friedenau scheint auf. Eintrag vom 10. Februar: „Erste Einkäufe auf dem Wochenmarkt, der in Zukunft unser Markt sein soll, Breslauer Platz, eingeführt durch Günter Grass; Fischkunde." Frisch vermerkt an diesem Tag: „75. Geburtstag von Brecht." Auch das: „Die erste Übung im Ost-Fernsehen." Auf dem Bildschirm eine Diskussion über das Kommunistische Manifest: „Wiederholung der Doktrin mit verteilten Rollen bei totaler Abwesenheit jedes produktiven Zweifels." Die mediale Systemkonkurrenz auf der Mattscheibe, wie sie im geteilten Berlin Stan-

dard ist. Zur Presse hält Frisch fest: „Berlin ohne eine einzige Zeitung von Rang.“ Der Fluglärm, der ihn um sieben Uhr weckt. Man wohnt in Friedenau in der Einflugschneise des Flughafens Tempelhof. Das Märkische Viertel erinnert Frisch an eigene städtebauliche Pläne. Das ist sein Blick auf Berlin als Architekt. Die Seen faszinieren ihn immer noch, er lernt den Müggelsee im Osten kennen. Frisch wird die Krumme Lanke besuchen, auch um den Schlachtensee gehen. Das taten seinerzeit auch Schütz und Brandt, viele Berliner in der eingesperrten Stadthälfte. Das Heimweh zu dieser Landschaft kehrt wieder in dieser ersten Skizze der Stadt:

Strassen in Berlin und seine Kneipen, sein Wannsee, seine Kiefern, sein nordischer Himmel, die eine oder andere U-Bahn-Station; die Patina, die die Stadt hat, Patina für mich: Proben im Theater mit Caspar Neher, Hanne Hiob, Ernst Schröder, Tilla Durieux und vielen anderen (die [Fritz-] Kortner-Inszenierung und die [Hans-] Schweikart-Inszenierung habe ich seinerzeit nicht gesehen) und Ehebrüche.

Die Aufzeichnungen zeigen die Stadt ohne Mauer, denn der Schweizer darf sie passieren. Er beschreibt die Kontakte in den Osten, besonders zum Verlag *Volk und Wissen*, in dem seine Bücher erscheinen und neue erscheinen sollen. Das ist dort Gesprächsgegenstand. Mit dem Blick des fürs Skurrile begabten Autors schildert Frisch die Scharaden und Spiegelgefechte um Zensur und um interpretierende Nachworte, die den DDR-Leser anweisen, wie der West-Text ideologisch korrekt zu lesen sei. „Der Verlag bringt jetzt HOMO FABER, aber STILLER noch immer nicht; beides in der UdSSR längst veröffentlicht.“ Ost-Berlin ist: „Unter den Linden. Kalt. Und das prompte Gefühl, in der Fremde zu sein; dabei West-Berlin in Sichtweite.“ Angenehmer sind die zahlreichen Begegnungen mit Ost-Autoren, auch mit Wolf Biermann:

Frisch besucht **JUREK BECKER** in dessen Einfamilienhaus in Ost-Berlin, weit draußen im Grünen. Der Ältere lobt ihn in seiner Niederschrift, meint, Beckers schreiberisches Niveau bei freien Autoren Mitte 30 im Westen so nicht anzutreffen. Becker darf reisen, tut es nicht. Undurchsichtig sei das Verhältnis zum Staat.

Ähnlich Frischs Feststellung zu **GÜNTER KUNERT**, der „ein loyal-ironisches Verhältnis zu diesem Staat“ habe. Was die Ost-Berliner verbindet: „Boykott des politischen Jargons; die westlichen Ultra-Linken als Ärgernis.“ Kunert kommt zu Besuch nach Friedenau, über das Frisch im Mai 1973 schreibt: „Es wird sommerlich, Friedenau grün, dadurch noch kleinbürgerlicher." Er und der renommierte Lyriker Kunert reden über dessen Hauskauf in Buch, über Brecht. „Ein DDR-Bürger also, der nicht im Gehege gehalten wird wie andere." Frisch nervt immer wieder, dass Kunert seinerseits ihm keine Fragen stellt. Der Besuch in „Buch-Berlin", wie Berlin-Buch im *Journal* heißt. Ein Abend ohne DDR-Thema. Kunert sei kein Opportunist, habe es nicht nötig, aber doch: „Kunert ist Parteimitglied."

Mit **CHRISTA** und **GERHARD WOLF** hatte er sich im Opern-Café verabredet. Fünf Jahre zuvor hatten sie sich auf der Wolga in der Sowjetunion kennengelernt. „Ihre neue Art, offen zu reden, ohne Zweifel loyal zum System, kritisch offen, ohne dass der Besucher dazu nötigt; aber bald ist die DDR natürlich doch das Thema." Wolfs laden Frischs nach Hause ein. Das ist in dieser Zeit in Kleinmachnow, südlich von Zehlendorf, Fontanestraße 20. Die Gäste übernachten dort. Frisch wundert, mehr noch bei den Linientreuen zum Beispiel im Verlagswesen oder bei der Lesung im Plenarsaal der Akademie der Künste in Ost-Berlin am 22. Mai 1973 sowie danach beim Diskutieren im ehrwürdigen Ermeler-Haus, wie gut sie die West-Literatur kennen, sie sich sogar beschafft haben. Im Februar 1974 sind Kunert und Wolfs mit Frisch bei Johnson in Friedenau. Die Ost-Leute stritten. Frisch wundert, „wie unbeleidigt Christa Wolf reagiert".

Frisch sieht den nach **ULRICH PLENZDORF** gedrehten Film *Die neuen Leiden des jungen W.*, nimmt wahr, dass dieser Film dem Ost-Berliner Publikum aus der Seele spricht, aber hält ihn für schlecht gemacht, provinziell, mühsam. Wortkarg, schüchtern sei Plenzdorf. Der gebürtige Berliner hatte sich im Ostteil ähnlich wie Schneider im Westteil, der bei seinem *Lenz* die Klassiker im Kopf gehabt hatte, orientiert an dem großen Weimarer, an Johann-Wolfgang Goethes *Die Leiden des jungen Werthers* von 1774 und war damit im Westen wie Frisch zum Autor von Schullektüre aufgestiegen.

BEIM BESUCH IN DER FRÜHEREN ENKLAVE Steinstücken, südlich von Zehlendorf umgeben vom DDR-Territorium, im Ergebnis der Entspannungspolitik erschlossen mit einem Straßenkorridor, kommt Frisch am 18. März 1973 der Gedanke, seine Heimatstadt Zürich als geteilte Stadt zu beschreiben. Ein denkwürdiger Versuch, das Undenkbare, das Berlin geschehen ist, in seinem Irrsinn anschaulich zu machen. Begleiter dieses Besuchs war wieder Johnson, wohnhaft in der Stierstraße 3 in Friedenau. Eine bemerkenswerte Farce von der Teilung einer Stadt. Das geteilte Zürich als überraschende, faszinierende, fiktive Spiegelung des Mauer-Berlins der frühen 1970er-Jahre:

Die Bahnhofstrasse, berühmt als Schaufenster unsres Wohlstandes, gehört zu West-Zürich: sie beginnt am See und endet an der Mauer; der frühere Hauptbahnhof, ehedem architektonisches Ziel dieser Strasse, gehört heute zu Ost-Zürich. Was die Sieger sich damals gedacht haben, als sie den Verlauf dieser Grenze bestimmten, ist für uns unerheblich. Es gibt diese Mauer nun einmal.

Stellenweise gehört die Limmat (sie ist ein schmaler Fluß) in ihrer ganzen Breite zu West-Zürich; das erübrigt eine Mauer. Die Ausländer knipsen trotzdem. Das ist auf unserer Seite erlaubt, beinahe erwünscht. Das erinnert die Welt an eine Ungeheuerlichkeit, die ihr zwar bekannt ist.

Was das Leben betrifft, so hat es sich hüben und drüben mit den Jahrzehnten eingespielt. Hüben und drüben sind die Sorgen sehr verschieden, darüber wäre viel zu sagen.

Einige Straßen und Plätze sind umbenannt worden, sie tragen die Namen der neueren Weltgeschichte, ohne deshalb ihre provinzielle Atmosphäre verloren zu haben; Namen von Siegern, hüben und drüben natürlich andere. Sogar die Brücken heißen hüben und drüben anders; in der Mitte wächst Moos.

Max Frisch verlässt die Wohnung in der Sarrazinstraße 8, als die Ehe mit Marianne Frisch scheitert. Sie wird 1979 geschieden. Frisch hat den Fall der Mauer noch erlebt; er stirbt am 4. April 1991. Marianne Frisch behält die gemeinsame Wohnung, und ist bis ins 21. Jahrhundert dort zu Hause. Der Ortsteil war bereits vor Frisch und Grass ein Ort von Kultur und Literatur. Dort loggierten unter vielen anderen Künstlern Rainer Maria Rilke, Kurt Tucholsky, Erich Kästner. Die 1987 aus Nicolae Ceaușescus Rumänien ausgereiste Herta Müller setzt die Eigenart dieses Schöneberger Quartiers als besonderem Kulturort fort. Die 2009 mit dem Nobelpreis für Literatur ausgezeichnete Schriftstellerin zog in die Menzelstraße; Berlin hat es nicht vermocht, sie wie 1967 die andere Berliner Literatur-Nobelpreisträgerin Nelly Sachs zur Ehrenbürgerin zu machen. Diese in der Maaßenstraße 12 in Schöneberg geborene jüdische Dichterin bekam 1966 den Nobelpreis. In diesem Jahr wurde mit dem Theologen Kurt Scharf ein Mann zum evangelischen Bischof von Berlin, dessen Bild von seinem Agieren während der Revolte bestimmt ist – bei Gelegenheit in Zusammenarbeit mit dem Nobelpreisträger von 1999, dem damaligen Friedenauer Günter Grass.

Die Lage der Vertriebenen
und das Verhältnis des deutschen Volkes
zu seinen östlichen Nachbarn
TAGESSCHAU
ARD

KIRCHE

Kurt Scharf – Der Bischof und der *Berliner Kirchenstreit*

IM FEBRUAR 1968 ist Kurt Scharf 66 Jahre alt, Grass 41 und Dutschke 28. Im Folgenden geht es um den Konflikt um die in Zusammenhang mit dem Vietnam-Kongress geplante Studentendemonstration zum US-Hauptquartier und zu den amerikanischen Kasernen. Scharf als ältester setzt die Autorität seiner Persönlichkeit ein. Sein Biograf Wolf-Dieter Zimmermann kannte Scharf seit 1954 und hat seit 1966 als sein Mitarbeiter vieles miterlebt. In seiner Lebensbeschreibung Scharfs von 1992 berichtet Zimmermann von einer Episode im Vorfeld der Demonstration. Grass kommt am 15. Februar 1968 in die Sitzung, ist aufgeregt, kann seinen Redeschwall kaum bremsen, fordert Unterstützung seines Aufrufs zur angespannten Lage in West-Berlin. Im Text steht der Satz: „Es gibt Kraftmeier auf beiden Seiten, man soll nicht blindwütig bloß Standpunkte vertreten." Scharf lächelt, sagt freundlich: „Das ist etwas schwierig, unsere Sprache ist da etwas anders." In der Sache eine Zurechtweisung, nicht in der Sprache oder im Gestus. Der Senat, sagt der Bischof, könne nicht zur blanken Kapitulation aufgefordert werden. Scharf überzeugt den Schriftsteller, der erwidert, der SDS und Dutschke könnten ja ihrerseits auch keinerlei Kompromiss eingehen. Beide Seiten müssen das Gesicht wahren können. Nach 21 Uhr dann im Konsistorium in der Jebensstraße die nächste Sitzung. Der Protestant Dutschke ist anfangs aggressiv, fordernd, nimmt sich erst zurück, als er begreift, dass Scharf ihn und seine Interessen versteht. Grass dagegen kann seine Rolle nicht spielen wie gewollt. Scharf dominiert die Situation.

Die Denkschrift der Evangelischen Kirche Deutschlands zu den Vertriebenen und den Nachbarn im Osten: Präses Kurt Scharf am 5. November 1965 vor der Presse.

SEIN VORNAME WIRD IM KAISERREICH noch *Curt* geschrieben. Kurt Scharf ist am 21. Oktober 1902 in Landsberg an der Warthe geboren, dort bis zum Abitur aufgewachsen und hat als Werkstudent in der Lohnabteilung der Jutefabrik am Ort gearbeitet. In seinem autobiografischen Buch *Widerstehen und Versöhnen* von 1987 erwähnt er, dass die ebenfalls im heutigen Gorzów Wielkopolski geborene Christa Wolf in ihrem Buch *Kindheitsmuster* von 1976 Landsbergs

Friedrichvorstadt treffend beschrieben habe. Wolf wird beim Vorrücken der Roten Armee am Ende des Zweiten Weltkriegs zum Flüchtlingskind, nachdem sie zuvor die Trecks durch die Stadt hatte ziehen sehen. Scharf ist dieser Fluchtbewegung ebenfalls konfrontiert. Er holt nach 1945 unter teils abenteuerlichen Umständen seine Eltern nach Westen. Aber auch als Kind erlebt er in Landsberg Flucht; es sind Deutsche aus Ostpreußen, die Flüchtlinge des Ersten Weltkriegs. Dazu gehören Verwandte, auch die von Freunden, die erst einmal im eigenen Haus untergebracht werden. Begeistert vom Krieg waren Scharf und sein Bruder, angestachelt durch Lehrer. Aber der Tod zweier Onkel 1914 und 1915 erschreckt. Scharfs Jahrgang ist der erste, der nicht mehr eingezogen wird. Als Gymnasiast absolviert er vormilitärische Übungen, leistet Landarbeit, das erste Mal 1917 bei der Frühjahrsbestellung. Als Student nahm er 1921 an militärischen Übungen teil, paradierte vor dem ehemaligen Generalfeldmarschall Erich Ludendorff. Scharf 1987 rückblickend: „Mit pazifistischer Grundhaltung war dies, die Achtung vor einem bedeutenden deutschen Soldaten, für mich vereinbar." Pazifismus war für ihn eine ethische Entscheidung, aber keine Glaubenshaltung. 1987 formuliert Scharf den Satz: „Pazifismus als eine Ideologie war mir fremd." Die verbreitete nationale, *vaterländische* Grundstimmung der Welt des jungen Scharf und erst recht des Deutschlands der Weimarer Zeit muss sich bewusst machen, wer bei Zimmermann liest, in Scharfs Elternhaus habe „eine humane künstlerische Atmosphäre" geherrscht, „stark liberal ausgerichtet". Es ist ein Grad von Liberalität, der fürs späte Kaiserreich ungewöhnlich gewesen ist, uns heute aber noch sehr konservativ anmutet.

LANDSBERG IST ZWISCHENSTATION auf der Reise nach Berlin. Künstler, Wissenschaftler, Schriftsteller, Journalisten, Theater- und Musikleute aus Ostpreußen und aus Russland passieren die Stadt auf dem Weg die Warthe entlang und dann über die Oder ins rund 140 Kilometer entfernte Berlin. Scharfs Vater war infolge einer Mittelohrentzündung schwerhörig, wurde deshalb nicht wie in der alten protestantischen Theologenfamilie üblich Geistlicher, sondern Buchhändler. Sein Vater wiederum, der Großvater des Jungen, hatte zur Berufswahl seines Sohnes gemeint, ein Pfarrer müsse die schwache Stimme Sterbender bei ihrer letzten Beichte hören; auch die evangelische Kirche kennt die Beichte – bis heute. Der 1660 verstorbene Vorfahr Johannes Scharfius war kurz nach der Reformation Professor in der Luther-Stadt Wittenberg. Dessen Wahlspruch, von eigner Hand geschrieben, hing in den 1980er-Jahren gerahmt in

Scharfs Arbeitszimmer: *Diligentibus Deum omnia cooperant in bonum – Denen, die Gott lieben, müssen alle Dinge zum besten* [sic] *dienen.* Aktiv war sein Vater, ebenfalls ein Johannes, bei den Freimaurern und im örtlichen Theater- und Musikverein, bot Literaten Gelegenheit zu Lesungen, Malern zu Ausstellungen. Zugriff auf Bücher hatte Scharf als Buchhändlersohn jederzeit, und auf die größte private Goethe-Sammlung der damaligen Zeit. Sie gehörte Wilhelm Ogoleit, Freund und Partner des Vaters in der Buchhandlung. Scharfs Elternhaus war religiös: „In der Familie wurde die christliche Sitte gepflegt mit Tischgebet und Kirchgang an den Feiertagen." Die Stadt und die ganze Neumark waren nicht kirchlich. Die katholische Gemeinde in Landsberg war klein. Ein katholischer Mitschüler und ein junger Student aus einem Ersatzbataillon führten den jungen Scharf an Bibel und Theologie heran. Auf Wunsch des Vaters begann er 1921 das Studium im weit entfernten Tübingen, wechselte später nach Jena, Halle, schließlich nach Berlin. Ähnlich wie sein Mentor und Ziehvater, sein Bischof in Berlin, der Berliner Otto Dibelius, war Scharf zunächst keineswegs von einem spirituellen Verlangen beseelt. Scharf betonte die Wichtigkeit der Erfahrung im Dritten Reich für die Ausprägung seiner eigenen Religiosität:

Letztlich habe ich Theologie studiert, weil ich mich mit philosophischen, weltanschaulichen Fragen intensiver beschäftigen wollte. Es war keine spezifisch theologische Entscheidung. So ist es auch während des Studiums geblieben. Erst im Kirchenkampf der dreißiger Jahre habe ich eine positive Beziehung zur biblischen Theologie gefunden.

Der Zehlendorfer Pfarrer, in Schlachtensee Kollege von Albertz, und ehemalige Superintendent Manfred Karnetzki war Scharf durch die Arbeit in der *Aktion Sühnezeichen Friedensdienste* verbunden. Karnetzki hat sich in einem Vortrag zum 100. Geburtstag Scharfs 2002 mit dessen Theologie auseinandergesetzt. Den Text hat der Kirchenjurist und Scharf-Mitarbeiter Reymar von Wedel 2010 seiner Biografie *Kurt Scharf. Kämpfer und Versöhner* beigegeben. Karnetzki deutet Scharfs theologisches Selbstverständnis als sich mit der Zeit formendes Ergebnis seiner Auseinandersetzung mit politischen und gesellschaftlichen Entwicklungen. Dabei spielt insbesondere die NS-Zeit eine wichtige Rolle, schon weil sie die erste Periode gewesen ist, in der sich Scharf „in riskanten Entscheidungen und dramatischen Konfrontationen" bewähren musste. Karnetzki: „So entwickelt er eine spezifische erfahrungsoffene Theologie, die sich weniger an der dogmatischen Überlieferung orientiert als an den durch die eigene Erfahrung beglaubigten Einsichten." Für Scharf ist das eine vom Heiligen Geist bestimmte Theologie.

LÄNDLICHE, URTÜMLICH ANMUTENDE ERFAHRUNGEN sammelt Scharf ab 1928 auf seiner ersten Pfarrstelle in Friesack in der Mark. Noch berufen dort die Rittergutsbesitzer die Pfarrer. Gegen die Kirche seien die Menschen nicht gerade gewesen, erinnert sich Scharf, aber eben nicht besonders kirchlich. In diesen fünf Jahren erfährt er vom tiefen Aberglauben, der dort herrschte. Gesundbeten des Viehs war ebenso üblich wie das Verfluchen und Verhexen der Tiere des persönlichen Feindes. Hier erlebt Scharf das Vordringen der Nationalsozialisten. Die Zeit in Friesack endet am 18. Januar 1933, als Dibelius ihn als dritten Pfarrer der Gemeinden Oranienburg und Sachsenhausen nördlich von Berlin präsentiert. Schon 1932 waren die Gemeindekirchenräte bei den Kirchenwahlen überwiegend mit nationalsozialistischen *Deutschen Christen* besetzt worden. Am 1. Mai 1933, dem vom Regime proklamierten *Feiertag der Arbeit*, bricht der Konflikt aus. Die Kirche in Sachsenhausen ist voller SA-Männer, am Altar stehen deutsche Fahnen, die Flaggen der Partei, ihrer Gliederungen. Die Stelle aus dem Paulus-Brief an die Galater, über die Scharf zu predigen hat, gebiehrt die Steine des Anstoßes: „Zur Freiheit hat uns Christus befreit! So steht nun fest und laßt euch nicht wieder unter das Joch der Knechtschaft zwingen […]." Im Juli 1933 setzt Hitler neue Kirchenwahlen an. Zuerst spontan, dann wöchentlich treffen sich widerständige Pfarrer in der Wohnung von Gerhard Jacobi, Pfarrer an der Kaiser-Wilhelm-Gedächtniskirche, *Nichtvollarier*, Namensgeber des *Jacobi-Kreises*, später Generalsuperintendent in West-Berlin. Dabei ist auch der Pfarrer der St.-Annen-Kirche in Dahlem Martin Niemöller. Er und Scharf sind bald der Kern der *Dahlemiten*, der radikalen Gegner des NS-Regimes. Scharf besuchte Niemöller im Konzentrationslager, feierte dort mit ihm Abendmahl. Es beginnt der Weg zum *Pfarrer-Notbund*, zur *Bekennenden Kirche* und zur Theologischen Erklärung der Synode von Barmen von 1934. Scharf wird mehrfach verhaftet, bekommt mehrfach Schreib- und Redeverbot, sogar Betretungsverbot für Berlin und andere Gebiete im deutschen Osten. Es beginnt der Terror des Regimes mit Amtsenthebungen, der Sperrung von Kirchen für die Bekennende Kirche, Stopp der Besoldung unbotmäßiger Kirchenleute und der Beschlagnahme von Kirchenkassen. Es gibt Kirchenpatrone, die helfen, „daß wir nicht zu hungern brauchten." 1935 spaltet sich der Verbund der Berlin-Brandenburgischen Synode wegen der staatlichen Eingriffe. Dibelius schlägt, für den Kandidaten überraschend, Scharf im Dezember als *Präses* der Bekenntnis-Synode vor. Er sei rasch zu einem *Markenzeichen* der Bekennenden Kirche in Brandenburg geworden, notiert Zimmermann: „Der Mann mit den buschigen Augenbrauen und dem kantigen Gesicht spricht stakkatomonoton; aber was er sagt, wirkt, denn er vertritt die von ihm erkannte Wahrheit einfältig und eindeutig. Er kennt keine Zweifel."

DIE AUSBILDUNG VON PFARRERN geschieht nun konspirativ, überall in der Stadt, auch in Dahlem: „Eine der Wohnungen, in denen Kollegs der Kirchlichen Hochschule stattfanden, gehörte Frau Blank-Lubarsch in der Grunewaldstr. 34; nach dem Krieg haben wir, Familie Scharf, dort gewohnt." Das Private hat Scharf vom Öffentlichen getrennt. Fünf Kinder hatte er. Ingeborg, die älteste, aus seiner ersten Ehe; seine erste Frau starb. Die vier Kinder Christiane, Brigitte, Kurt Anton und Martina hatte er mit seiner Frau Renate, die er am

20 Jahre *Tag der Befreiung*, 8. Mai 1965, ehemaliges NS-Konzentrationslager Dachau: Kurt Scharf bei der Grundsteinlegung der Versöhnungskirche.

10. August 1933 heiratete. Sie war als seine Cousine eine geborene Scharf und hat die Kinder im Wesentlichen allein erzogen. Von Wedel: „Ohne sie hätte Kurt Scharf nicht kämpfen und wirken können." Scharf war ständig unterwegs, wohnte zehn Jahre getrennt von der Familie in Ost-Berlin. Ein Foto zeigt den Vielreisenden Scharf mit seiner Frau vermutlich in Tempelhof am Fuß der Gangway, er grüßt mit erhobener Hand, seine korpulente Frau mit Mantel, Kappe, Handtasche lacht ebenso wie er. Sie hat ein arbeitsreiches, angespanntes Leben geführt. Er predigt nach seiner Bischofszeit regelmäßig in der Patmos-Gemeinde in Steglitz. Deren langer Kampf, die dortige Treitschkestraße in Kurt-Scharf-Straße umzubenennen, hat am 14. September 2022 zu einem Beschluss der Bezirksverordnetenversammlung in diesem Sinne geführt. Scharf starb am 28. März 1990 im BVG-Bus sitzend, auf dem Schoß die abgenutzte Aktentasche, die ihn immer begleitete; er war auf dem Weg zum Krankenbesuch. Begraben liegt er in einem Ehrengrab auf dem Friedhof der St.-Annen-Kirche in Dahlem. Es ist der Friedhof, auf dem auch Dutschke beerdigt ist.

In der überfüllten St.-Annen-Kirche predigte Scharf in der NS-Zeit vor Besuchern aus ganz Berlin. Von Wedel schreibt, am Sonntag habe der Schaffner der U-Bahn im Bahnhof Dahlem-Dorf Scharfs Gottesdienst ausgerufen. Das Regime reagiert. Scharf wird 1941 eingezogen.

Hielt ihrem Mann den Rücken frei: Renate Scharf begrüßt ihren Mann am 1. August 1967 auf dem Flughafen Tegel bei der Rückkehr von einer Afrikareise.

Er dient, dank mancher Beziehungen, in der Kommandantur Berlin, später in Italien, dann US-Kriegsgefangenschaft, er ist Lagerpfarrer.

ALS ER HEIMKEHRT, wird er unter dem nach Ansicht mancher Skeptiker in der Kirche entgegen der evangelischen Tradition selbsternannten Bischof von Berlin und Brandenburg Otto Dibelius Propst mit der Zuständigkeit für Brandenburg; den Titel *Präses* darf er weiter führen. Scharf wird 1957 Ratsvorsitzender des aus der Altpreußischen Union hervorgegangenen Bundes von Landeskirchen mit Namen Evangelische Kirche der Union EKU. In der Nachfolge des mit 80 Jahren abgetretenen Dibelius amtiert Scharf von 1961 bis 1967 als Ratsvorsitzender der EKD, die zunächst als gesamtdeutsche Institution arbeitet, arbeiten soll, immer weniger arbeiten kann. Die evangelischen Christen in der DDR, also auch im Osten Berlins, schreibt Scharf, hätten nicht *Kirche für, neben oder gegen den Sozialismus* sein wollen, sondern *Kirche im Sozialismus*. Die Systemfrage war, so Scharf, nicht entscheidend. Er erinnert an die gemeinsame Erfahrung vieler Kirchenleute und Kommunisten in der Haft während des Nationalsozialismus, die nach 1945 zahlreiche Verbindungen stiftete. Nur den Emigranten Walter Ulbricht, er war in Moskau im Exil gewesen, habe dies gestört. Die evangelische Kirche geht in der Spaltung und nach dem Mauerbau einen anderen Weg als die Katholiken. Sie behalten aufgrund ihres auch völkerrechtlichen Status ein grenzüberschreitendes Bistum Berlin-Brandenburg. Alfred Kardinal Bengsch zahlt dafür den Preis öffentlicher politischer Abstinenz beiderseits der Mauer, um seine Gläubigen unter kommunistischer Herrschaft in Ost-Berlin und der DDR vor Pressionen zu schützen. Die evangelische Landeskirche vollzieht dagegen in ihren Strukturen die staatlich vorgegebene Spaltung nach. Gemeinsam ist Bengsch und Scharf, dass sich das Gespaltensein, das damit verbundene Leiden und Handeln in ihren Lebenswegen spiegelt. Scharf, auf den Westen beschränkt, vermag viel politischer zu sein. Er ist maßgeblich beteiligt an der im Oktober 1965 vorgelegten *Ostdenkschrift* der EKD, die vor dem Hintergrund der Vertriebenenfrage auf Aussöhnung vor allem mit Polen zielt und die ein Wegbereiter der Ostpolitik ist. Dennoch war und bleibt er gesamtdeutsch für die evangelischen Christen unter dem SED-Regime aktiv, sei es durch Verhandlungen über den Geldtransfer aus dem Westen, sogar durch eigenhändige Transporte von West-Geld, sei es durch sein durch von Wedel assistiertes Mittun beim Häftlingsfreikauf, den später staatliche Stellen unter Zuhilfenahme des Ost-Berliner Anwalts Wolfgang Vogel mit seinem legendären goldfarbenen Mercedes mit Ost-Berliner Zulassung übernehmen.

DIE EVANGELISCHE KIRCHE versucht nach dem Mauerbau, ihre eingeübte Mittlerfunktion weiter wahrzunehmen. Erst geht ein Protesttelegramm an Walter Ulbricht. Scharf und die Kirchenführung bitten um ein Gespräch mit dem Ost-Berliner Oberbürgermeister Friedrich Ebert, das am 18. August 1961, fünf Tage nach Mauerbau, zustande kommt und das aus Vorhaltungen wegen der Eingabe an Ulbricht besteht. Die Kirche wollte über die Folgen der Mauer vor allem für Familien verhandeln. Mit dabei war der Polizeipräsident, in *großer Uniform*, wie Scharf betont, auch Stasi-Chef Erich Mielke. Es gibt Vorwürfe wegen des Telegramms. Ebert „bot mir an, ich könne, da mir die Maßnahme der DDR nicht gefalle, ab sofort zu meiner Familie nach West-Berlin übersiedeln." Am Ende wurde Scharf schroff verwarnt. Es ist Scharfs Amt als EKD-Ratsvorsitzender, mit dem seine Aussperrung aus Ost-Berlin am 31. August 1961 verbunden ist. Am Morgen dieses Tages hatte er für drei Monate turnusgemäß seine Durchfahrtserlaubnis nach West-Berlin bekommen. Scharf wohnte seit 1951 im Ostteil der Stadt. Die Familie bekam keinen Zuzug genehmigt, 1952 durfte Tochter Ingeborg nach Ost-Berlin ziehen, um ihm den Haushalt zu führen. Im Kommuniqué des Rates der EKD heißt es weiter:

Präses D[oktor]*. Scharf begab sich um 12.30 Uhr ohne Behinderung über den vorgeschriebenen Kontrollpunkt nach Westberlin. Als er nach Erledigung seiner Dienstgeschäfte sich um 20 Uhr wieder am gleichen Kontrollpunkt einfand, wurden ihm und seinem Kraftfahrer die Personalausweise und der Durchfahrtberechtigungsschein „zur Prüfung" abgenommen. Nach etwa 30 Minuten wurde Präses D. Scharf durch zwei Beauftragte in Zivil eröffnet, sein Berechtigungsschein und sein Personalausweis würden einbehalten. Das Wiederbetreten des „Demokratischen Sektors" sei ihm untersagt. Präses D. Scharf wurde von Fahrer und Wagen getrennt und genötigt, zu Fuß nach Westberlin zurückzukehren.*

Den DDR-Reisepass hatte er allerdings noch und er benutzte ihn für Reisen nach Ost-Europa. In die Sowjetunion durfte er zu seinem Erstaunen fahren. Der frühere Kommunist und SPD-Spitzenpolitiker Herbert Wehner sorgte bei Erich Honecker dafür, dass Scharf ab 1973 zunächst privat in die DDR einreisen durfte. Aber erst einmal stand er am 31. August 1961 als Staatenloser am Grenzübergang Invalidenstraße und pumpte sich auf dem Lehrter Bahnhof, heute Hauptbahnhof, 20 Pfennig für die S-Bahn. Sein Verhältnis zu Ost-Berlin entspannt sich erst, als sich am 10. Juni 1969 die Ost-Kirche als *Bund Evange-*

lischer Kirchen der DDR verselbständigt. In seiner Verfassung steht allerdings dieser Satz: „Der Bund bekennt sich zu der besonderen Gemeinschaft der ganzen evangelischen Christenheit in Deutschland." Damit verbunden war die Beschränkung von Scharfs Amtsführung als Bischof von Berlin-Brandenburg auf West-Berlin. Seine Aussperrung und Ausbürgerung waren letzten Endes ein Druckmittel des Regimes gewesen, dieses Ziel zu erreichen. Gewählt worden war Scharf 1966 von beiden Berlin-Brandenburger Regionalsynoden. Bis dahin war er meist der Mann im Hintergrund, der mit Aktenstapeln in die Sitzungen kam, sie durcharbeitete, aber mit dem anderen Ohr zuhörte und sich einschaltete, wenn es wichtig wurde. Bereits am 7. Juli 1961 war kirchenintern mitgeteilt worden, dass der 81 Jahre alte Dibelius nicht wieder als Bischof kandidieren wollte. Er schlug Scharf vor. Im Dezember 1962 auf der Wahlsynode fehlten zwei Stimmen zur nötigen Zwei-Drittel-Mehrheit. Der auf Lebenszeit gewählte Dibelius machte weiter. Im Osten etablierte sich in der Folgezeit ein Bischofsamtsverweser, womit sich die Aufteilung des Bischofsamtes abzeichnete. Im November 1965 hatte Dibelius einen Schlaganfall erlitten. Scharf wird von nunmehr zwei Synoden, der Regionalsynode West und der Regionalsynode Ost, am 15. Februar 1966 zum Bischof gewählt. Die DDR-Nachrichtenagentur ADN meldet, Scharf könne als Nicht-DDR-Bürger nicht für die auf dem Staatsgebiet der DDR liegende Berlin-Brandenburger Kirche tätig sein: „Seine Wahl ist für die DDR wirkungslos." Albrecht Schönherr war Scharf bekannt, vom Präses nach Kriegsende als Superintendent nach Brandenburg/Havel berufen worden. Scharf traf ihn im März 1972 in Zürich. Sie fuhren mit dem Boot auf den See. Scharf akzeptierte, dass es ein zweites Bischofsamt geben werde. Auf einem zweiten Treffen in der ČSSR ging es um Details. Im Februar 1973 wurde Schönherr in der Marienkirche gegenüber vom Berliner Rathaus, der alten Bischofskirche, in einer großen Zeremonie ins Bischofsamt eingeführt. Damit war die Spaltung der evangelischen Kirche Berlin-Brandenburg vollzogen.

SCHARF WIRD BISCHOF, kurz bevor die Studentenrevolte Fahrt aufnimmt. Er amtiert ein Jahrzehnt lang. Sein Mitarbeiter Zimmermann: „Gegen Ende dieser Periode ist die Kirche zutiefst gespalten." In seinem Abschiedsbericht vor der West-Berliner Synode Ende November 1976 spricht Scharf vom „Ruf zur Versöhnung" und von der Notwendigkeit von „Handlungen auf das Ziel des Friedensstiftens hin". Er hat sein Amt politisch verstanden, und er hat auch die Aufgabe seiner Kirche politisch begriffen: „Verkündigung des Evangeliums läßt sich nicht trennen von seinen politischen Implikationen."

In seiner Bilanz, die auch eine Bilanz der rapide zunehmenden Zahl von Kirchenaustritten ist, fallen zwei Faktoren besonders ins Gewicht: Sein Verhältnis zur Studentenbewegung und sein Verhalten gegenüber den verurteilten Straftätern des Terrorismus. Schon die *Ostdenkschrift* hatte wegen der Aufgabe der deutschen Ostgebiete und der Anerkennung der Oder-Neiße-Linie organisierten Protest in der evangelischen Kirche hervorgerufen. Es war ein Vorspiel, denn in die Bilanz Scharfs gehörte auch der *Berliner Kirchenstreit*. In den Jahren der Studentenbewegung und in den 1970er-Jahren waren die Taschenbuch-Bändchen der Reihe *rororo aktuell* ein wichtiges publizistisches Werkzeug der öffentlichen Debatte. *Pfarrer, die dem Terror dienen?* fragte der Titel eines im März 1975 erschienenen Bandes mit dem Untertitel *Bischof Scharf und der Berliner Kirchenstreit 1974*. Rot unterlegt in der Farbe der Reihe mit ihren gelben Rücken prangt ein Foto von Scharf auf dem Titel. Als Autoren der Beiträge stehen auf dem Cover *Heinrich Albertz, Heinrich Böll, Helmut Gollwitzer u. a.* Junge, der Studentenbewegung nahestehende Pfarrer und ihr Engagement rufen den Widerstand konservativer Kirchenmitglieder hervor, darunter auch CDU-Politiker wie die angesehene Wissenschaftspolitikerin und Synodale Ursula Besser, unterstützt von den Zeitungen des Springer-Verlags. Axel Springer selber tritt aus und wechselt in die altlutherische Kirche. Und es gibt in der Öffentlichkeit den Eindruck einer Sympathie für marxistisches Denken. Davon zeugt die aus der DDR geflohene, ursprünglich der SED angehörende Journalistin Carola Stern, die in einer

Glückwünsche vom Amtsvorgänger: Der Berliner Otto Dibelius gratuliert Kurt Scharf am 15. Februar 1966 zur Wahl zum Bischof von Berlin-Brandenburg.

Laudatio auf den mit Dutschke und Scharf befreundeten FU-Theologie-Professor Helmut Gollwitzer feststellt: „[...] in Ihrem Werk, besonders in den letzten Jahren, fasziniert und irritiert das Nebeneinander von christlicher Liebes- und Versöhnungsbotschaft und krasser politischer Parteilichkeit, von Christentum und Marxismus."

Scharf nimmt 1987 in seinem Buch Stellung zu seinem Verhältnis zur Studentenbewegung. Er habe Verständnis für ihre ursprünglichen Motive gehabt. Er verstand auch, dass sich nach den ersten Erfolgen, als die Bewegung schwächer wurde und als sich Hochschullehrer, die die Studenten anfangs unterstützt hatten, gegen sie stellten, eine tiefe Enttäuschung über Gesellschaft und universitäre Gemeinschaft Platz griff. Daraus, so Scharf, habe die Hinwendung der Baader-Meinhof-Gruppe zunächst zur Gewalt gegen Sachen resultiert. Die Schuld habe nicht allein bei den Tätern gelegen, „auch diejenigen unter den Verantwortlichen in der Gesellschaft, die die ursprünglichen und berechtigten Motive dieser Opposition ignoriert oder auf gehässige Weise entstellt und attackiert hatten, trugen dazu bei, daß das Feuer der Gewalt Nahrung fand." Deshalb war Scharf überzeugt, man müsse sich um die Häftlinge bemühen, um sie davon zu überzeugen, „daß die Methoden vernichtender Gewalt dem Christen und auch dem Staatsbürger in der Demokratie verboten ist und daß ihre Anwendung schädliche Rückwirkungen für die eigene ‚gute Sache' hat." Am 23. Oktober 1974 hatte Scharf mit richterlicher Zustimmung die Straftäterinnen Verena Becker und Ulrike Meinhof in der Haftanstalt Moabit besucht. In seinen Memoiren schreibt Scharf 1987:

Nach unserem Gespräch, in dem ich ihr sicherlich einiges zugemutet hatte, gab mir Ulrike Meinhof die Hand, was sie sonst bei keinem ihrer Besucher – auch bei Freunden nicht – zu tun pflegte, und sagte zu mir: „Auf Wiedersehen! Aber wirklich: Auf Wiedersehen!" Nicht daß ich sie besucht habe – trotz all dessen, was sich an den Besuch anschloß –, sondern daß ich dieser Aufforderung – aus Rücksicht auf die öffentliche Meinung – nicht nachgekommen bin, mache ich mir heute zum Vorwurf.

An jenem Abend im Februar 1968, als es darum ging, die Risiken der geplanten Vietnam-Demonstration zu verringern, weil es womöglich um Menschenleben ging, war Scharf beim Regierenden. Frostig war die Stimmung. Schütz blieb kompromisslos, sagte boshaft: „Auch der schöne Bischof wird als Anführer des Demonstrationszuges die Lage nicht ändern."

Peter Stein – Der Berliner übernimmt die Schaubühne

Probe zu *Das Sparschwein* in der Schaubühne am Halleschen Ufer, August 1973: Im Zentrum Regisseur Peter Stein, 2. v. l. seine damalige Frau Jutta Lampe.

Werner Stein hieß der 1913 in Wilmersdorf geborene Physiker, der von 1964 bis 1975, also seit 1967 auch unter Klaus Schütz, Senator für Wissenschaft und Kultur in West-Berlin war. Der junge Abgeordnete vom linken SPD-Flügel war Willy Brandt aufgefallen, berichtet der Journalist Alexander Kulpok in seiner Sendergeschichte *SFB mon amour*. Stein wurde bekannt, und Brandt machte ihn zum Senator. Sein Name hatte 1946 begonnen mit dem von ihm herausgebrachten kulturgeschichtlichen Nachschlagewerk zu verschmelzen, das nach seinem Tod 1993 bis ins neue Jahrhundert fortgeführt wurde. *Stein Kulturfahrplan* ist ein tabellarisches Werk, das die Gleichzeitigkeit historischer Ereignisse sichtbar macht. Dieser Werner Stein, erzählt Schütz, habe ihm eines Tages gesagt: „Berlin könne für etwa fünf Millionen Mark Subvention die Truppe von Peter Stein gewinnen." Das Ensemble könne nicht mehr in Bremen bleiben. Werner Stein riet anzunehmen. Das Resultat für die Theaterstadt Berlin sei gewesen: „Eines der Großen des europäischen Theaters nahm seinen Sitz in Berlin. Mit all den Folgen – wie einem eigenen Theaterbau – und beachtlichen Kosten für den Berliner Landeshaushalt." Die Truppe führte über ihre Proben ihre berühmten Protokolle, die öffentlich wurden und die genüsslich vom Oppositionsführer von der CDU im Parlament zitiert wurden, als es um die Zuschüsse für die Schaubühne ging. Peter Iden, ehemals Assistent der Berliner Theatergröße Erwin Piscator, später Museumsmann, vor allem Theaterkritiker und Autor des noch zeitgenössischen, nämlich 1979 erschienenen Bandes *Die Schaubühne am Halleschen Ufer 1970–1979*, erinnert daran, dass der Senator gar nicht selbst auf die Idee mit Peter Stein gekommen war, sondern dass ein junger Mitarbeiter der Kulturbehörde namens Wolfgang Nürmberger ursprünglich diese Idee gehabt hatte.

Peter Stein ist geborener Berliner. Er ist nach dem 1972 als Generalintendant der Staatlichen Schauspielbühnen ausgeschiedenen, in der Stadt aufgewachsenen Boleslaw Barlog der neue Name des Berliner Theaters der 1970er-Jahren. Dabei ist Stein nur der eine prägende Regisseur der Schaubühne neben dem Pfarrerssohn Klaus Michael Grüber, der u.a. bei Giorgio Strehler in Mailand sein Handwerk gelernt hatte. Stein ist seinem Herkommen nach Bürgerssohn, sogar Industriellensohn, denn der Großvater hatte in Berlin in den 1920er-Jahren eine Motorradfabrik, der Vater Herbert war in der Stadt Technischer Direktor der bis heute existierenden Bremsenfabrik von Alfred Teves. Als ATE nach dem Krieg wie so viele Unternehmen die Hauptstadt verließ, ging die Familie mit. Deshalb wurde der schon neunjährige Peter in der Zwergschule von Blumberg in Südbaden eingeschult. Sieben Jahre älter ist sein Bruder Paulus. Beide wuchsen in Frohnau auf, zunächst in der Straße *Im Fischgrund*. Flucht, Krieg, Nachkrieg sind seine prägenden Erfahrungen, stellt Roswitha Schieb fest. Sie hat 2005 ein dem inszenatorischen Werk Steins breiten Raum gebendes *Portrait* vorgelegt, das auf intensiven Gesprächen beruht. Die Grauen des Bombenkriegs seien „ganz, ganz furchtbar" gewesen, sagte ihr Stein. Mit elf Jahren kommt er auf das Fürstlich Fürstenbergische Gymnasium in Donaueschingen. Er ist redebegabt, das Berliner Mundwerk hilft, ihm fliegt alles zu, er ist Primus, Schularbeiten macht er im Bus, zu Hause sieht er sie als Zeitverschwendung an. Stein wird protestantisch erzogen, war bis zur Konfirmation religiös, wandte sich dann vom Glauben ab. *Lobet den Herrn* mit allen Strophen sang die Familie morgens am Bett eines Geburtstagskinds. Stein lernte durch ein katholisches Ziehkind seiner Eltern und durch die katholische Umwelt auch später in München den Katholizismus kennen. Er wird ein kluger Kunsthistoriker, Kunstgeschichte wird seine zweite Leidenschaft neben der Literatur, und er verdankt dabei viel der Besichtigung von Kirchenbauten, wo er oft mit Mönchen spricht. Wegen der NS-Zeit streitet er mit dem Vater, der 1953 Direktor von ATE in Frankfurt am Main wird. Peter kommt dort aufs Lessing-Gymnasium, das auch der Vater besucht hatte. Stein erfährt ähnlich wie Schneider eine südwestdeutsche Sozialisation der bundesdeutschen Wirtschaftswunderzeit. Deutsch ist sein bestes Fach, Französisch seine favorisierte Sprache, Englisch ist für ihn bloß ein Sprachwerkzeug, Latein und Griechisch sind ihm wichtig, der Schüler liest Sophokles im Original. Zum Englischlernen kommt er nach Großbritannien, beherrscht dann doch die erst boykottierte Sprache und ist seitdem starker Raucher. Nach dem Abitur 1956 studiert er erst in Frankfurt, die Mutter wirft ihn nach vier Semestern raus. Es geht weiter in München. Der gerade Privatdozent gewordene Walter Höllerer entdeckt Steins Begabung fürs Dramatische. Stein hat ein inneres Bild des Bühnengeschehens, er behält selbst die Figuren im Sinn, die keinen Text sprechen, aber stumm noch sichtbar sind. Ihn interessiert das

Studententheater. Aber noch gelingt der Kontakt nicht. In München klappt es. Es sind seine ersten, erfolgreichen Bühnen-Versuche, anfangs als Schauspieler. Sein Kommilitone Norbert Miller ist überzeugt, dass schon Steins damalige Inszenierungen die unverkennbare Handschrift trugen. Theater, sagt Stein, habe ihn schon als Schüler interessiert. In München findet Steins künstlerische Selbstfindung statt. So beschreibt er es 1992: „Ich bin ein musischer Versager. Das ist mir mit 21 Jahren klargeworden, daß ich kein Schriftsteller, kein Musiker, kein bildender Künstler bin. Ein reproduzierender Künstler ja, ein selbständiger Künstler nein." Er habe sich im Studium wissenschaftlich auf den Beruf am Theater vorbereitet, habe sich nicht zu früh an die eingefahrenen Usancen der Häuser gewöhnen wollen, wird er 1981 zitiert: „Aber daß ich zum Theater wollte, war schon seit den berufsentscheidenden Jahren um 20, 22 klar. [...] Ich habe mir – übrigens ohne viel Geld – fünf Jahre lang gezielt Theater angeschaut in Europa, weil ich mich für dieses Phänomen Theater interessierte. Diese Jahre haben für mich eine sehr wichtige Rolle gespielt und vielleicht auch verhindert, daß ich allzusehr im bundesrepublikanisch-westberliner Provinzmief hängengeblieben bin."

Der junge Peter Stein ist hochintelligent, sprachbegabt, redegewandt, in Schule und Studium unstet. Er bricht seine Doktorarbeit ab. Seine Geburtsstadt spielt in seinen frühen Jahren kaum eine Rolle. Aber es sind zwei Ost-Berliner Bühnen, Bertolt Brechts und Helene Weigels Theater am Schiffbauer Damm sowie Wolfgang Langhoffs und Wolfgang Heinz' Deutsches Theater am Schumann-Platz, die er zu den für ihn wichtigen Häuser zählt. Sein Kommilitone Miller betont 2003 den analytischen Blick Steins, der als besonders an Architektur interessierter Kunsthistoriker Bauten so betrachtet habe: „Es war unglaublich, wie rasch und zwingend sich für ihn eine architektonische Linie aufbaute, unter genauester Betrachtung, ohne irgendwelche Faxen zu machen, das ist ganz wichtig." Ganz ähnlich ist Steins Zugriff auf dramatische Stoffe. Er sucht die Strukturen des Textes zu erkennen, sich daran zu orientieren, sie in ihrer vom Autor vorgesehenen Struktur auf die Bühne zu bringen. Dieter Giesing vom Studententheater vermittelt Stein an die Münchner Kammerspiele, wo der später bekannte Ivan Nagel Chefdramaturg ist und August Everding Intendant. Stein arbeitet als Gutachter, assistiert bei Regie und Dramaturgie. Er ist am professionellen Theater angekommen. Stein arbeitet mit alten, großen Schauspielern. Die Münchnerin Therese Giehse, Jahrgang 1898, hatte schon von 1926 bis 1933 den Kammerspielen angehört. Als links und lesbisch orientierte Jüdin emigrierte sie im Angesicht der Machtübernahme zunächst in die

Schweiz. Von 1949 bis 1952 spielte sie in Brechts Berliner Ensemble. *Die* Giehse gehört neben *der* Weigel zu den großen Darstellerinnen der *Mutter Courage*. Stein wird ihr Regieassistent. Sie erinnert sich 1976: „Ein schmales Jüngelchen, neben mir noch schmaler, aufmerksam, wach, genau und beglückend gescheit – wir verstanden uns gleich." Giehse setzt sich oft für ihn ein.

Peter Steins erste selbständige Inszenierung hat am 15. April 1967 Premiere. Edward Bonds Stück *Gerettet*, Originaltitel *Saved*, wird aus dem Londoner Dialekt, dem Cockney, ins Bayerische übersetzt. Junge Menschen in gestörten, zerstörten sozialen Beziehung leben in einem Arbeiterbezirk, grauenvoller Gipfelpunkt ist das Misshandeln, das Steinigen eines Babys. Die Inszenierung ist ein Erfolg. Schieb: „Mit ihr begann die kometenhafte Karriere Steins." Die maßgebliche Branchenzeitschrift *Theater heute* erhebt das Debüt zur *Aufführung des Jahres*. Stein verkörpert von jetzt an den Generationswechsel an den Theatern. Er schildert seine Arbeitsweise: Ganz junge, meist Darsteller Anfang 20, monatelange Vorbereitung, jede Geste, jeder Ausdruck wird geprüft auf seine Überzeugungskraft. Stein fängt „von Null" an. Reduktion nennt er diese Arbeitsweise. Im Ergebnis bewegen sich die Schauspieler ganz natürlich auf der Bühne. Ivan Nagel spricht von der Erarbeitung eines *zweiten Naturzustandes* der Darsteller. Als zweiten Punkt nennt Stein den Dialekt, der eingelerntes Bühnendeutsch von Beginn an nicht zu Wort und Wirkung kommen lässt. Das Bühnenbild, drittens, ist trotz knalliger Farben reduziert nach der Faustregel, dass alles wegkommt, was die Schauspieler nicht berühren. Sie werden in den Zwischenszenen zu Bühnenarbeitern. Und die schockierende Brutalität der Gewalthandlungen des Stücks? Stein, zu dieser Zeit mit langer Mähne, in Jeans und mit dem Sticker gegen Atomwaffen unterwegs, antwortet: „Wenn die Leute sagen, das sei doch alles völlig übertrieben und diene nur dazu, Sadismus und Greuel auf der Bühne zu zeigen, dann kann man immer sagen, daß die wirkliche Wirklichkeit außerhalb der Bühne noch viel schlimmer ist." Miller: „Und die eigentliche Sensation war dann, daß es keinen Skandal gab!" Den Skandal hätten alle erwartet. Doch Stein habe das Stück als das erkannt, was es war, und er habe es auf die Bühne gebracht als das, was es war: als Tragödie. Der Erfolg brachte Stein ein Engagement in Bremen bei Intendant Kurt Hübner. Es war das erste deutsche Haus, das sich nachhaltig von den Traditionen der Heinz Hilpert oder Gustaf Gründgens der 1920er-Jahre und des Dritten Reichs verabschiedet hatte. Steins Auftrag war die Inszenierung von Friedrich Schillers *Kabale und Liebe* am festgelegten Datum 7. November 1967. Bedeutsam vor allem mit Blick auf Berlin ist, dass Stein hier

In Egon Monks TV-Inszenierung von Bertolt Brechts Stück *Die Gewehre der Frau Carrar* von 1975: Therese Giehse (l.) mit Brecht-Tochter Hanne Hiob.

die später an der Schaubühne tragenden Schauspielerpersönlichkeiten Edith Clever, Bruno Ganz und Jutta Lampe kennenlernt. Lampe begleitet ihn von 1967 bis 1984 als Ehefrau. Sie nennt ihre Arbeit mit ihm in Bremen 2003 ihre *Geburt als Schauspielerin*: „Bei anderen Regisseuren hatte ich bis dahin meistens das Gefühl, daß ich etwas machen müßte, ‚spielen', was ich nicht verstand."

Eine andere große Bühnenpersönlichkeit, die der Schaubühne zu ihrem bleibenden Ruhm verhalf, war der in Bremen engagierte Bruno Ganz. Stein habe auf dem Niveau des zu dieser Zeit namhaften zurückgekehrten jüdischen Emigranten Peter Zadek gearbeitet, sagt Ganz 2004. Stein habe Sprachempfinden gehabt. Stücke „konnte er unheimlich gut vorlesen, bei Proben auch vorspielen – man verstand als Schauspieler durch ‚Anschauung', und das war für uns völlig neu." Als revolutionäre Neuerfinder des Theaters hätten sie sich alle empfunden unter Zadek, bis Stein kam. Bemerkenswert ist in der Zeit des grundsätzlich gegen das Überkommene gerichteten 68er-Aufbruchs, dass Ganz Steins Verständnis deutet als Auffassung von Theater, „die wir alle gar nicht kannten, die näher bei einem Theater der solideren Art der zwanziger, dreißiger Jahre lag“. Dabei war Stein anders als Zadek, der mit der *Revolte* nichts zu tun haben wollte, ein *politischer Künstler*. Ganz: „Stein war der Mann, der alles, was an aufregenden Sachen auf der Straße passierte, ins Theater integrierte.“

STEIN HAT SICH GRÖSSTENTEILS selbst ausgebildet. Sein erster, bedeutender Lehrer wird Fritz Kortner. Von ihm hat er das Verständnis für die Bedeutung der Sprache, auch der Sprache vergangener Zeiten, sagt Ganz. Kortner, das ist der Theatermann, dem sein Durchbruch in der Weimarer Ära am Preußischen Staatstheater in Berlin gelingt, der viel in der Hauptstadt gearbeitet hatte und nach dem Zweiten Weltkrieg am Schillertheater inszenierte. 2003 würdigt Stein seinen Lehrer neben dem anderen großen Berliner Theatergenie Bertolt Brecht: „Beide aus dem Exil zurückkehrend, beide Stars bereits in den 20er und 30er Jahren. Beide repräsentieren die einzigen und letzten kreativen Impulse des deutschen Sprechtheaters – mit Betonung auf der ersten Silbe des Wortes – in der 2. Hälfte des 20. Jahrhunderts.“ Brecht, weiß Stein im Rückblick, habe das Theater mit dem Mühlstein der Ideologie belastet, und er lobt Kortners vom expressionistischen Theater herkommendes Gefühl für Sprache, Sprechen, für Gesten und Gestenfolgen, für den Wechselbezug von Gestik und Wort. Berlin war für den Berliner Stein zu dieser Zeit Ziel seiner Wünsche. Er war auf der Suche. Den als verkrustet empfundenen westdeutschen Theaterbetrieb lehnte er ab. Auch Kortner hatte sich gegen das Überkommene, Routinierte, Ewiggleiche gewandt. Das war die Zielrichtung der *Revolte* am westdeutschen, West-Berliner Theater. Stein berichtet 2004, dass er als *junger Spund* im Berliner Ensemble vorgelassen worden sei. Der Regisseur Manfred Wekwerth, ab 1977 dort Intendant, habe Stein als *Klassenfeind* bezeichnet, ihn abgelehnt. Stein wollte schon damals an die Schaubühne, aber deren Chefs Dieter Sturm und Jürgen Schitthelm missfielen seine Inszenierungen, sie nannten ihn wie Wekwerth *Klassenfeind*, sogar *bourgeoisen Abweichler*. Dabei stand Stein politisch auf der Seite der *Revolte*. 1968 inszeniert er Peter Weiss' gerade herausgekommenen hochaktuellen *Vietnam-Diskurs*, jenes formal mit Theatertraditionen brechende, historisch-dokumentarische 2500 Jahre vietnamesischer Geschichte darstellende Drama, dessen an die urtümlich langen Buchtitel aus vergangenen Jahrhunderten erinnernder, spröder, widerständiger Originaltitel lautet:

Diskurs
über die Vorgeschichte und den Verlauf
des langandauernden Befreiungskrieges
in Viet Nam
als Beispiel für die Notwendigkeit
des bewaffneten Kampfes
der Unterdrückten gegen die Unterdrücker
sowie über die Versuche
der Vereinigten Staaten von Amerika
die Grundlagen der Revolution
zu vernichten

Das die Studentenrevolte mit entzündende Thema Vietnam kommt 1968 in diesem ohne Fabel auskommenden Diskurs auf die Bühnen. Das Stück des Emigranten und in Schweden lebenden, bundesdeutsche und West-Berliner Gegenwart nur wochen-, manchmal monatsweise aufsuchenden, 1916 im gerade noch im südlichen Weichbild Berlins gelegenen Nowawes geborenen Autors Weiss kommt ohne Individuen aus. Bis auf einige historisch in ihrer Existenz belegte Figuren benötigt er 15 durchnummerierte Schauspieler, gekleidet in Schwarz und Weiß. Einfachheit ist Maßgabe des Verfassers. Zwei Teile hat sein Stück. Der erste schildert mit Betonung der Geschichte der Klassenkämpfe Viet Nams Entwicklung von 500 vor Christus – der Suhrkamp Verlag benutzt 1968 die in der DDR gebräuchliche Angabe *v. u. Z.*, also *vor unserer Zeitrechnung* – bis zur Gründung der *Demokratischen Republik* 1945. Der zweite Teil berichtet von der Kapitulation der Franzosen in Dien Bien Phu 1954 bis zum *Vergeltungsschlag* der 7. US-Flotte gegen Nord-Vietnam zehn Jahre später.

Dieses Stück bringt Stein in den Münchner Kammerspielen auf die Bühne; am 14. Januar 1969 startet die Wiederaufnahme in der Schaubühne am Halleschen Ufer. Die Premiere in München ist am 5. Juli 1968. An der Bühnenrückwand steht „Dokumentartheater ist Scheiße“. Stein, so Schieb, betone die satirischen und aktionistischen Tendenzen des Textes. Wolfgang Neuss, bei Behörden hieß er Neuß mit ß, tritt auf. Der Berliner Kabarettist ruft am Ende zur Geldsammlung für Waffen für den Vietcong auf. Das ist die Grenzübertretung, die zur Entlassung Steins inklusive Hausverbots führt. Intendant Everding hätte Sammlung für Medikamente hingenommen, aber nicht für Waffen. Schieb resümiert: „So wird Stein kurzzeitig zu einer Galionsfigur des politischen Kampfes, zum Leitstern einer revolutionären Gruppierung." Dennoch distanziert sich Stein nach kurzer Zeit von diesem Versuch in Agitprop. In West-Berlin an der Schaubühne wendet er sich stattdessen dem Versuch des mitbestimmten Theaters zu. Dorthin führt sein Weg über Zürich. Der Schweizer Bruno Ganz hatte die Verbindung zum Schauspielhaus geknüpft, das sich durch provokante Stücke modernisieren und deshalb den Star Stein haben wollte. Wieder inszenierte Stein einen Bond, wieder ging es ebenso wie in der zweiten Züricher Inszenierung um Gewalt. Mit *Changeling*, was *Wechselbalg* bedeutet, einem Drama aus der Shakespeare-Zeit, begann die für die künftige Schaubühne in Berlin konstitutive Zusammenarbeit Steins mit dem Berliner Dramaturgen Dieter Sturm. Das vom jungen Züricher Frisch oft besuchte Haus war in der NS-Zeit eine Burg des deutschen Exiltheaters, theatergeschichtlich hat es Bezug zur Theaterstadt Berlin, denn hier wirkten neben Therese Giehse die späteren Ost-Berliner Größen Walter Felsenstein, Langhoff und Heinz. Stein arbeitete in Zürich mit dem von Joseph Goebbels zum Staatsschauspieler ernannten und zeitweilig in Berlin-Schmargendorf wohnhaften Willy Birgel, der 1961 in der Uraufführung von Frischs *Andorra* auf der Besetzungsliste gestanden hatte. In Zürich gehörten bereits Publikumsdiskussionen und offene Proben zum Arbeitsrepertoire Steins und seiner Truppe. Wolfgang Deichsels Stück *Frankenstein. Aus dem Leben der Angestellten* von 1971 wurde in Zürich nie aufgeführt. Dennoch ist der dreimonatige Produktionsprozess nach Darstellung von Ganz ein *Vorprozess* für die Schaubühne:

In diesem Zusammenhang stellten sich antiautoritäre Fragen wie Abschaffung der Regie usw. Wir wollten uns anstrengen, möglichst kollektiv zu arbeiten [...]. Wir dachten: Wenn sich jeder ein Stück weit verändert und auf den anderen zubewegt und wenn der Wissensvorsprung reduziert wird oder es möglichst so ist, daß alle an den Vorbereitungen gleichmäßig teilnehmen, dann müßte es eigentlich so sein, daß 25 Leute vollkommen gleichberechtigt nebeneinander eine Produktion machen können. Doch das geht nicht.

Auf Zürich bezieht sich das von Stein angeregte Gründungsmanifest der Schaubühne in Berlin gleich zu Beginn. Es sollte als *Diskussionsgrundlage* dienen. Gleich folgt die kategorische Feststellung, dass der herkömmliche Theaterbetrieb keine Perspektive außer *Jobbertum* biete. Zürich habe gezeigt, dass Voraussetzung kollektiver Arbeit, wozu nun die Schaubühne in Berlin die Möglichkeit bot, überein-

Erstaufführung in Ost-Berlin im Jahr 1968: Peter Weiss' Vietnam-Diskurs in der Inszenierung des Berliner Ensembles.

stimmende Interessen der *Produzierenden* seien. Hier wird das mitbestimmte Theaterprojekt der Schaubühne programmatisch formuliert. Das Manifest zeugt unverkennbar vom Geist der *Bewegung*: „Wir betrachten Theater als ein Mittel zu unserer Emanzipation. Wir wollen versuchen, als bürgerliche Schauspieler unseren *bürgerlichen Individualismus* durch *kollektive Arbeit am Theater zu überwinden* um *sozial wirksam* zu werden (Mao: dem Volke dienen)." Als Stein in seine Heimatstadt zurückkehrt, brachte er seinen bekannten Namen mit, konnte beachtete Leistungen vorweisen, und er brachte viele junge Schauspieler aus München, Bremen und Zürich mit. Einige Persönlichkeiten wie Sturm und Otto Sander fand er an der Schaubühne vor. Ganz erzählt davon, dass der kulturell beschlagene Senator mit dem Nachnamensvetter ein Konzept erarbeitet hatte und welche Aufbruchsstimmung in der Gruppe herrschte, die Zürich verlassen, aber zusammenbleiben wollte. Und dann „bekamen *wir* mit der Schaubühne eine Heimstatt und eine Perspektive. Plötzlich hatten wir ein eigenes Theater. Da wußten wir: Jetzt können wir wirklich etwas Neues anfangen."

WIE WAR DER WECHSEL NACH BERLIN vonstattengegangen? Der Freiraum in Zürich für Experimente war rasch verschwunden.

Grund sei die „stockkonservative Haltung“ des Züricher Publikums gewesen, schreibt Schieb. Das Projekt eines eigenen Theaters in Frankfurt zerschlug sich. Da kam die Kontaktaufnahme durch Senator Stein. Die Schaubühne am Halleschen Ufer, so Iden, war ein Privattheater, das mit Zuschüssen betrieben wurde. Entstanden war es 1962 aus einem Studententheater. Gesellschafter waren der schon erwähnte Jürgen Schitthelm und Klaus Weiffenbach. Schitthelm blieb bis 2012, auch nach dem Umzug in den mit Senatsgeld umgebauten Mendelssohn-Bau am Lehniner Platz, am Haus. Das Repertoire war von Anfang an traditionell *links*. 1968 belief sich der Zuschuss des Senats auf 592 000 DM. 1970, als Steins Gruppe eingezogen war, verdreifachte sich der Betrag auf 1,8 Millionen. 1977 waren es 6,4 Millionen bei einem Gesamtetat von 8,2 Millionen. Die Erhöhung der Zahlungen des Senats war Ergebnis der Verhandlungen zwischen Senat, Stein und den Gesellschaftern, die beide zum neuen Direktorium gehörten. Das Haus am Halleschen Ufer lag in Kreuzberg, dem kulturell produktiven West-Berliner Bezirk mit besonderer Künstlerszene und eigenem Charakter, gelegen im Schatten der

Beide waren 1971 im Schaubühnen-Kollektiv: Die Regisseure Claus Peymann aus Bremen (l.) und der Berliner Peter Stein.

Mauer in West-Berliner Randlage. Bis 1962 war der Saal von der Arbeiterwohlfahrt genutzt worden. Die Gagen waren nicht hoch. Planungen mussten den Mitarbeitern dargelegt werden.

DER ALS THEATER GENUTZTE BAU war etwas heruntergekommen, das Foyer eng, man musste mehrere Etagen die Treppen hinauf in den Saal. Die erste Premiere Peter Steins in Berlin fand am 8. Oktober 1970 statt und wurde ein bejubelter Erfolg mit stehenden Ovationen. Schütz applaudierte neben dem prominenten Theaterkritiker Henning Rischbieter. Die neue Schaubühne hatte Bertolt Brechts *Die Mutter* gegeben, geschrieben 1931/32 in Berlin. Das Stück spielt im vorrevolutionären Russland. Es erzählt das *Leben der Revolutionärin Pelagea Wlassowa aus Twer* und ist eine Dramatisierung des Romans von Maxim Gorki. Es ist die Geschichte der Mutter eines Arbeiters, die zum Kommunismus findet. Revolutionäres Theater. Peter Iden spricht von der Kluft zwischen der Schaubühne und der sie tragenden, sie finanzierenden Stadtgesellschaft: „In der *Mutter*-Premiere wiederholte sich, was wir von der Rezeption des Piscator-Theaters im Berlin der Zwanziger Jahre wissen: Ein Publikum in Nerzen applaudierte denen, die auf der Bühne vorschlugen, die Gesellschaft dieser Applaudierenden abzuschaffen." Was Berlin, namentlich West-Berlin, mit Peter Stein und seiner Schaubühne gewinnt, das beschreibt das Theater 2022 auf seiner Internetseite mit dem Hinweis auf die „überragende Bedeutung einer wissenschaftlich und langfristig konzipierenden Dramaturgie", auf den „Aufbau eines der bedeutendsten Schauspielensembles" sowie auf eine „ungewöhnliche Durchdringung von gesellschaftlichem Alltag und konzentrierter Theaterarbeit". Stein bleibt bis 1985 Künstlerischer Leiter. Es sind 15 Jahre großen Theaterschaffens in Berlin. Willam Shakespeare, die griechische Tragödie, der russische Dramatiker Anton P. Tschechow, der den ebenso russo- wie frankophilen Peter Stein fasziniert, das sind die drei großen Komplexe seines Schaffens als Regisseur in West-Berlin. Stein hat das (deutsche) Theater zu neuen Ufern geführt, und zwar aus gründlicher Kenntnis der europäischen, also antik-griechischen Anfänge. Doch den ersten Berliner Erfolg verdankt der Berliner vor allem einer Münchnerin, die die Verbindung der Schaubühne und Steins zum großen deutschen Theater der Vergangenheit des *Vulkan Berlin* der 1920er- und der frühen 1930er-Jahre verkörpert, nämlich Therese Giehse. Sie gab in Brechts Lehrstück die Mutterrolle der *Pelagea Wlassowa* – die große alte Dame des Theaters inmitten des jungen Ensembles. Mutter-Sohn-Konstellationen, so hat Roswitha Schieb beobachtet, waren für den Regisseur Stein ein Lebensthema.

Wolf Biermann – Rauswurf aus Ost-Berlin

So fing Wolf Biermann 1963 an: Er sang auf dem von Stephan Hermlin initiierten Lyrik-Wettbewerb in der Humboldt-Universität in Ost-Berlin.

Etwas jünger als die Giehse war die 1904 geborene Kommunistin Emma Biermann, die ihrem Sohn Wolf Lebensgeberin, Lebensretterin, Lebenswichtige war. Die Hamburgerin wohnte im selben Haus am Cosimaplatz in Friedenau, in das die Familie Dutschke nach der Geburt ihres Sohnes Hosea-Che am 12. Januar 1968 in eine Einzimmerwohnung zog. Emma Biermann, erzählt Gretchen Dutschke, hatte in der Nähe ihres Sohnes in Ost-Berlin sein wollen. Oft wurde sie an den Westdeutschen vorbehaltenen innerstädtischen Grenzübergängen schikaniert. Diese alte Dame gab der jungen, unerfahrenen Mutter Hilfestellung, machte ihr klar, dass Säuglinge gewickelt werden müssen. Sie war es, die in der brenzligen Zeit vor dem Attentat den vor Anschlägen Rechtsextremer warnenden Brief von Biermann überbrachte, den Dutschke, so sagt sein Tagebuch, zwar *sehr solidarisch* fand, aber: „Scheint mir übertrieben zu sein.“ Dutschke, berichtet sein Biograf Jürgen Miermeister, beriet sich, als er nach seiner Genesung wieder West-Berlin besuchte, mit dem in den Westen gekommenen DDR-Schriftsteller Jürgen Fuchs, dem Liedermacher-Duo [Christian] *Kunert und* [Gerulf] *Panach*, alles Biermann-Freunde, und anderen, die in die Freiheit West-Berlins gekommen waren. Dutschke überlegte, wie man Biermann, seinem Freund, dem Kommunisten und Physiker Robert Havemann, oder Rudolf Bahro, dem Philosophen, Ökonomen und Autor der aufsehenerregenden Streitschrift gegen den DDR-Sozialismus von 1977 mit dem Titel *Die Alternative*, helfen könnte. Mit dem nachmaligen West-Berliner Professor, Soziologen und DDR-Kenner Manfred Wilke rang er 1977 um das Vorwort des gemeinsam herausgegebenen Bandes *Die Sowjetunion. Solschenizyn und die westliche Linke* über den Dissidenten Alexander I. Solschenizyn. Der Literatur-Nobelpreisträger von 1970 war berühmt durch sein mehrbändiges Werk *Der Archipel Gulag* über das Lagersystem. Der Sowjetbürger war am 14. Februar 1974 von seiner Regierung ausgewiesen worden und beim Literatur-Nobelpreisträger von 1972, dem der 68er-Bewegung nahestehenden Heinrich Böll, in Köln untergekommen.

DUTSCHKE GEHÖRTE zu den zahlreichen Westbesuchern Biermanns. Der Journalist und Literaturwissenschaftler Thomas Rothschild hatte im November 1976, knapp vor der Ausbürgerung Biermanns, beim Rowohlt Verlag den Band über *Wolf Biermann* als *Liedermacher und Sozialist* herausgegeben, in dem ein Brief Dutschkes an Biermann vom 28. April 1976 abgedruckt ist, der sich der Freundschaft beider sowie ihres biografischen und ideologischen Verhältnisses zueinander widmet. Bevor der West-Berliner den Ost-Berliner kennenlernte, habe ihn Biermann zweifach fasziniert:

Zum ersten, weil Du in die DDR gezogen warst und dort nicht mit fliegenden Fahnen den Schwanz eingezogen, sondern den Sozialismus nie aus dem Auge verloren hast. Dann als einer, der das „Neue" in der DDR verteidigte und die aufkommende „Wiederholung der alten Scheiße" (Marx) kritisierte. Der die blauen Hemden und roten Fahnen sieht, aber die Kluft von Form und Inhalt, nicht die dialektische Spannung, täglich erfuhr, sie nicht zu verdrängen versuchte und nicht bereit war, in den „Westen" zurückzukehren.

Dutschke erinnert an die Weltjugendfestspiele 1973 in Ost-Berlin, bei denen Biermann sein pünktlich eingereichtes Lied über den Revolutionär Che Guevara trotzdem nicht singen und Dutschke erst nach der Drohung mit Demonstrationen durch internationale Jugendorganisationen einreisen durfte. Staatssicherheit und Agitatoren von SED und Deutscher Kommunistischer Partei DKP hielten beide auf ihren gemeinsamen Wegen durch Ost-Berlin unter Kontrolle. „Warum wurden wir schärfer kontrolliert als konservative oder reaktionäre CDUler, die sich in diesen Tagen dort herumtrieben?", fragte Dutschke. Gemeint war vor allem der damalige Vorsitzende der Jungen Union Berlin Klaus Landowsky mit seiner Delegation, der später zur maßgeblichen Stütze des Regierenden Bürgermeisters Eberhard Diepgen in Fraktion und Partei werden sollte. Für Dutschke und Biermann, zu Hause auf verschiedenen Seiten der Berliner Mauer, ist deren Überwindung gemeinsames Ziel. Dutschke schreibt an Biermann, die *politische Schizophrenie* der Spaltung des mitteleuropäischen Zentrums werde noch dadurch verstärkt, dass Arbeiter, Intelligenz, Studenten und Bauern „immer weniger fähig gemacht werden sollen, die ‚nationale Besonderheit' – für Marx, Engels, Lenin eine fundamentale Selbstverständlichkeit – als solche zu begreifen." Trotz des marxistischen *Internationalismus* will Dutschke die für ihn

Unter Linken: Wolf Biermann (M.) nach der Ausbürgerung 1976 im Westen mit Rudi Dutschke (r.) und dem Journalisten Günter Wallraff.

eng mit der *sozialen Frage* zusammenhängende *nationale Frage* nicht CDU/CSU und Springer überlassen. Und mit Blick in ferne Zukunft formuliert Dutschke: „Du bist, lieber Wolf, wie ich für eine *sozialistische* Union der beiden Staaten, und nichts anderes steht zur Debatte." Im März 1969 hatte Biermann die 10 000 DM Preisgeld vom West-Berliner Fontane-Literaturpreis, den auch Schneider bekommen hatte, über das Konto von Horst Mahler der APO gespendet. Jahre später war Biermann klar, dass er damit „ein Monster gefüttert hatte". Max Frisch war Biermann das erste Mal und unvorbereitet Mitte März 1973 auf der Buchmesse in Leipzig begegnet:

Und überraschend steht er da, ohne etwas zu sagen, lächelnd, als würde man sich kennen: Wolf Biermann? Er ist kleiner als erwartet, sehr graziös. Krank? Meine Begleiter sofort etwas vereist; kein Wort zwischen ihnen und Biermann. Wir machen sofort etwas ab. Später in einer Weinstube; Biermann berichtet von den aktuellen Schwierigkeiten mit seinem Freund H[avemann]., vorher von einer alten Spanienkämpferin, die ihn, um ihn in den Genuss ihrer Rente zu versetzen, heiraten würde. Dann setzt sich ein Unbekannter an den Tisch, irgendein Gast. Biermann redet unaufdringlich, sehr präsent und sensibel; dazwischen seine Kauz-Mienen; ein völlig unverschüchterbarer Mann, im Staat kaltgestellt, wie man weiss, und der erste Freie seit Tagen, der erste Kommunist.

Biermanns leibhaftig und gegenwärtig gelebte kommunistische Vergangenheit und Überzeugung sind es, die ihn mit dem Physiker und Dissidenten Robert Havemann verbinden. Frisch liest nochmals Biermanns Lyrik-Bände *Deutschland. Ein Wintermärchen* und *Für meine Genossen. Hetzlieder, Gedichte, Balladen*, beide von 1972. Unter dem 7. Mai 1973 seine literaturgeschichtliche Einordnung: „[François] Villon, [Heinrich] Heine, Brecht, aber er ist kein Epigone auf Papier; Biermann ist eine geschichtliche Figur hier und heute." Person und Talent, Biografie und revolutionärer Auftrag seien eins. „Die Biographie ist entscheidend", schreibt Frisch und ventiliert vorwegnehmend die Folgen eines Rauswurfs: „Wenn er in den Westen überwechselte (was den DDR-Behörden so passen möchte), gäbe es keinen Wolf Biermann mehr für alle Zeit; sein Gedicht wäre das Gedicht eines Literaten, eines Unterhalters, eines Epigonen. Was er jetzt nicht ist." Das Regime könne ihn „fertigmachen", nicht aber „sein Gedicht". Frischs Fazit: „Es liest sich heute wie die verbotene Stimme einer Epoche, von der eines Tages, wenn sie so oder so vergangen ist, nichts Gleichwertiges übrigbleibt; allein der Protest, der revolutionäre, wird sein Gewicht behalten." Als Biermann im November 1976 der Konsequenzen seiner Ausbürgerung gewahr wird, meint er zunächst ebenso wie Frisch, ohne DDR, ohne die Rolle des Revolteurs sei seine künstlerische Existenz vorbei. Zehn Tage nach diesem Journal-Eintrag besucht Frisch Biermann im Eckhaus Chausseestraße 131, vor dem die Stasi patrouilliert. Frisch erwähnt im *Journal* den Blick auf den Friedhof, auf Brechts Grab, den er, Frisch, 1955 doch in dieser gleichen damals stillen Straße, von der nur Tramgeräusche auf Biermanns Gesangsaufnahmen für die West-Platten dringen, ebenfalls aufgesucht hatte. Frisch erlebt Biermann, der jeden Gast ungefragt als Publikum betrachtet, singend zur Gitarre: „Das Brecht-Erbe bleibt unüberhörbar im Text wie in der Musik; der Vortrag hingegen ist ganz und gar sein eigener, zwingend in seiner wilden Komik." Es sei, so Frisch, Biermanns Wunde, dass er ohne Publikum singe, keine Öffentlichkeit habe, nur „Sänger auf Platten (im Westen gepresst)". Die verbotenen Lieder brächten *Westgeld*, zum Teil bekommt er die Valuta ausbezahlt, ist im *Intershop* mit den Westwaren zahlungsfähig. Darum: „Biermann lebt nicht schlecht, aber paradox." Stasi-Fotos zeigen den Dichter im Wartburg, mehrmals in der Woche fährt er damit nach Grünheide, wo Havemann am Möllensee sein winziges Haus hat. Biermann, auch die anderen, die Frisch antrifft, wollen nicht *abhauen*, sie wüssten, wo sie hingehören. Sie strahlten dabei anders als die grauen Gesichter auf den Straßen „eine Art von Fröhlichkeit" aus, trotz der Gefahr, irgendwann verhaftet zu werden. Biermann braucht den Westen, den 1964 gegründeten Verlag Klaus Wagenbach in West-Berlin: „Er braucht ihn, um hier seine Funktion erfüllen zu können: hier zu leben im Protest." Frisch registriert: „Alle hier sind Kommunisten, aber die glaubwürdigen; im Gegensatz zu den Duckmäusern in Amt und Ehren: Revolutionäre." Verwundert ist der Gast, wie sie leben unter der Repression. Frisch hat das Interieur der Wohnung aufmerksam in Augenschein genommen:

Biermann hat zwei gute Räume, viel an den Wänden, Fotos vom Vater (Haft-Foto) bis Lenin, Poster, Texte, Malerei von Freunden, Drucke, ein Che Guevara auch, Einstein mit der Zunge. Ein kleines Billard. Ledersessel, alt und dunkel, ein grandlit, daneben die diversen Bandgeräte; ein Studio zum Leben. Keine Inszenierung, glaubwürdig als Kruste einer lebendigen Person, einer vorerst stillen Person.

Als Frisch eine Woche darauf gegenüber Offiziellen und Offiziösen im „DDR-Berlin" sagte, er gehe zu Biermann, registriert er die Reaktion: „Eine merkwürdige Aura ist um diesen Namen wie um andere auch, eine Aura der Belastung, ein promptes Verstummen, wenn ich den Namen ausgesprochen habe." Anders als Dutschke hat der Schweizer den Blick für den Künstler, der Biermann eben auch und vor allem ist. Ein politischer Künstler, dessen Künstlerexistenz wie die Heinrich Heines nicht vom Politischen abtrennbar zu sein scheint. Dieses Politische, die Mission zur gesellschaftlichen Veränderung, ist Wolf Biermann von Eltern, Familie, Herkunft in die Wiege gelegt. Wolf Biermann ist Hamburger. Das Achtmonatskind heißt richtig Karl-Wolf und erzählt uns sein Leben, das am 15. November 1936 beginnt, in seinen Memoiren *Warte nicht auf bessre Zeiten!* von 2016. Über die geschilderten Lebensdaten, Lebensfakten hinaus ist dieses Buch passagenweise wichtige Schilderung des Berlins der Biermann-Jahre. Seine Sprache ist stark. Seine Prosa spannt sich wie seine Lyrik und seine Lieder zwischen Derbheit und Zärtlichkeit, wie sein Gesang zwischen stumm und gellend, laut und leise, langsam und rasend schnell. Biermanns mächtige Wortgewalt erwächst aus Wissen um die Bedeutung der Wörter, von Sprache, der Untertöne, des Mitgemeinten, von Zwischen-den-Zeilen-Gemeintem, der Dialekte seiner Lebensstationen, Hamburgisch, Berlinisch, auch des hallensischen Sächsisch seiner Familie mütterlicherseits. Seine Wortmacht erwächst aus der Kenntnis der Literatur und ihrer Größen, von Philosophen, Marx sowieso, nicht nur der deutschen. Virtuos sein Spiel auf dem Harmonium, der Gitarre, mit Zirpen, Perlen, Pulsieren, Donnern, Klopfen, Klimpern, Klampfen. Sein Vortrag, sein Sprechen auf der Bühne beim Konzertieren, selbst auf dem Stuhl im kleinen, bühnenlosen Raum, spreizt, sprüht, spritzt, ist gedrechselt, gehoben, gespielt, lässt dem Hörer, Zuschauer keinen Ruhemoment, ergreift ihn, nimmt ihn mit, spricht ihn an. Eine Rampensau. Er war am Theater Brechts, den er nicht mehr persönlich kennengelernt hatte, weil die Weigel ihn 1957 als Regieassistenten genommen hatte, weil er keine Ahnung und aus Sicht der Prinzipalin deshalb keine theatralische Verbildung hatte. 1961 gründet er mit seiner Liebe vom Berliner Ensemble Brigitt Soubeyran – zeitlich parallel zur frühen Schaubühne im Westen – im Osten der Stadt das Berliner Arbeiter- und Studententheater b.a.t. in der Belforter Straße 15, schreibt sein erstes Drama *Berliner Brautgang*. Das Theater hat ihm die SED dann 1963 noch vor der Eröffnungspremiere nach zwei Jahren Aufbaumühe verboten; erstmal nutzte es die Staatliche Schauspielschule. Mit Brigitt, einer dieser seiner vielen Frauen, die ihm am Ende sieben Söhne und drei Töchter geboren haben, wird er Vater und Bewohner der Chausseestraße 131. In der Fülle seiner Begabungen, Fähigkeiten, seiner Biermann-Kunst liegt der Künstlerkern, der ihn zum einzigartigen, bleibenden Lyriker und Liedermacher macht, der zu Berlins Kulturgeschichte gehört, der sich selber „Berliner" nennt und der auf Betreiben seiner Freunde, organisiert von seinem kulturumtriebigen, der CDU angehörenden West-Berliner Anwalt Uwe Lehmann-Brauns am 26. März 2007 Ehrenbürger der Stadt geworden ist. Vorgeschlagen wurde Biermann von der Bündnisgrünen Marianne Birthler, die 2000 Bundesbeauftragte für die Unterlagen des Staatssicherheitsdienstes der ehemaligen Deutschen Demokratischen Republik werden wird. Sie sitzt am 11. September 1976 beim mit Zufallshilfe – in der Gemeinde gab es einen Musiker namens Biermann, was die Staatssicherheit täuschte – ertricksten Konzert des Verbotenen vor mehr als 1000 Menschen in der Kirche in Prenzlau auf den Altarstufen und lässt den Kassettenrecorder laufen. Die Kopien ihrer Aufnahme vom Auftritt des endlich wieder öffentlich singenden Biermann kursierten in Kopien von Kopien und davon wieder Kopien wie schon seit Jahr und Tag alle seine Lieder immer stärker verrauscht in Ost-Berlin und der DDR. *Subversiv*, ein Lieblingswort der 68er, auch Dutschkes, so wurden und waren Gedichte und Lieder Biermanns in der DDR verbreitet.

„WEGGERISSEN WURDE DER VATER MIR, als ich vier Monate alt war." Erste Zeile, erster Satz, erste Seite von Biermanns Autobiografie. Der Vater wurde im März 1936 verhaftet; nicht das erste

Mal. Er war Arbeiter auf der Werft bei Blohm & Voss. Dagobert hatte Schlosser und Maschinenbauer gelernt. Der Vater war Kommunist. Die Nationalsozialisten haben ihn inhaftiert und die Strafe absitzen lassen. Dann haben sie ihn in Auschwitz ermordet. Die Mutter schafft es, dass der Sohn den Vater als Häftling vor der Deportation noch einmal im Lager beim Arbeitseinsatz im Moor sieht. Die Mutter hat dem *Wölflein* den abwesenden Vater stets gegenwärtig gehalten. „Der Kummer um den Kommunisten, den Arbeiter, den Juden Biermann ist meine Schicksalsmacht, mein guter Geist, mein böser." Als er eine Fünf in Mathematik heimbringt, sagt ihm seine Emma-Mutter, dass dafür der Vater in Auschwitz nicht gestorben sei. Seine *Auschwitz-Keule* nennt er das. Diese schlimme Erfahrung, dieses Mutterwort, ist Mitmotiv, schreibt der alte Biermann, später im zweiten Anlauf neben der Philosophie auch Mathematik zu studieren an der Humboldt-Universität zu Berlin; der abgebrochene erste Anlauf, Wirtschaftswissenschaften zu studieren, lag vor der Zeit am Schiffbauerdamm. Die Mutter ist Maschinenstrickerin, Kommunistin, stammt aus einer Arbeiterfamilie aus Halle an der Saale. Von dort kommt auch Margot Feist, die DDR-Volksbildungsministerin werden wird, dann Frau Honecker ist, und die den *Wolf* in seiner Wohnung besucht, versucht, ihn zurückzuholen auf die Parteilinie, auf der er sich so gut machen würde fürs Regime. Am 30. Juli 1939 wird „das jüdische Kommunistenkind" getauft, wegen der Nürnberger „Rassegesetze", damit er *arischer* erscheint. Mit dabei war seine Großmutter mütterlicherseits, die heißgeliebte, oft besungene *Oma Meume*. „Kleiner Sänger" hieß der kleine Wolf bei den Nachbarn. Denn er sang, wenn die Mutter zur Arbeit musste, und die Tante noch nicht kam. Emma: „Sing doch deinem lieben Papa was Schönes vor!" Die jüdischen Familienangehörigen sterben alle im Holocaust, verschleppt nach Minsk werden sie von der SS ermordet. Seine Mutter hält Wolf in jener Nacht des Hamburger Feuersturms vom 27. auf den 28. Juli 1943, ausgelöst von der *Operation Gomorrha* der Royal Air Force, am Leben. Sie schleppt ihn auf ihrem Rücken durch die brennende Flammenhölle, springt mit ihm ins Wasser, bringt sich und den Sohn an rettendes Ufer. Ein Trauma von Grauen, Alleinsein, Sterben. Mutter und Sohn werden nach Deggendorf nach Niederbayern ausquartiert. Im Spätsommer wird Biermann dort eingeschult, die Mutter ist Hilfslehrerin, bei ihr lernt er lesen und schreiben. Nachdem die *Amis* im April 1945 gekommen waren, folgt die abenteuerliche Rückkehr in die Heimatstadt: „Aber Hamburg gab's gar nicht mehr." Erste Unterkunft ist die übriggebliebene Villa, in der ab 1947 der jüdisch-ungarische Filmproduzent Gyula Trebitsch mit *Studio Hamburg* sein

Medienimperium aufzubauen begann. Viele entlassene KZ-Insassen wohnten da in Tonndorf, wurden für die Zeitverhältnisse großzügig versorgt, es gab für jeden ein Ei am Tag. Das Haus nannten sie arglos „KZ-Heim". In dessen Foyer stand ein Klavier, an das der Zufall den kleinen Biermann setzte, der zu klimpern begann, sehr rasch zeigte, dass er es konnte auf dem Klavier, und er bekam Unterricht. „Für meine Menschwerdung war das Klavier im KZ-Heim ein entscheidender Zufall. Ich leckte auch den ersten Zucker der Eitelkeit."

DIE MUTTER TRÄGT IHM seine Mission auf: Den Vater soll er rächen, den Kommunismus aufbauen. Er ist Junger Pionier, wechselt 1949 als einziges Arbeiterkind ans Gymnasium. Mit dreizehneinhalb gehörte er 1950 altersmäßig gerade noch dazu, als die Hamburger Pioniere in die *Pionierrepublik Ernst Thälmann* in die Wuhlheide in Köpenick fuhren. Die erste Berlin-Reise ist musikalisch wichtig, denn ein Genosse und Bettgenosse der Mutter erfüllt Wolf den großen Wunsch und schenkt ihm seine erste Gitarre, zeigt ihm erste Griffe. Andere zeigen ihm G-Dur, C-Dur, a-Moll, und er legt los und spürt eine Begeisterung, wie er sie vom Klavier nie kannte. „Nun wusste ich: Man müsste Gitarre spielen können!" Politisch wichtig ist sein gehorsames Einspringen für einen kranken Pionier, der im Stadion den Dank der Jugend sprechen sollte. Jetzt sagt es überzeugungssatt Wolf Biermann: „Die Jungen Pioniere geloben, dass für uns die Deutsche Demokratische Republik, an deren Spitze unser großes Vorbild, unser Präsident Wilhelm Pieck steht, die Grundlage für ein schöneres, besseres Leben ist. Wir kennen keine Zonengrenzen. Für uns gibt es nur ein Deutschland mit seiner Hauptstadt Berlin." Am nächsten Tag bestaunt er sein Foto in der Zeitung *Junge Welt*. Sportlich war er, wie Dutschke, sein Leben bestand daneben noch aus Musik und aus Politik. Schularbeiten? Pustekuchen! Er wurde immer mieser. Es ist die Zeit mit der Fünf in Mathe. Ausweg? Das Internat in Gadebusch im Osten. Oma Meume lässt es Margot Feist organisieren. Nach der ersten Woche ist Vollversammlung im Internat. In Gadebusch in Mecklenburg sollen die Mitglieder der *Jungen Gemeinde* eines nach dem anderen abschwören von der Kirche. Ein Mädchen weigert sich, sagt vor allen: „Ich glaube an Gott." Und Biermann macht den Mund auf, protestiert: „Dafür ist mein Vater nicht in Auschwitz gestorben, damit hier dieses Mädchen unterdrückt wird!" Biermann schon hier in Oppositionshaltung, die er damit legitimiert, dass er der genuine Kommunist sei, dass er den *Antifaschismus* wahrhaftig verkörpere, den richtigen Glauben, der auf der wenn auch aus der Not schlechter Leistungen geborenen und für ihn von der Familie mitgetroffenen

Entscheidung fuße, in dieses für das *bessere* gehaltene Deutschland zu wechseln. Vom Aufstand vom 17. Juni 1953, kurz nach seinem Eintreffen in der DDR, bekommt Biermann nichts mit. Aber er wird ein guter, ein bester Schüler, und er leckt in der Theatergruppe an der Verlockung der Theaterwelt. In diese Zeit gehört auch der vergebliche Versuch, ihn unter Druck zu setzen und für die Staatssicherheit zu rekrutieren. Am Mauerbau nahm Biermann Anteil und im FDJ-Auftrag auch teil, denn die Studenten waren mobilisiert, die Humboldt-Universität nicht weit von Demarkationslinie und Brandenburger Tor: „Ja! Wir Studenten fühlten uns in diesem Moment als Retter des ‚ersten Arbeiter- und Bauerstaates auf deutschem Boden'." Im Nachhinein erinnert er sich, dass dieser Tag ihn ins Grübeln gebracht hatte.

DER JUNGE LIEDERMACHER-STUDENT geriet an Hanns Eisler, Jude, Kommunist, Österreicher mit Pass zeitlebens, der die Melodie zu Johannes R. Bechers Poem komponiert hatte, das Nationalhymne der DDR geworden war, und seit den 1920ern Brecht-Freund. Den großen Eisler nennt Biermann *Lehrer*, und erwähnt, dass der ihn „mit böser Freude nur noch ‚Maestro' nannte", also auf eigene Weise

Förderte Biermann: Der in Ost-Berlin lebende österreichische Komponist und Brecht-Freund Hans Eisler hier um 1960.

Stephan Hermlin (M.) förderte den jungen Biermann: 1981 leitete er die *Berliner Begegnung zur Friedensförderung*, neben ihm Hermann Kant (2. v. l.), Chef des Schriftstellerverbands.

Wertschätzung ausdrückte. Er besucht Eisler in Niederschönhausen, spielt, singt vor, erntet Kritik, aber vor allem Lob und: „Es war entschieden: Wolf Biermann wird Liederpoet der Deutschen Demokratischen Republik." Da werden ihm Wege geebnet, aber es kommt anders, weil der Förderer Eisler 1962 stirbt. Ein weiterer Bewohner des Prominentenviertels in Pankow tritt auf den Plan. Honecker-Freund und Dichter Stephan Hermlin, Leiter der Sektion Dichtung und Sprachpflege an der Akademie der Künste, schreibt im Anschein vermuteter Liberalisierung in der Sowjetunion einen Lyrik-Wettbewerb aus, Einsendeschluss 1. Dezember 1962. Unter Hermlins Ägide scheint es erst ein Aufbruch zu werden, der aber in Zagheit und zur Kapitulation vor der nach wie vor stalinistisch geführten Partei führt. *An die alten Genossen* heißt eines von Biermanns Gedichten dieser Zeit, und es markiert die Aufrührer-Rolle des jungen Kommunisten, wenn es da in der letzten Strophe heißt:

Drum seid mit meiner Ungeduld
Nicht ungeduldig, ihr alten Männer;
Geduld
Geduld ist mir die Hure der Feigheit
Mit der Faulheit steht sie auf Du und Du [...]

Im April 1964 fällt ihm die Überwachung auf in der Chausseestraße. Biermann wird per 2. September 1965 zum Gegenstand eines eigenen Zentralen Operativen Vorgangs und von der Stasi mit dem Decknamen „Lyriker“ belegt. 197 Hauptamtliche und 213 Informelle Mitarbeiter setzt das Ministerium für Staatssicherheit in 18 Jahren Überwachung auf ihn an. Eine schöne Frau wird ihm ins Bett gelegt, die sich in ihn verliebt, erzählt er im Interview, die sich im Bett *dekonspiriert*. 69 Bände umfassen seine Akten. Im Westen wird es weitergehen. Erst noch läuft sein *Liederladen*. Die Beziehung mit der Kölnerin Brigitt, Mutter von Söhnchen Manu, bröckelt. Sie sei kein *Bohèmebolschewist* wie er. Der Dramatiker Heiner Müller wird sein Freund. Im Oktober 1964 lädt ihn der SDS München ein. Er nennt diese West-Linken, immer sieht er sie skeptisch, *romantische Linke*. Über die Westreise dichtet er, wir sehen den Fluss am Bahnhof Friedrichstraße aus der S-Bahn, gegenüber von Brechts Theater vorbeifließen, in seinem Zyklus *Deutschland. Ein Wintermärchen*:

Im deutschen Dezember floss die Spree
Von Ost- nach Westberlin
Da schwamm ich mit der Eisenbahn
Hoch über die Mauer hin

Dieser Tage kommt mit Tagesvisum der West-Berliner *Mann mit der Pauke* zu Biermann. Er kannte Wolfgang Neuss nicht, nicht den Film *Wir Wunderkinder*, nicht die Kabarett-Programme. Neuss ist eine über West-Berlin hinaus bekannte Figur und spielt seine Rolle beim Biermann-Verbot. Im *Wintermärchen* steht über die Mauer:

Manch einer warf sein junges Fleisch
In Drahtverhau und Minenfeld
Durchlöchert läuft der Eimer aus
Wenn die MP von hinten bellt

Biermann trägt es Neuss nicht nach. Der nämlich fragt den Ost-Berliner nicht, sondern er veröffentlicht das Gedicht in seinem Spottblatt *Neuss Deutschland*. Damals noch trägt Neuss Schlips und Kragen zum Anzug, wird 1964 mit dem *Berliner Kunstpreis für Film und Fernsehen* ausgezeichnet. Noch eine Strophe *Wintermärchen*:

Dass selbst das Loch – ich mein' Berlin –
In sich gespalten ist
Da haben wir die Biologie
Beschämt durch Menschenwitz

Als Emma ihm Neuss' Blättchen bringt, wird Biermann mulmig, denn: „Diese sechzehn Vierzeiler im Heine-Stil markierten auch für mögliche Sympathisanten im Politbüro das Ende der kritischen Geduld mit diesem wirren Wolf Biermann." Es hagelt Ausladungen und Absagen von Auftritten. Er geht mit seinen Gedichten zu Klaus Wagenbach. In West-Berlin erscheint im September 1965 *Die Drahtharfe*. Vom Kulturministerium wird gefragt, ob er für ein paar Jahre in den Westen will. Das wäre doch für alle Beteiligten besser. In der *Populärballade* stehen die Verse:

Drum machten sie das Angebot
Ich dürft nach Westen gehen
(Ick hör dir trapsen, Nachtigall!)
Ach, wär das für die schön!
Wenn überhaupt wer abhaun soll
Dann solln die selber gehn

Biermann und sein Werk werden propagandistisch niedergemacht. Er will als Zuhörer ins Konzert in die Kongresshalle am Alexanderplatz. Die Stasi lässt ihn nicht rein. Festnahme. Es geht ins Volkspolizei-Präsidium in die nahe Keibelstraße. Sein Freund Manfred Krug und der Schauspieler Eberhard Esche, beide zu Grob- und Standhaftigkeit fähige Männer, drohen, den Auftritt zu verweigern, hauen Biermann raus, aber die große Solidarisierung bleibt aus. Es ist das Jahr des 11. Plenums des Zentralkomitees der SED vom 16. bis zum 18. Dezember 1965 in Ost-Berlin, auf dem nur Christa Wolf gegen den kulturellen *Kahlschlag* spricht. Biermann: „Ich durfte nun überhaupt nirgends mehr auftreten." Es beginnt seine Isolation in seiner Wohnung. Elf Jahre dauert sie. Die Angst ist, dass auch die DDR reinen Tisch machen könnte mit Terror und Gewalt. Sein stetes Ringen mit der Angst, die er zwar hat, die ihn aber nicht haben darf. Wie es in der *Populär*-Ballade zu lesen ist, steht der Rausschmiss im Raum:

Wolf Biermann und sein Freund Robert Havemann (l.): Begegnung in der Wohnung des Liedermachers am 21. Januar 1972. Rechts oberhalb von Havemanns Kopf sehen wir das Häftlings-Foto von Biermanns Vater Dagobert.

Und schmeißt ihr heute raus den Biermann
Dann ist er morgen wieder hier, dann
Droht mit Knast ihr? – Bitte sehr!
Auch das macht populär

Überlegungen, ihn auszuweisen, gab es schon 1965. Seit 1974 schmiedet das Ministerium für Staatssicherheit operative Pläne, eine Ausreise aus der DDR zur Ausbürgerung Wolf Biermanns zu nutzen. Das weiß er nicht, ahnt es nicht, aber befürchtet solche Hinterlist. Von den Plänen steht in den Akten, die er nach dem Mauerfall liest. Biermann nimmt die Konsequenzen poetisch vorweg in galligem Galgenhumor:

Ihr löscht das Feuer mit Benzin
Ihr löscht den Brand nicht mehr
Ihr macht, was ihr verhindern wollt:
Ihr macht mich populär

Das Ungeheuerliche geschieht 1976. „Biermann tritt im Westen auf!" Elf Jahre nach seinem letzten vorschriftsmäßig genehmigten Konzert. Zuvor waren im Westen Unterschriftenlisten zirkuliert, um die Forderung nach seiner Ausreise zu untermauern; sogar Schütz hatte unterschrieben. Auf Einladung der IG Metall wird Biermann von 19 bis 23.30 Uhr vor rund 7000 Menschen in der mehr als ausverkauften Kölner Sporthalle singen, spielen, sprechen. Der WDR überträgt live in seinem eigenen Dritten Programm, teils im Radio. Der Beginn einer Tournee. Havemann und Biermann hatten beratschlagt, ob die Ausreiseerlaubnis eine Finte sei, ob sie ihn wieder nach Ost-Berlin ließen. Aber er fährt. Am Donnerstag, dem 11. November 1976, geht er mit der großen Weißgerber-Gitarre los. Er weiß noch, wie er über die Weidendammbrücke geht, „vorbei an meinem Gußeisenadler" zum Tränenpalast, dem Übergang im Bahnhof Friedrichstraße. In seiner *Ballade vom Preußischen Ikarus* steht am letzten Ende diese Strophe, und dies ist das letzte Lied, das er in Köln beim Konzert singen wird:

Das Konzert bei der Industriegewerkschaft Metall am 13. November 1976: Wolf Biermann singt beim ersten Konzert seiner West-Tournee in der ausverkauften Sporthalle Köln.

Und wenn du wegwillst, musst du gehen
Ich hab schon viele abhaun sehn
Aus unserm halben Land
Ich halt mich fest hier, bis mich kalt
Dieser verhaßte Vogel krallt
Und zerrt mich übern Rand

Den Abend verbringt er bei seinem Freund Günter Grass in Friedenau. Spielt sein vorgesehenes Programm als seine Generalprobe. Nur neue Lieder. Grass schimpft. Er soll die alten singen. Die kennen sie im Westen von den Platten. Am 12. November der Flug nach Köln. Dort die schwere Erkältung. Sie ist am 13. November vor dem Konzert wie weggezaubert. Dieser Sonnabend ist der Geburtstag seines Vaters. Mit Freunden feiert er am 15. November seinen eigenen 40. Geburtstag. „Bis heute bilde ich mir ein, dies war der ungetrübteste Glückstag meines Lebens. Ich genoss unvergällt meinen Erfolg." An diesem Tag war der Sohn älter geworden als sein in Auschwitz ermordeter Vater. Am Dienstag, dem 16. November 1976, die Fahrt im Dienst-Mercedes des Chefredakteurs der IG-Metall-Zeitung Jakob Moneta auf der Autobahn zum zweiten Konzert nach Bochum, das er absagen wird. Biermann dreht am Autoradio, der *Deutschlandfunk* meldet „Biermann ausgebürgert" und zitiert aus der Verlautbarung, wie sie über die DDR-Nachrichtenagentur *ADN* verbreitet worden war:

Die zuständigen Behörden der DDR haben Wolf Biermann, der 1953 aus Hamburg in die DDR übersiedelte, das Recht auf weiteren Aufenthalt in der Deutschen Demokratischen Republik entzogen.
Diese Entscheidung wurde auf Grund des „Gesetzes über die Staatsbürgerschaft der Deutschen Demokratischen Republik – Staatsbürgerschaftsgesetz – vom 20. Februar 1967", Paragraph 13, nach dem Bürgern wegen grober Verletzung der staatsbürgerlichen Pflichten die Staatsbürgerschaft der DDR aberkannt werden kann, gefaßt.
Biermann befindet sich gegenwärtig in der Bundesrepublik Deutschland. Mit seinem feindseligen Auftreten gegenüber der Deutschen Demokratischen Republik hat er sich selbst den Boden für die weitere Gewährung der Staatsbürgerschaft der DDR entzogen.
Sein persönliches Eigentum wird ihm – soweit es sich in der DDR befindet – zugestellt.

Manfred *Manne* Krug – *Abgehauen* nach West-Berlin

Über den Status eines Besuchs-Berliners kam Wolf Biermann in seinem Leben nicht mehr hinaus. In der Chausseestraße 131, gegenüber der Ständigen Vertretung der Bundesrepublik in der DDR, wohnte nach der Wende Hanno Harnisch, Pressesprecher der *Partei des demokratischen Sozialismus* PDS. 1997 wurde er enttarnt als Stasi-IM, Deckname „Egon". Der Mietvertrag war Biermann nie gekündigt worden. Sich zurückzuklagen, das war 1993 aber doch nicht seine Sache. Schließlich blieb Biermann in Hamburg. 1997 wohnt er ein Jahr als Fellow des Wissenschaftskollegs in Grunewald. In *Meine Wohnung* dichtet er:

Das war Manfred Krugs erster TV-Erfolg im Westen: So spielte er im Februar 1978 auf der Straße in Köln die Titelrolle der Gaunerkomödie *Paul kommt zurück*.

Ich fahr nicht an meiner Wohnung vorbei
Hannoversche–Ecke Chausseestraße – nein!
Und glotz nicht zu meinen Fenstern hoch
Im zweiten Stock: ob das Stasischwein
Grad oben steht und sein' Rüssel raushält
Sein Ringelschwänzchen [...]

Nach dem 16. November 1976 war der ausgesperrte Wolf Biermann in seinem (Ost)-Berlin präsent wie nie zuvor, nämlich als Gegenstand einer *Revolte* und dank des West-Fernsehens. Freundschaftsnähe spürte er zu dem Lyriker Günter Kunert. Jüdischen Herkommens sind beide, Kunert geborener Berliner, beide haben kommunistische Mütter, beide stehen lange Zeit zum Staat DDR. Kunert fliegt schon 1976 aus der SED, wegen Biermann. *Kreuzfidelen Pessimisten* nennt Biermann seinen Kameraden, sich selber *melancholischen Pessimisten*. In Kunerts Memoiren *Erwachsenenspiele* von 1997, die mit seiner Ausreise 1997 enden, berichtet er vom Geschehen in Ost-Berlins Künstlerkreisen im November 1976. Lakonisch kommentiert er die Stasiberichte. Darunter einen über die von ihm *Mission impossible* genannte „unerlaubte Versammlung" am 12. November 1976. Das ist der Freitag, an dem Biermann nach Köln fliegt. Ein Treffen in Kunerts Haus im Hörstenweg 6 draußen in Berlin-Buch, kurz vor Bernau. Die Stasi hatte Kunert beim telefonischen Einladen der Gäste abgehört. Im Bericht steht: „Er teilte dem Besucherkreis mit, daß Günter Grass – WB [= West-Berlin] und der Schriftsteller Max Frisch – BRD ebenfalls bei ihm anwesend seien, was interessante Gespräche versprechen würde." Der Schweizer wird beim MfS zum Bundesdeutschen. Stephan Hermlin kommt nicht, weil er Frisch nicht treffen mag, die Lyrikerin Sarah Kirsch ist nicht da, aber ihr Mann Rainer. Weitere literarische Prominenz steht auf der Liste: Christa und ihr Mann Gerhard Wolf, Stefan Heym ist mit seiner Frau aus Grünau gekommen, Manfred Krugs Freund, der Schriftsteller Jurek Becker, der Brandenburg-Berliner Autor Günter de Bruyn, Klaus Schlesinger, auch Hans Joachim Schädlich, auch Heiner Müller, auch andere. Das Treffen steht für die anhaltend wirksame Gemeinsamkeit der Kulturleute beider Teile Berlins über die Mauer hinweg. Grass veranstaltet solche Begegnungen schon seit einiger Zeit. Man liest sich dabei gegenseitig vor, kritisiert einander. Kunert: „Eine Art ambulanter Gruppe 47, Sektion Ost." An diesem Freitag will man sich aber nur unterhalten. Kunert berichtet über Grass' von den Gästen wenig geliebten *Kuttelsuppe*, für die es in Ost-Berlin tatsächlich den Pansen gibt. Die Kontakte über die Mauer hinweg gehören zu den Voraussetzungen der Wirkung der Petition. Kunert betont, wie wichtig fürs kommunikative Überwinden der Mauer die West-Korrespondenten gewesen seien. Die West-Journalisten hätten *für Gotteslohn* Briefe, Nachrichten, Manuskripte in den Westen, Technik in den Osten transportiert; sie wurden beim Grenzübertritt nicht kontrolliert. Denken wir an Fritz Pleitgen, bis 1977 für die ARD in Moskau, seitdem als Nachfolger des der DDR verwiesenen Berliners Lothar Loewe Korrespondent in Ost-Berlin. Der spätere SFB-Intendant Loewe hatte schonungslos deutlich über die Biermann-Ausbürgerung reportiert. ARD und ZDF spielten für die Medienwelt der DDR und Ost-Berlins eine zentrale Rolle. Dem 2022 verstorbenen Pleitgen verdanken wir den dokumentarischen Band *Die Ausbürgerung* von 2001, in dem viele Beteiligte erzählen.

AM SPÄTEN ABEND DES TAGES der Ausbürgerung wurde das Biermann-Konzert im Dritten Programm des WDR noch einmal in zweistündigem Zusammenschnitt ausgestrahlt. Am 19. November wird es in den Dritten Programmen der ARD aufgrund politischer Bedenken des Bayerischen Rundfunks gegen den *Kommunisten* Biermann erst als *Mitternachtsmesse* bis in den Morgen des Mittwochs in voller Länge gesendet. Viele Lichter in den Wohnzimmern in Ost-

Berlin blieben eingeschaltet. Kunert bezeugt: „Wir sehen und hören zu.“ Kunert und seine Frau Marianne haben eine schlaflose Nacht. Wegen des Konzerts und weil dieser 16. November ein hektischer Tag gewesen war. Aus dem *Neuen Deutschland* hatte Kunert von dem Ereignis erfahren. Kaum ist die *ADN*-Meldung über die Ticker weltweit verbreitet worden, klingelt im Hörstenweg das Telefon. Heinrich Böll: „Lieber Herr Kunert, was gedenken Sie gegen Biermanns Ausbürgerung zu unternehmen?“ Viele Telefonate. Alle bleiben gedämpft im Ton. Die Stasi hört mit! Kunert: „Dann meldet sich Stephan Hermlin und bittet um einen Besuch, ohne Erklärung, ohne Anspielung auf die Umstände. ‚Also morgen vormittag um elf Uhr. Abgemacht ...‘“ Mindestens bei Kunert und Gastgeber Hermlin könnte die Erinnerung an den Abend des 17. Juni 1953 wach geworden sein an diesem Novembertag. Kunert erinnert sich nach 25 Jahren am 17. Juni 2003 in der *Neuen Zürcher Zeitung*, wie er am Abend des Tages des Aufstands in Ost-Berlin ebenfalls einen Anruf und eine Einladung ins Haus Hermlins bekam. Der Anrufer war Bertolt Brecht. Am 17. November 1976 am späten Vormittag im Einfamilienhaus Hermlins in der Hermann-Hesse-Straße 39 in Pankow sind zunächst elf Gäste. Augen- und Ohrenzeuge war Hermlins elf Jahre alter Sohn, der im 21. Jahrhundert in Berlin Swingmusik macht und der das Haus zurückkaufen konnte. Auch jemand aus West-Berlin war Zeuge. Kunert hat sie nicht wahrgenommen. Die Verlegerin Katharina Wagenbach, aufgrund ihrer russischen Wurzeln Katja gerufen und mit ihrem damaligen Mann Klaus Gründerin des West-Berliner Verlags von Biermann, saß separiert in einer Ecke; ihr Mann hatte Einreiseverbot wegen der Publikation von Biermanns Gedichten. Einige von Kunerts Gästen in Buch sind dabei oder mindestens beteiligt. Christa Wolf und ihr Mann sind wieder da, Sarah Kirsch kann jetzt dabei sein, Stefan Heym nimmt erneut teil, Schädlich auch, Heiner Müller kommt später, ansonsten Volker Braun, Erich Arendt, Jurek Becker, so Kunert, „wird telefonisch um seine Unterschrift ersucht“, Franz Fühmann hat Hermlin „zur Unterschrift in seinem Namen bevollmächtigt“. Plötzlich ist Rolf Schneider – „weder injeladen noch uffjefordert“ – da. Er ist der zwölfte. *November* heißt sein Roman, der drei Jahre darauf im Westen erscheint und in dem er „alles versucht, Ähnlichkeiten mit lebenden Personen zu vermeiden“, was auch gelingt. Das hindert jedoch nicht, das Buch als analog erzählte Schilderung einer Ausweisung wie der Biermanns und des Umgangs der fiktiven Figur der später nach West-Berlin ausreisenden privilegierten Autorin Natascha Roth mit dem Geschehnis im zeitgenössischen Kolorit des geteilten Berlins zu interpretieren. Diese zwölf Autoren sind die

Ernstunterzeichner der Petition zu Biermanns Ausbürgerung, die von Hermlin entworfen ist, deren Endfassung er mit Heym an diesem späten Vormittag erstellt. Der Bildhauer Fritz Cremer hatte den Text offenbar zuvor abgemildert haben wollen, aber als Nichtanwesender mitzeichnen lassen, zieht später zurück, was eine Geschichte für sich ist. Schneider und Gerhard Wolf, vielleicht auch Hermlin, die Berichte sind ungenau, bringen den Text zum *Neuen Deutschland*, dessen Redaktion Gelegenheit haben soll, ihn zuerst über *ADN* zu verbreiten, was ausbleibt. Honecker, enger Freund Hermlins, der sich den Autor bald persönlich vornimmt, soll ihn zur Kenntnis bekommen. Die Sperrfrist von vier Stunden bis 17 Uhr für die französische Nachrichtenagentur *Agence France Press* und für die britische Agentur *Reuters* nennt Kunert „Zeitzünder". Wer den Wortlaut zuerst bekommen hat, wird bald Diskussionsgegenstand mit dem Politbüro-Kulturzuständigen Werner Lamberz. Die Stimmung beim sich auflösenden Treffen ist bedrückt, keiner ist sorglos, die, wie Kunert sie nennt, „Petenten" sind aufgeregt. Das ist die „Erklärung der Berliner Künstler vom 17.11.1976":

Wolf Biermann war und ist ein unbequemer Dichter.
Das hat er mit vielen Dichtern der Vergangenheit gemein.
Unser sozialistischer Staat, eingedenk des Wortes aus Marxens „18. Brumaire", demzufolge die proletarische Revolution sich unablässig selbst kritisiert, müßte im Gegensatz zu anachronistischen Gesellschaftsformen eine solche Unbequemlichkeit gelassen nachdenklich ertragen können.

Wir identifizieren uns nicht mit jedem Wort und jeder Handlung Wolf Biermanns und distanzieren uns von den Versuchen, die Vorgänge um Biermann gegen die DDR zu mißbrauchen. Biermann selbst hat nie, auch nicht in Köln, Zweifel darüber gelassen, für welchen der beiden deutschen Staaten er bei aller Kritik eintritt.

Wir protestieren gegen seine Ausbürgerung und bitten darum, die beschlossenen Maßnahmen zu überdenken.

Der wohlabgewogene Text ist Bekenntnis zur DDR als dem *besseren* Deutschland, will die DDR geschützt wissen, ist kein vollinhaltliches Bekenntnis zu Biermann. Die Petition fordert offene, aber interne Kritik, protestiert zwar, aber bittet lediglich und lediglich um ein Überdenken. 106 weitere Künstler unterschreiben. Mehr als 450 DDR-Bürger unterzeichnen ebenfalls. Robert Havemann gehört dazu. Er schreibt dem westdeutschen Nachrichtenmagazin *Der Spiegel* einen Protestbrief, der abgedruckt wird und der Vorwand dafür wird, dass er in seinem Haus unter Arrest gestellt wird. Einer der Künstler, der selbst unter den ersten war, die der Erklärung zugestimmt hatten, war der Schauspieler Manfred Krug. Bei ihm in Pankow, 400 Meter von Hermlin entfernt, klingeln Schlesinger und Plenzdorf. Krug unterschreibt umgehend, ohne zu zögern, sofort. Viele machen sich wie er auf, gehen, fahren von Haus zu Haus, klingeln bei Künstlerkollegen und bitten um ihre Unterschriften. Seit 1950 werden in Ost-Berlin Viertel für die Intelligenz ausgewiesen. *Pankow* hatte im Westen wegen der Siedlung der Staatsspitzen am Majakowskiring als Synonym fürs SED-Regime, für die DDR-Regierung gegolten. Die Wege sind kurz im Stadtbezirk, was Kommunikation und die in der Partei verpönte *Gruppenbildung* erleichtert. Krugs Villa für sich, seine Frau Ottilie und die drei Kinder in der Wilhelm-Wolff-Straße 15 ist ein großes, repräsentatives Gebäude, das inzwischen eine Kindertagesstätte beherbergt. Krug war ein DDR-Star. Er sagte es in einem der vielen Fernsehinterviews, die er nach der Ausreise gibt, um im Westen bekannt zu werden. Das Haus hat er mehr oder weniger als Ruine gekauft. Viel Geld und eigene Arbeit, man darf auch sagen Herzblut, investiert er in die Restaurierung. 3000 Mark Gehalt bekommt er als Schauspieler bei der DEFA, dem DDR-Filmkonzern, dem einzigen, konkurrenzlosen. Er ist ein DDR-Millionär. Biermann erzählt, dass Krug es gefeiert hat, als er das geschafft hatte, frech, mutig. Er sprach, spielte immer sich selbst in seinen Rollen „kraft seiner Wassersuppe“. So sagt es Schauspielkollegin Ursula Karusseit. Am Set sei er „gewieft“ gewesen, hatte er doch ein enges professionelles Verhältnis zu den Kameraleuten, mit denen er agierte, weil er verstand, was sie wollten. Er führte oft seine eigene Regie, er war es, der „zu seinem Vorteil die Kameras drehen lassen“ konnte, sagt Karusseit: „Hauptsache, er war drin.“ Biermann kennt Krug seit 1956. Als 1965 der erste offizielle Angriff von Klaus Höpcke, ab 1973 *Bücherminister* und damit Spitzenzensor, als Startsignal für die Isolation Biermanns im *Neuen Deutschland* erscheint, schreibt Krug dem Autor diesen Brief: „Sehr geehrter Herr Höpcke, Sie sind ein Arsch. Gruß – Manfred Krug.“ Er wird gemaßregelt, erfährt Nachteile, wird nie *Reisekader*. Krug ist ein kunstfertiger Handwerker, baut sich seine bald 20 Kutschen, seine insgesamt fünf alten, meist lange nicht fertig restaurierten Autos, und die Schrotthaufen, in denen noch viel Arbeit steckt, selber auf. Das bringt ihm bei der Stasi den Decknamen „Oldtimer“ ein. In seinem Haus kommt es drei Tage nach der Sitzung bei Hermlin zu einer weiteren Zusammenkunft. Die Initiative, so erzählt es Krug in seinem drei Jahre nach der Wende erschienenen Buch *Abgehauen*, sei von Lamberz ausgegangen, in dessen Auftrag Hilmar Thate, Schauspielerkollege und Ehemann des anderen großen Schauspiel-Stars der DDR, der Berlinerin Angelica Domröse, die Erstunterzeichner zu Krug eingeladen hatte. Domröse erzählt in ihrer Lebensschilderung *Ich fang mich selbst ein* von 2003 von der *Biermann-Nachricht*, vom *Antiquitätensammler*, wie sie Krug fortlaufend nennt, von ihrer und Thates umgehender Unterschrift, wie sie beim Unterschriftensammeln Abfuhren kassierten bei parteitreuen Künstlerkollegen, die denunzierten, wie der Chef des DDR-Fernsehens, dem sie als junge Schauspielerin ihr erstes Auto, den *Wartburg*, verdankte, wie also der Intendant des Deutschen Fernsehfunks DFF in Adlershof Heinz Adameck sie durchs Telefon anbrüllt. Er befiehlt die beiden frischen Nationalpreisträger, sie 1975, er 1976, zu sich, von dort zitiert er sie zu Lamberz in den Bau des ZK der SED, wo heute das Auswärtige Amt residiert. An diesem 19. November ist die Petition endgültig im West-Fernsehen Topthema. Lamberz ist nur einer der Spitzenpolitiker des Regimes, die später auch den ausreisewilligen Krug überzeugen wollen zu bleiben. „Wir haben euch gemacht", sagt Lamberz zu Domröse und ihrem Mann. Der andere Satz lautet: „Ich mag euch doch!" Richtig reden, das kam raus, wolle man noch einmal, mit allen, bloß nicht im ZK, dann eben bei Krug.

DER NÄCHSTE TAG IST SONNABEND, der 20. November 1976. Dabei sind außer Krug, Thate und Domröse wieder Christa Wolf, Heym, Schlesinger, Krugs Freund Becker, auch Dieter Schubert, die Dramatiker Plenzdorf und Müller, die Schauspielerin Jutta Hoffmann und Krugs Regisseur Frank Beyer. Von staatlicher Seite sind an diesem Nachmittag Adameck, Lamberz und sein Mitarbeiter Karl Sensberg in der Wilhelm-Wolff-Straße. Krug hat Angst. Wir verdanken ihm das erst in seinem Buch von 1996 veröffentlichte Wortprotokoll der Sitzung, denn: „Was niemand wußte: Ich besaß auch eines der damals modernsten Tonbandgeräte aus dem Westen." Wäre aufgeflogen, was Krug tat, wäre er erledigt gewesen: „Das Mikrofon kann man nicht sehen. Es liegt unten, hinter dem Spalt zwischen Schiebetür und Fußboden und soll in das Nachbarzimmer hineinhorchen [...]." Seine Frau Ottilie hatte den großen Eichentisch gedeckt. Schmalzstullen, Kaffee und Sprudelwasser gibt es zur Unterredung mit dem gelernten Heizungsbauer Lamberz, der seine Ostkarriere in Luckenwalde begann, in Dutschkes Heimat. Lamberz ist seit 1971 Mitglied des Politbüros und war beim Sturz Walter Ulbrichts von Honecker mit

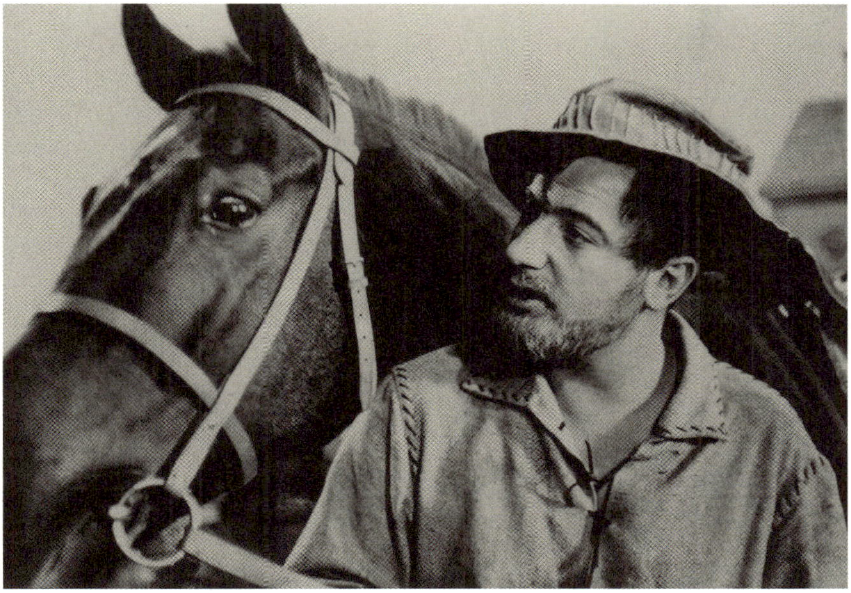

Wurde Filmschauspieler, weil er auf richtigen Pferden reiten wollte: Manfred Krug 1965 im DEFA-Märchen-Film *König Drosselbart.*

der wichtigen Aufgabe betraut, die Abstimmungen mit der Sowjetführung zu erledigen und galt als dessen *Kronprinz*. Lamberz starb am 6. März 1978 in Libyen bei einem mysteriösen Hubschrauberabsturz. Der Chef der Abteilung Agitation und Propaganda hatte Krug vor längerer Zeit das Du angeboten. Krug: „Der Kulturdompteur im Politbüro hieß Werner Lamberz, er galt als intelligent, feinfühlig [...]. Lamberz war eins neunzig groß, trug eine goldgerandete Brille, hatte die Zähne in Ordnung, war brav gescheitelt, aber das Exotische an ihm war, daß er aus seiner Vaterstadt Mayen einen rheinischen Akzent behalten hat, wodurch der Klang seiner Worte angenehmer war als ihre Bedeutung." Alle Unterzeichner wurden, das berichtet Biermanns Gefährtin Eva-Maria Hagen, die zu ihm stand und starkem Druck bis zum Berufsverbot ausgesetzt war, von Staatssicherheit und Institutionen gedrängt, die Unterschrift zurückzuziehen und mit Repressionen überzogen. Krugs Protokoll ist Zeugnis eines Versuchs eines Herrschenden und Kulturgewaltigen in Ost-Berlin, die Kulturleute zurückzugewinnen. Als Person rede er, seine und Adamecks Initiative sei das, was er im SED-Jargon *Aussprache* nennt, am Ende stellt er klar, das Gesagte müsse „in diesem Hause" bleiben, sogar die Tatsache des Gesprächs, nur dem nicht anwesenden Stephan Hermlin dürfe berichtet werden. Offen ist der Austausch, deutlich, aber überraschend familiär, da sprechen Leute, die sich kennen, voneinander wissen.

Man einigt sich, dass der *Klassenfeind* nicht ausnutzen soll, was vorgegangen ist, was vorgehen wird, man will die DDR schützen, es soll, man will, dass die Kritik sozusagen in der Familie bleibt. Christa Wolf macht aus ihrer Abneigung gegen Biermann keinen Hehl. Heym setzt das Ausbürgern mit der NS-Praxis gleich. Angegriffen wird der Autor des Biermann-Kommentars im *Neuen Deutschland*, der mit *Dr. K.* zeichnet, Günther Kertzscher, seit 1934 in der SA, seit 1937 in der NSDAP, seit 1945 Kommunist. Lamberz, in den 1940er-Jahren am nationalsozialistischen Elite-Internat, der *Adolf-Hitler-Schule* in Sonthofen, weist das zurück. Spielen hier die jüdischen Wurzeln Hermlins, Heyms, Biermanns, Kunerts, die Emigration noch irgendeine Rolle? Und das Sammeln der Unterschriften soll aufhören, auch *Gruppenbildung* darf nicht sein in der leninistischen Partei und in der Gesellschaft. Sie hüten sich alle davor, wissen um diese Grenze. Immer wieder, auch hier der wunde Punkt, den die Künstler ansprechen, dass die SED mobilisiert, gerade mit den Stimmen Prominenter, anderer Kulturschaffender gegen Biermann, gegen die *Petition*, ohne das deren Wortlaut offiziell bekannt ist. Lamberz hängt sich an dem einen prägnanten Wort *Protest* auf. Das gehe nicht. Als die Veröffentlichung debattiert wird, entgegnet Krug: „Mit anderen Worten, darüber sind wir nicht hinaus? Der Satz, den wir unterschrieben haben, der das Wort ‚protestieren' enthält, kann nicht kommen?"

AM 19. APRIL 1977 beginnt Krug Tagebuch zu schreiben. Hinter ihm liegt der Anfang der Pressionen des Regimes, von faktischem Arbeitsverbot, von inszenierten Störungen von Auftritten bei seiner letzten Konzerttournee im Winter 1976/77; sein letztes Konzert in der DDR findet am 12. April 1977 in Wismar statt. Da sitzt das ausgesuchte Publikum mit sauertöpfischem Gesicht, verweigert jede Regung, zeigt inszenierten Protest. Krugs Musikerkollege Klaus Lenz sagt, dass das den Ausschlag gegeben habe. Krug konnte, wollte nicht mehr. Eine Woche darauf, an dem 19. April, an dem das Tagebuch beginnt, stellt er im backsteinernen Rathaus Pankow seinen Ausreiseantrag. Kein gutes Gefühl. „Ich muß an mein Haus denken, das schönste Haus in der ganzen DDR." Die Ausreise bezeichnet er später als *Amputation*. Er verliert den Zugang zu Freunden, Familie, vor allem zum Publikum, zum Haus mit den Marmorauskleidungen, zum Grundstück in der Müritz-Gegend. In 20 Jahren hat er mehr als 60 Filme, auch TV-Filme gemacht, ein Dutzend Langspielplatten. Musiker ist Krug. Aber er wollte nie nur Sänger sein. Lenz sagt, dass er eine unverkennbare Stimme habe wie Louis Armstrong oder Frank Sinatra. Krug singt amerikanisch, Swing, Jazz, was erst noch verboten ist. Schauspieler beim Film wollte er sein, weil, sagt er, ihm Theater „künstlich" vorkam, er habe kein ausgestopftes, sondern ein echtes Pferd gewollt, auf dem man reiten kann. In Stimme, Sprache, Spiel verfügt Krug, Biermann darin ähnlich, über die ganze Bandbreite von schroff zu zärtlich, von laut und leise, von brutal zu konziliant. Er kann alles, kann so viel. Es ist der 20. Juni 1977, zum Schluss musste es schnell gehen: Es ist ein Umzug innerhalb der Stadt, über den Grenzübergang Bornholmer Straße, wo die Mauer zuerst aufging am 9. November 1989, mit seinem Strich-Achter-Mercedes, heute ist das die *E-Klasse*, mit Anhänger von Pankow nach West-Berlin. Ottilie mit dem VW-Käfer hinterher. Westwagen sind das, ein Privileg, zwei davon schon sowieso; einen Trabant hatten sie auch noch. Krug verliert sein Leben, im übertragenen Sinne. Dirk Sager vom ZDF interviewt ihn nach der Ankunft in West-Berlin. Was er denn verloren habe? Krugs Vorwurf viel später: Der wollte meine Tränen sehen. Das Tagebuch kommt Blatt für Blatt in den Westen bis zur Ausreise. Ein italienischer Diplomat hilft. Es ist Krugs Sicherheit. Die Drohung mit der Veröffentlichung. „Ich möchte nicht in die Situation kommen, mich wehren zu müssen", will Krug Lamberz über das Tagebuch gesagt haben. War auch das Tonband von der Unterredung so eine Lebensversicherung? Lamberz fragt ihn im persönlichen Gespräch am 20. Mai 1977, ob er einen Mitschnitt gemacht hat. Krug verneint erschrocken, weiß nicht, wie der Funktionär auf die Frage kommt. An diesem Freitag sagt Lamberz, dass er sein Veto gegen die Ausreise zurückzieht und dass er das dem Innenminister sagen wird: „Auf Wiedersehen, Manfred." – „Auf Wiedersehen, Werner." Es ist eine Ausreise *Erster Klasse*. Andere können nichts mitnehmen. Krug behält das Haus als Eigentum, verkauft es

Wo die Mauer am 9. November 1989 zuerst aufging: Der Mann sprach Manfred Krug in seinem Mercedes am 20. Juni 1977 bei seiner Ausreise auf der Bornholmer Brücke an.

nach der Wende. Seine Frau darf jederzeit wieder in die DDR einreisen. Die Haushälterin, seit langem bei der Familie, Frau Engel, darf mit rüber. So ist es ausgehandelt. So wird es kritisiert. Im Osten war er kein armer Mann. Und der Ausreiseantrag schockiert viele seiner Freunde. Sie kommen zu ihm, sprechen darüber mit ihm. Überlegen selbst zu gehen. Grass kannte Krug schon länger. Der Westdeutsche kommt am 17. Mai 1977 mit Schädlich zu Besuch. „Er ist einer von wenigen Westmännern, zu denen ich vom ersten Augenblick an Zutrauen hatte.“ In der Wartezeit überwacht ihn die Staatssicherheit hautnah. Bald kommt kaum noch Post. Als Krug im Amt wartet, um den Antrag abzugeben, geht ihm, am 8. Februar 1937 in Duisburg geboren, der also 40 Jahre alt ist, sein Leben durch den Kopf:

Gut 26 DDR-Jahre habe ich auf dem Buckel. Habe die ersten, die trostlosen Jahre runtergerissen, mit den Trümmern und den Lebensmittelkarten, habe mit meinem Alten zusammen in einem Bett geschlafen und mich nie im Leben so verladen gefühlt wie im Winter '49/'50 in Leipzig, unter den Sachsen, die sich dann als so feine, gutherzige Leute erwiesen haben. […] die Neulehrer an der 33. Grundschule in Leipzig […] hatten nicht alle Welt zu bieten, aber sie hatten den Enthusiasmus, dir die neue Welt zu erklären, die wir jetzt gemeinsam aufbauen würden, die klassenlose, gerechte, endgültige Ordnung, die irgendwie um mich herum errichtet wird, denn ich bin der Mensch, der im Mittelpunkt steht.

Krug glaubte an das System, als er in die DDR kam. Und das blieb lange so. Nicht als Parteimitglied, Kommunist, Genosse, sondern als Mensch, Bürger, Berliner. Sein Vorleben erzählt der Schreiber Krug, noch eine Begabung, in dem Band *Mein schönes Leben* von 2003. Rudolf hieß sein Vater, Alma die Mutter. Als Schmelzer arbeitete der Vater bei Krupp. Er zog sein Arbeitsleben lang von Stahlwerk zu Stahlwerk, ist Ingenieur, Chef, begeistert von diesem Beruf, will eine Stahlwerker-Dynastie begründen, aus Manfred und dessen jüngerem Bruder Roger, der früh in den Westen abgehauen ist und 1977 in West-Berlin Vorbereitungen für die Aufnahme des Bruders getroffen hatte. Über Georgsmarienhütte kommt die Familie 1939 in die Nähe Berlins, als der Vater Arbeit in der Stahlstadt Hennigsdorf annimmt. Manfred reist öfters zur Oma nach Duisburg, die ihn und die er sehr mag. Der Vater wird eingezogen, an die Ostfront, überlebt ohne Verwundung, ist in britischer Gefangenschaft. Es beginnt die karge Zeit des Nachkriegs. Manfred lebt bei der Oma, wird dort eingeschult. Die Ehe der Eltern scheitert, wird 1949 geschieden. Da ist Krug zwölf Jahre alt. Der Vater geht mit den Söhnen nach Leipzig, nunmehr sowjetische Zone. An der Schule ist er erstmal der *Westjunge*. Im Sinne des Vaters beginnt er mit 14 Jahren in Brandenburg, im Dunstkreis Berlins, eine Stahlschmelzer-Lehre. Glühender, spritzender Stahl verursachte die markante Narbe auf seiner Stirn. Der Vater ist Chef des Volkseigenen Betriebs, hat einen Wagen, den *IFA* mit Pistolenschaltung und mit Chauffeur. Auf dessen Dienstmütze ist das *SWB*-Abzeichen. Das steht für *Stahl- und Walzwerk Brandenburg*. Es gibt ein Foto von Vater und Sohn im Werk. Der Sohn schließt als jüngster Facharbeiter der DDR ab. Neben der Arbeit im Werk will er in der Abendschule Abitur machen. Alles ganz vorbildlich, eigentlich, und der Vater sorgt dafür, dass am Aufstandstag am 17. Juni 1953 der Hochofen abgestochen wird und nicht ausgeht, der Ofen wäre aus gewesen, im doppelten Sinn des Worts. Der Vater benimmt sich wie ein *Held der Arbeit*, schreibt der Sohn 2003. Zwei Russenpanzer am hinteren Werkstor. Der Vater lässt Manfred in die Stadt, warnt, dass viele wissen, wer sein Vater ist, dass nichts passieren darf, sonst müssten sie flüchten, ins Ungewisse im Westen: „Die DDR gehört den Russen. Wir alle gehören den Russen. Und es werden auch die Russen sein, die dich verschwinden lassen, wenn du nicht auf der Hut bist." Ein Überzeugter, Linientreuer würde nicht so reden. Der Sohn fragt sich damals, ob das Leben des Vaters seins werden soll. Ingenieur? Mathematik kann er nicht. Er sieht die Angst des Vaters, der Westhintergrund hat, spürt das Misstrauen gegen ihn. Zehn Stunden, keinen Feiertag, immer im Werk, das kleine Häuschen, das nicht bezahlt ist? Aber was will er? Freier Tag, Krug sitzt im Kino, sieht einen sowjetischen Film, findet ihn schlecht. Zu Hause ist er allein, stellt sich vor den Wandspiegel und beginnt zu spielen. Er findet sich besser als die russischen Darsteller auf der Leinwand. Es entsteht die Berufung zum Beruf: „Das ist es: Schauspieler." Zweifel steigen auf. „Darfst du das?" Ihm fehlen alle Voraussetzungen. Nach der so harten Arbeit das leichte Leben?

Warum denn nicht? So ist das Leben. Du sprichst, wie du immer sprichst, du ißt, schläfst, küßt, gehst und stehst – genau so, wie im wirklichen Leben. Durch dich vergessen die Leute, daß sie alles durch die Filmkamera sehen. Darin muß der Zauber liegen: Dafür sollen sie dir Geld zahlen. Denn es ist Kunst, sonst könnte es ja jeder. Und ich sage laut in den Spiegel: „Kunst ist, was die Wenigsten schaffen."

An diesem Abend noch geht er ins Stadttheater Brandenburg und sieht *Alle meine* Söhne von Arthur Miller. Nach der Vorstellung spricht er am Bühnenausgang einen Darsteller an. Der lässt ihm das Textbuch geben. Spricht von Schauspielschule. Damals schon will Krug erkannt haben, das Theater ihm zu hohe Kunst ist. Kino, Film, Hans Albers, Jean Gabin, Gary Cooper, das ist seins. Der ohne Adresse *An die Schauspielschule Berlin* abgeschickte Brief wird beantwortet mit der Einladung zum Vorsprechen in der Schnellerstraße in Niederschöneweide im umgebauten Bootshaus an der Spree. Er hat keine Ahnung, wie er an die fürs Vorsprechen geforderten „klassischen" Rollen kommen soll. Auch beim Termin im Sommer 1954 hat er noch keine Ahnung. Er tritt auf die Bühne. Der Miller, Gedichte, ein klassisches von Schiller. Die Leiterin bittet ihn am Ende, sich vorzustellen, dass er nach Hause kommt, einen Brief der Eltern findet, die Schwester sei im Krankenhaus. Er soll seine Reaktion spielen. Es wird später in einem seiner Filme vorkommen. Er soll einen Angler spielen. Die Leiterin ist aus Duisburg. Wie er. Es klappt. Der Vater versteht es nicht. Er fliegt nach anderthalb Jahren von der Schauspielschule,

Star und Jazzsänger: Manfred Krug (r.) mit seinem Freund und Partner Günter Fischer und dessen Quintett 1975 im DDR-Fernsehen.

weil es „disziplinarischen Schwierigkeiten" gibt. Er bewirbt sich 1955 beim Berliner Ensemble, wird *Eleve*, besteht 1957 die Bühnenreifeprüfung, womit ihm der Abschluss der Ausbildung bescheinigt ist. Es folgen erste kleine Filmrollen. Er wohnt in der Cantianstraße 22 in Prenzlauer Berg in der Wohngemeinschaft mit Jurek Becker. Aus dieser Zeit rührt die enge Freundschaft beider her, die später in West-Berlin zur Zusammenarbeit für die TV-Serie *Liebling Kreuzberg* führt, in der Krug den Anwalt Liebling spielt und Becker die Mehrzahl der Drehbücher verfasst. Aber das ist schon eine andere Zeit. Der Weg ans Theater, an die vom großen Regisseur und Intendanten des *Deutschen Theaters* Wolfgang Heinz geformte Schauspielschule und ans Berliner Ensemble, wo auch Biermann und Domröse ihr Handwerk erlernt haben, legt den Grund seiner Karriere. Zugleich ist sein Weg zum Theater der Weg nach Berlin, wo er ankommt, bleibt, am 21. Oktober 2016 stirbt. Manfred Krug lässt in der Oranienburger Straße Porträtfotos von sich machen. Als Ostbürger bekommt er am Bahnhof Zoo verbilligten Eintritt in die Vorstellung von *Zwölf Uhr Mittags* mit Gary Cooper. An diesem Tag fühlt Krug, noch nicht volljährig, sich glücklich. Nach der Vorstellung geht er den Kurfürstendamm entlang, imaginiert die Rolle, Cooper, dessen Schlaksbeine, träumt von Grace Kelly. Sommer 1954 in West-Berlin. Vorm Hotel Kempinski eine Menschentraube. Ein Sprechchor, den Krug sonst nur von der FDJ kennt, aber sie rufen *Gary, Gary, Gary...* Und am Fenster erscheint: Gary Cooper. „Er winkt, die Leute jubeln, er bindet den Schlips ab und wirft ihn in die grapschende Menge."

MANFRED KRUG IST, SO SAGT ER ES SELBST, ein „multiples Talent". Im zweiten künstlerischen Beruf ist er Sänger, Musiker, Texter, wiewohl er kokettiert, keine Noten zu können. Mit Uschi Brüning hat er Jazz, Soul gemacht, auch nach der Wende, bis zu seinem Tod. Die Sängerin hat für Biermann unterschrieben, zieht nach Pressionen zurück. Sie ist geblieben, nicht umgezogen. Einem Musiker, Sänger, Texter im anderen Berlin, der sich der anderen *Revolte* zuzählt, wenden wir uns im nächsten Kapitel zu. Bevor wir von Rio Reiser erzählen, berichten wir vom Umziehen und von einem Spezialisten dafür, der für die Kreuzberger Kultur steht ebenso wie *Liebling Kreuzberg*. So kannte ihn West-Berlin: Der Mann hat langes grauweißes Haar, das mit dem langen grauweißen ungezähmten Bart eine haarige Einheit bildete, trug oft gelbe Hosenträger, und auf dem Firmengrundstück hatte er eine metallene Figur des russischen Revolutionärs Wladimir I. Lenin platziert und auf dem Schreibtisch einen Marx.

Rio Reiser – *Ton Steine Scherben* wird Kreuzberger Kult

Als es mit den *Scherben* vorbei war: Der geborene Berliner und Rocksänger Rio Reiser alias Ralph Christian Möbius 1985.

KLAUS EMIL HEINRICH ZAPF war ein Freund von Rudi Dutschke. „Bart, Bauch, Brille, und von allem reichlich – den Mann kannte ganz Berlin“, schrieb Lars von Törne am Tag nach Zapfs frühem Tod am 20. August 2014 mit erst 62 Jahren im *Tagesspiegel*. Zapf hatte als Logo für sein Umzugsunternehmen die Weltkugel aus dem Titelkopf der Zeitung geklaut und den Leitspruch des ehrwürdigen West-Berliner Blattes *rerum cognoscere causas*, was so viel heißt wie „Den Dingen auf den Grund gehen“, ersetzt durch *mens agitat molem*, was so viel bedeutet wie „Der Geist bewegt die Masse“. Geboren ist Zapf am 17. Mai 1952 in Bad Rappenau in Baden-Württemberg. Ohne Abitur kommt er 1972 nach West-Berlin, um sich dem Wehrdienst in der Bundeswehr zu entziehen. Er hört an der FU Rechtswissenschaft, hat eine linke Gesinnung, lebt und arbeitet in der Szene Kreuzbergs, wo er 1975 ein studentisches, genossenschaftliches Umzugsunternehmen gründet, dessen Lastwagen im satten Gelb der Zigarettenmarke *Reval* mit blauer Schrift zum Stadtbild gehören. Zapf besucht die Umzugskunden persönlich, schaut sich um, nennt nach kurzer Zeit verbindlichen Preis und Termin. Er schafft es zum Multimillionär, sein Unternehmen wird groß, aber die alternativ inspirierten Strukturen sind irgendwann nicht mehr angemessen. Längst zog jeder mit ihm um, sogar die Leute des Springer-Verlags. Aber im Ursprung war es die Klientel in Kreuzberg, in der Welt, in der auch Rio Reiser seine Berliner Jahre verlebte, die von Törne so beschreibt:

> *Wer seinen Umzug bei Zapf bestellte, der bekam keine dumpfen Muskelmänner, sondern Gleichgesinnte aus dem akademischen Milieu, Selbstverwirklicher und Weltreisende, mit denen man beim Tee oder Joint zwischendurch gehörig über die Umtriebe des kapitalistischen Systems räsonieren konnte – und je mehr sich das herumsprach, desto kräftiger wuchs das Monopol von Zapfs Firma bei linken Wohnungswechslern heran.*

Provokation oder schon Parodie? Statue des bolschewistischen Revolutionsführers Wladimir I. Lenin 2016 am Zapf-Firmensitz Brommystraße in Kreuzberg.

RALPH CHRISTIAN MÖBIUS ist Rio Reisers Geburtsname. In der Theaterphase seiner Jugend verpasste ihm der Maler Blalla W. Hallmann den Namen „Rio de Galaxis". Möbius: „Den Vornamen habe ich behalten." Den Nachnamen Reiser hat auch einer seiner Brüder als Künstlernamen benutzt. *Anton Reiser* ist ein zwischen 1785 und 1790 in Berlin in vier Teilen erschienener Roman von Karl Philipp Moritz, der vergleichbar Goethes *Wilhelm Meister* den Werdegang eines jungen Mannes schildert. Den Künstlernamen nahm Möbius an, als er 1978 die Hauptrolle im Film *Johnny West* spielte. Auch er ist also ein *multiples Talent*. Rio Reiser ist Berliner. Hier ist er am 9. Januar 1950 geboren. Umzüge finden von Anfang an häufig statt in seinem Leben. Ähnlich wie Peter Stein wächst er nicht in seiner Geburtsstadt auf, sondern an mehreren Orten in der Wirtschaftswunder-Republik Westdeutschland. Wie bei Stein oder Schneider ist seine Sozialisierung eher süddeutsch. Aber das Berlinische ist seine Sprache. Der Zungenschlag bleibt unüberhörbar Berlin, im Ton, in der Denke, im Gesang, der rau, der laut, der sanft sein kann. Er spricht einfache Sätze. Weiß Wörter zu wählen, sie zu setzen, weiß zu dichten, zu texten. 1994 sind seine *Erinnerungen an TON STEINE SCHERBEN und mehr* erschienen, mit dem Titel seines vielleicht bekanntesten, vielleicht eingängigsten Songs seiner zweiten, der Solokarriere, *König von Deutschland*. Hannes Eyber, Texter, Produzent, Autor hat beim Schreiben geholfen. *Scherben* heißen die, die dazu gehört haben. Eyber ist eine dieser *Scherben*. Unaufgeregt ist Reisers Bericht. Seine Heimatstadt? „Ich war nie berlinbegeistert gewesen. Berlin war für mich eine Stadt wie Offenbach." Schon aus der fränkischen Ferne Nürnbergs hatte er von dem berühmten Jazzlokal *Eierschale* gehört. „Ich war S-Bahn-Fan." Aus den Zügen habe man einen speziellen Blick auf die Stadt. „Berlin von hinten." Die S-Bahn habe dem Osten gehört. „Nur Penner und Säufer fuhren S-Bahn." Er begegnet einem vergessenen Bezirk, der mit der Mauer in Randlage gekommen war. „Ich war vorher nie dort gewesen. Ein Arbeiterbezirk am Arsch der Welt. Kreuzberg war aber nicht Berlin! Kreuzberg war Kreuzberg. Es gefiel mir sofort."

FAMILIE ist ihm wichtig. *Ton Steine Scherben*, das ist eine Gruppe, die Rockmusik macht, aber das ist zugleich eine Lebensgemeinschaft, eine, bei der man nicht genau weiß, wer dazu gehört, weil gerade dann, wenn welche gehen oder wegbleiben, wieder welche kommen. Reiser lebt in ihrem Zentrum. *Wahlfamilie* nennt er diese *Großfamilie*. Auch Familie Möbius bleibt seine Familie. Rio ist der jüngste von drei Brüdern. Mit Peter und Gert wächst er auf. Sie machen als Jugendliche, Erwachsene vieles zusammen, in Berlin, wohin der Jüngste geht, weil Peter ihn holt. Am 23. März 1967 muss es schnell gehen, weshalb der Vater den Flug mit *British Airways* nach Berlin-Tempelhof bucht. „Mein Vater war Siemensianer." Dieses ehrwürdige Unternehmen ist in diesem Berlin auch eine Art Familie. Werkzeugmacher hatte Herbert P. Möbius dort in Berlin gelernt, erfuhr Förderung, machte die Abendschule, seinen Ingenieur. Dank Siemens kam er nicht zur Wehrmacht. Doch 1945 entließ die Firma viele Leute. Als 1950 mit dem Krieg in Korea die Wirtschaft boomt, holt der inzwischen Münchner Konzern den Verpackungsingenieur zurück. Dank dieser Profession ist es der Vater, der die Pappbox für das nach dem bekanntesten Song von Ton Steine Scherben benannte Doppelalbum von 1972, des zweiten der Gruppe, entworfen hat. Den ersten Auflagen war ein *Katschi* beigelegt, eine Zwille. *Keine Macht für Niemand* ist ein „Kampfruf", den Rio Reiser in der „Anarcho-Kiffer-Zeitung ‚Germania'" entdeckt hatte. Die Gegend zwischen Salzburg und Rosenheim, nicht weit vom Chiemsee, ist der Landstrich, in dem Herbert Möbius' jüngster Sohn aufwächst. Dort befand sich, schreibt Reiser, „bis 1945 das größte und schönst gelegene Giftgaslager Europas". Dessen Gebäude hatte Siemens 1949 übernommen, und 1950 wurde die neue Heimatvertriebenenstadt gegründet: „Zu jener Zeit wohnten in Traunreut nur Berliner, außerdem ein paar Schlesier und Sudeten." Die Familie hatte ein Motorrad mit Beiwagen, 1958 einen Kleinwagen vom Typ *Goggomobil* mit roter Lackierung. Ausflüge und Urlaube gehörten zum Wirtschaftswunder-Leben der Familie. Das Radio lief den ganzen Tag. Einmal im Monat hörte man *Die Insulaner*, „das zentrale

Frontstadtkabarett! Das war für alle Berliner ganz wichtig, landesweit." Mutter Erika Möbius spielte Klavier. In West-Berlin führt sie eine Zeitlang den Haushalt in der Gutzkowstraße 6 in Schöneberg, wo in der Wohnung von Gert Möbius und dessen Freundin mit anderen Leuten auch Rio wohnte. Dort stand ein Klavier genauso wie in der Wohnung der Möbius, als Ralph noch klein war. Es hatte Brandspuren im Lack, von der Brandbombe im Krieg. Verwandtschaft gibt es noch in Berlin. Die wird besucht. Das Sprachspiel mit dem Namen des Grenzübergangs auf der Interzonenautobahn, die wegen der zerstörten Saalebrücke umgeleitet wird: *Töpen-Juchhöh!!* wird *Töpen Juchhee!!* Die Familie zieht den Berufsstationen des Vaters hinterher ähnlich wie Manfred Krug seinem Ingenieurs-Vater. Jetzt nach Brühl bei Mannheim. Beim Umzug steht das Klavier schon ohne Rückwand im halligen Flur. Die Erinnerung an den Beginn seines Wegs zur Musik ähnelt dem ersten Klavierkontakt des Kinds Wolf Biermann:

Jetzt stand es vor mir, wie ein fremdes, nacktes Tier. Ich berührte es, streichelte über seine Saiten. Da gab es einen Klang von sich, den ich noch nie gehört hatte, angenehm und geheimnisvoll. Ich streichelte es mehr, griff in seine Tasten, immer wieder, und wurde in eine andere Welt gespült.

Gert ist der musikalischste der Brüder. Frau Hübner, ein Gast der Familie, spielt irgendwann auf dem Klavier, das *Klangtier*-Erlebnis kommt dem Jungen wieder zum Bewusstsein. Gert erklärt dem Jüngeren Akkorde, er hört die Tonbänder mit dem Spiel der Besucherin. Spielt *Ich bin von Kopf bis Fuß auf Liebe eingestellt* und *Lili Marleen* nach. „Von da an konnte ich jedes nicht allzu komplizierte Lied nach dem Gehör spielen." Am 9. April 1956 ist Einschulung. Der nächste Umzug geht nach Nürnberg. Eine Fünf-Zimmer-Wohnung im besten Stadtteil, es kommen Telefon und der VW-Käfer mit geteilter Heckscheibe. Beide älteren Brüder sind künstlerisch ambitioniert, musikalisch, der eine als Maler, und Gert hat eine alte Gitarre im Zimmer zu stehen. Es passiert 1963 in Berlin. Die Familie ist bei der Goldenen Hochzeit von Oma und Opa. Man wohnt bei anderen Verwandten in der Wilsnacker Straße in Moabit. Nach der Feierei stößt Rio nachts auf dem Klo – der Cognac und die beiden Zigarren! – im *Stern* auf einen Artikel über die *Beatles*. Er will sie hören. Zurück in Bayern dreht er am Radio. *I want to hold your hand*. Intuitiv weiß er, dass das die Truppe aus Liverpool ist. „Das war der Klang der Zukunft." Sein Weg lag vor ihm:

Und in diesem Augenblick, Anfang Dezember 1963, wusste ich, was mein nächstes Ziel war: Gitarre spielen lernen und mir Leute suchen, mit denen ich Musik machen konnte

Gert sagt: „Irgendwann hat er sich meine Gitarre gegriffen und konnte in einer Woche mehr Griffe als ich." Rio beklagt in seinen Memoiren, dass er nirgendwo in Nürnberg Grifftabellen für die Beatles-Songs bekommen hat. Er wollte ihre Lieder spielen, und er schaffte es. Die Beatles, so sah es Reiser, waren für die Studenten, die *Rolling Stones*, deren Fan er bald auch wurde, spielten fürs *Proletariat*.

CHRIST ist Rio Reiser. Musik und Religion sind bevorzugte Fächer an der Oberschule. In Latein und Mathematik gab es Sechsen. Er blieb sitzen. Sein mittlerer, dem Glauben zugewandter Bruder Gert triezte den Jüngeren, nahm ihm Spielzeuge weg. „Na, sagte ich, das also will ein Christ sein?" Rio liest seit dieser Zeit Bibel. Fast täglich. Bis zu seinem Tod. Das sagt Gert im Interview. Und er sagt: „Rio war ein Gerechtigkeitsfanatiker." Konfirmieren lassen wollte er sich nicht, weil er Quäker werden wollte. Die schienen ihm ehrlicher, genauer in der Bibelauslegung, eindeutiger gegen Gewalt als die Protestanten. Gert: „Ich glaube, dass Gott eine große Rolle für ihn gespielt hat." Karl May imponierte dem Jüngeren, „er liebte ihn dafür, daß er versuchte, die verschiedenen Glaubensrichtungen und Mentalitäten zu verstehen." Rio, das Mitglied der Karl-May-Gesellschaft, steht dazu auch als Erwachsener. An die große Glocke hat Rio Reiser seine Religion nicht gehängt. In der vor allem von Kai Sichtermann, Musiker und *Scherbe*, angeregten Geschichte der Gruppe, die erstmals 2000 unter dem Liedtitel *Keine Macht für Niemand* erschien, steht mit Hinweis auf Karl Marx' Wort, Religion sei *Opium fürs Volk*: „Wer sich damals in der linken Szene als Christ geoutet hätte, wäre für gaga gehalten worden." Aus seiner Überzeugung erwächst für Reiser ein vielschichtiger Konflikt angesichts der Entscheidung der RAF für den *bewaffneten Kampf*. Der Konflikt zwischen Bibel und Mao-Bibel, die Reiser lange Zeit mit sich trug, zwischen Christentum und Kommunismus. Durfte der Christ zuschauen, wenn im Namen von *Volk* und *Revolution* getötet wurde? Konnte, wer die *Revolution* befürwortete, annehmen, sie würde gewaltlos sein? Reisers Sicht: „Ich konnte mir nicht vorstellen, daß, wenn die Massen plötzlich erwachen und zu den Schaltzentralen der Macht ziehen, und sagen, gebt die Macht her, daß die dann sagen, ja, okay, ist in Ordnung, hier habt ihr sie."

HOMOSEXUALITÄT war das zweite Thema, über das Reiser lange Zeit öffentlich nicht viele Worte machte. 1963 wurde er 13 Jahre alt, die Pubertät begann: „Dass in meinen ersten feuchten Träumen nicht Inge Rentsch auftauchte, in die ich verliebt zu sein glaubte, sondern Jungs, irritierte mich etwas." Auf der biografischen Station in Niederroden im Rodgau, dem Dorf im Dreieck von Offenbach, Aschaffenburg und Darmstadt, erklärt er sich selbst für *schwul*, um dem allfälligen Gerede, das alle Jungs als homosexuell etikettiert, durch Koketterie zu entgehen. Eine Freundin zu haben, war die Norm. Es wird geraucht, Alkohol getrunken, er verliebt sich in Harald. Die Begegnung mit ihm zu Reisers Geburtstag in dessen Zimmer, wo sie die Flasche Portwein tranken: „Er zündete eine Kerze an, wir setzten uns aufs Bett und sagten nix. Lange Zeit. Und machten nix. Langer Rede kurzer Sinn: Ich war zu blöd! Er war zu blöd!" Später dann, schon in Kreuzberg in der Oranienfabrik-Kommune, hat der Mann, in den Reiser verliebt ist, Raymond, den schlimmen Unfall, liegt im Urban-Krankenhaus. Die in diesem Moment an Reiser gerichtete Frage: „Sag mal, ick hatte öfter mal det Gefühl, det du in Raymond verliebt bist. Kann det sein?" In die Stille sagt Reiser sein „Ja." Aus der Gruppe beginnt das Nachfragen. Drogen zu nehmen, war Usus. Ein

Arbeitete mit den *Scherben*: Der Berliner Filmer und Schwulenaktivist Rosa von Praunheim 1973.

„hübscher blonder sechzehnjähriger Junge mit einem langsamen braunen Blick" ist da. Jemand rät ihm, etwas von „dem Zeuch" zu nehmen. Irgendwann lagen dieser Junge und Reiser einander in den Armen: „Das war mein Coming-out. So nannte man das später." Warum er seine sexuelle Orientierung nicht an die große Glocke hängte: „Schwulsein war bei der Linken nicht ‚en vogue'." Zudem galt der erst 1994 endgültig aufgehobene Paragraf 175 des Strafgesetzbuches, der homosexuelle Handlungen unter Strafe stellte. Markstein als *Revolte* gegen die Verhältnisse war der Film *Nicht der Homosexuelle ist pervers, sondern die Situation, in der er lebt* von 1971, den der Berliner Aktivist Rosa von Praunheim gedreht hatte, der später mit den *Scherben* und mit Reiser arbeitete.

DROGEN gehörten in der Szene dazu. „Meine Einstiegsdroge war Players ‚Virginia', ohne Filter, mit das Härteste, was es legal gab", schreibt Reiser. Härteres kommt erst in Berlin. Die Berliner Band *Tangerine Dream*, der Name war von einer Songzeile der Beatles inspiriert, gehört zu den Pionieren der elektronischen Musik und wird in ihren Anfängen zur *Berliner Schule für Elektronische Musik* gezählt, die mit dem neuen elektronischen Instrument Syntheziser im 1968 in der Pfalzburger Straße 30 in Wilmersdorf entstandenen *Electronic Beat Studio* arbeitete. Chef von *Tangerine Dream* war Edgar Froese. Als er Reisers Demo-Bänder angehört hatte, sagte er: „Das ist alles schön und gut, du wirst bestimmt irgendwann gute Musik machen, aber vorher solltest du mal Haschisch rauchen." Der erste Joint: „Es war, als würde ein Fenster geöffnet oder ein Schleier weggezogen. Auf einmal sah ich klar den Irrsinn der Welt." Er behauptet, *Shit* sei kein Vehikel der Weltflucht für ihn gewesen, sondern gerade Instrument der Auseinandersetzung mit der Welt. Die Entdeckung von Haschisch sei die Entdeckung eines neuen Mediums gewesen: „Andere Drogen kamen erst mal nicht in Frage. Kiffen reichte aus, Fixen war nie mein Ding, und LSD flößte mir noch Respekt ein." Musik, die unter *Shit* gemacht war, habe er seitdem erkannt: „Die Beatles rauchten, und die Stones und die Beach Boys und [Bob] Dylan. Alle! Ohne Drogen keine Rock-Musik." Eine *Erleuchtung* nennt Reiser das in seinen Memoiren. Musik aber hätte in der „harten Polit-Szene" noch keinen Stellenwert gehabt, und es sei nicht klar gewesen, „ob die Rock- und Popmusik und auch die Drogen in dem Kampf überhaupt eine Rolle spielen durften". Drogen, auch härtere, gehörten zum Lebensgefühl der Szene. „Auf Westberlin reimt sich Meskalin", schreibt Reiser und schildert eine Kreuzberger Alltagsepisode, die mit dem Eintreffen von Raymond beginnt:

Es war auch gut, dass er kam, denn Rollie rief gerade aus der Küche: „Kann mir mal einer von euch den Arm abbinden?" Sie wusste genau, dass ich ihre Fixerei nicht mochte. Der Dreck, den sie dabei in der Küche veranstaltete, störte mich. Ich dachte manchmal, die zieht sich noch das halbe Abendbrot von gestern in ihre Venen. Die beiden kamen aus der Küche nicht wieder, sondern trieben's erst mal miteinander. Eifersucht kam in mir hoch. Nicht auf Rollie.

HOFFMANNS COMIC TEATER [ohne H!] ist ein improvisierendes agitatorisches Mitspieltheater aus deutscher Provinz, eins der ersten *freien* Theater. Das Straßentheater mit ausgefallenen Kostümen und Masken war Projekt des 2020 verstorbenen Reiser-Bruders Peter. Und dieses *Teater* ist die Institution, aus der Ton Steine Scherben hervorgeht. Reiser hatte die Schule aufgegeben, wollte auf die Musikhochschule nach Frankfurt am Main, Klavierunterricht hatte er schon gehabt. Der Vater ging mit ihm hin, aber es passte nicht, es war anders, als er es erwartet hatte. „Was'n Horror!" Es kristallisiert sich heraus, dass eine Lehre das richtige sein könnte, und zwar als Fotograf. *Foto Zimmer* war gegenüber vom Bahnhof Offenbach-Bieber. Geschäft wurde mit automatisiertem Großlabor für Abzüge und mit dem Fotografieren der Produkte für den Versandkatalog von *Neckermann* gemacht. Das ist Reisers Lebenslage, als Gert den Tipp gibt, dass in Frankfurt im Jugendhaus Industriehof Bands spielen, Musiker und Sänger gesucht werden. Reiser fährt hin. Es spielte die Band *The Ravens*. Plötzlich steht Reiser auf der Bühne, singt zwei oder drei Stones-Lieder. Begeisterung: „Der singt ja wie Mick Jagger, hier!" Das Angebot, in einer Band zu singen und zu spielen, kommt im hessischen Dialekt: „Hier! Isch bin der Roschee! Isch spiel Gittarr! Mir habbe ne Bäänd hier, die ‚Surfriders', haste net Lust bei uns zum Singe? Weil, ehrlisch, du singst noch viel besse als der Fürst von de Räävens, hier!" Roger war Elektrikerlehrling. Reiser: „Eine stille Revolte gab's bei mir." Er kündigt die Lehre, geht in Offenbach ans Konservatorium, lernt Harmonielehre und dankt im Nachhinein seinem Cellolehrer, „den es nicht störte, dass ich fast alles nur nach Gehör spielte." Fürs *Teater* peilt Peter die Lage in Berlin und spürt irgendwann, dass es dort soweit ist. Offene Türen. Das Projekt: „Eine Beat-Oper muss her. Die erste Beat-Oper der Welt. Welturaufführung in Berlin." Gert geht auch nach Berlin. Drei Brüder schreiben eine Oper – „ein Psycho-Science-Fiction der abgedrehtesten Kategorie". Reiser vertont dafür 40 Lieder. Am 23. März 1967, Peter hatte angerufen, wird Reiser im Fiat

Topolino vom Flughafen Tempelhof abgeholt. Die *Gebr. Möbius* setzen sich durch, mühsam, auf Umwegen, die Finanzierung ist schwierig, es wird ein Berg Schulden bleiben, Schulden, die auch Reiser und die *Scherben* immer begleiten werden. Das *Theater des Westens* steht nicht auf dem *Spielplan der Berliner Bühnen*, der an den Litfaßsäulen klebt. Dessen Chef Karl-Heinz Stracke lässt sich auf die Brüder ein. Den Titel *Robinson 2000* hatte Mutter Erika vorgeschlagen. Die Kritiken sind „verheerend", das Werk ist „zum Abschuss freigegeben". Gert leistet den Offenbarungseid, die Schulden sind erst 1992 abgezahlt. Aber die Brüder sind im Geschäft in Berlin, man kennt sie, sie machen weiter. Reiser ist 1967 mitten drin in der *Revolte*, aber: „Mit den Studenten hatte ich Probleme. Was und wie die redeten, fand ich dröge." Und er schreibt: „Um es kurz zu machen, in bin *nicht* auf die Straße gegangen. Weil ich Angst hatte, einen mit dem Knüppel übern Kopf zu kriegen, ohne zu wissen, wofür. Bald sollte ich's wissen." Er meint den Schah-Besuch und den Tod von Ohnesorg. Und künstlerisch? „Für mich war das Theater nicht so wichtig. Ich brachte meine Ideen ein, wollte aber nicht Schauspieler werden. Auch nicht Theaterkomponist. Ich wollte Rockmusiker werden, in der eigenen Band spielen." Gert entdeckte Kreuzberg und zog die anderen nach. Anfang Januar 1969 wieder mal Umzug: „Wir zogen aus einer kleinen Ladenwohnung in der Dresdener Straße eine Straße weiter in die Oranienstraße 47, erster Hinterhof/Quergebäude, dritter Stock, eine Fabriketage. Unsere Oranienburg. Dort war Treffpunkt und Probenraum, die Zentrale des ‚Hoffmanns Comic Teater'. Dort wurde gesponnen, geplant, geprobt, über die aktuelle Weltlage diskutiert und gekifft." Das ist 750 Meter entfernt vom damaligen Heinrichplatz, der nach gerichtlichen Auseinandersetzungen seit dem 21. August 2022 Rio-Reiser-Platz heißt. 1971 wieder Umzug in das Haus Tempelhofer Ufer 32, an dem heute eine *Berliner Gedenktafel* an Reiser erinnert. Dort bleiben er und die *Scherben* bis 1975.

MACHT KAPUTT WAS EUCH KAPUTT MACHT ist Titel der ersten Single-Schallplatte von Ton Steine Scherben. Wer gehörte dazu, wer waren die *Ur-Scherben*? Sie sind vier. Rio. Dann Lanrue. Dieser Name verballhornt die französische Wendung „de la rue", von der Straße. Steinbock ist er wie Rio. Beide entwickeln einen Faible für Astrologie. Ihre Geburtstage liegen nahe beieinander. Lanrue ist am 14. Januar 1950 in Grenoble geboren. Sie verstehen sich blind. Beim Spielen, auch sonst. Sie haben den gleichen ersten Vornamen. Ralph Peter Steitz heißt Lanrue, der mit 18 Jahren die Mutter verloren hat, hervorhebt, wie angenehm das Familienleben gewesen ist. Bei der

Ton Steine Scherben: Vier Rockmusiker, Rio Reiser in der hellen Jacke (2. v. l.) ist das Gesicht der *Scherben.*

Rückkehr aus Frankreich landet seine Familie in der gleichen Neubausiedlung wie die Familie Möbius. Im Januar 1966 steht Lanrue bei Möbius vor der Tür, im Trainingsanzug, klingelt und fragt, ob Rio in seiner Band mitspielen will. Als Rio 1967 nach Berlin geht, kommt der gelernte Schaufenster-Dekorateur Lanrue mit. Er steigt von Schlagzeug auf Gitarre um. Kai Sichtermann, der Autor der Band-Geschichte, war Nordlicht, kam 1969 nach Berlin, stieß zur *Teater*-Truppe, war Jahrgang 1951, er wird dank Reiser Bassist. Wolfgang Seidel ist der zweite Berliner, 1949 geboren, Polizistensohn, hat Abitur, ist Schlagzeuger, bleibt nur ein Jahr, der Verschleiß an Schlagzeugern ist hoch bei den *Scherben*. Im August 1970 hatte diese Gruppe, noch ohne Namen, die ersten Songs, die erste Single aufgenommen. Das Lied *Solidarität* stammte vom Lehrlingstheater *Rote Steine*. Aus Stücken des *Teaters* nahmen sie die Songs *Wir streiken* und *Macht kaputt was euch kaputt macht*. Sie benutzten den zum Studio umgebauten ehemaligen Beatclub des Berliner Popsängers Drafi Deutscher. Der Sänger, unvergessen durch seinen Schlager *Marmor, Stein und Eisen bricht*, hatte sich von einem Balkon ins Abseits gepinkelt, weil ihn dabei Kinder beobachtet hatten. Im August 1970 geben sich die vier Musiker einen Namen. Rio notiert 40 Vorschläge. Gestrichen wird jeder Name, wenn zwei oder mehr dagegen stimmen. Als *De Galaxis* weg vom Fenster ist, bleibt *VEB Ton Steine Scherben* übrig. Auf das DDR-Kürzel VEB für Volkeigener Betrieb verzichten sie dann doch. Der Name war Reisers Idee. Klang sozialistisch, gewerkschaftlich. Industrie-Gewerkschaft *Bau Steine Erden*. Rolling *Stones* und Rote *Steine* klingen an. Eine versteckte Handlungsanweisung? *Töne*, die animieren, *Steine* zu werfen, *Scherben* zu hinterlassen. Das Cover für die erste Platte, A-Seite *Macht kaputt was euch kaputt macht*, B-Seite *Wir streiken*, druckt Gert auf einer alten Druckmaschine. Alle zusammen klebten es mit Freunden auf die weiße Papierhülle, in der die Platten aus der Pressfirma gekommen waren. Sie wollten unabhängig sein, ein *Independent Label* haben, nicht auf eine große Plattenfirma angewiesen sein, verwendeten ab 1971 den Namen *David Volksmund Produktion*. Sie probten für den ersten Live-Auftritt auf dem *Festival der Liebe*, einem deutschen Woodstock-Versuch open air auf Fehmarn, gesponsert vom Sex-Versand von Beate Uhse Anfang September 1970. Die Umstände waren krude, das Wetter schlecht. Es war das letzte Konzert des großen US-Gitarristen und Rocksängers Jimi Hendrix vor seinem Tod am 18. September. Der hoch verschuldete Veranstalter war am letzten Tag, Sonntag, dem 6. September, mit den Einnahmen verschwunden. Das Festival war in Auflösung, die *Scherben* nutzten die Chance, wurden die Abschlussband und spielten vor den 50 000 Zuschauern. Reiser schrie zum Auftakt ins Mikro: „Hauen wir die Veranstalter ungespitzt in den Boden!" Sie sangen ihre drei Lieder. Zuletzt *Macht kaputt was euch kaputt macht*. Gert Möbius: „Eine halbe Stunde später stand alles in Flammen. Als wir mit Chris Sievernich und seinem Postauto diesen Ort des Feuers der enttäuschten Seelen verließen, kamen uns jede Menge Feuerwehrautos entgegen." Die Single verkaufte sich. Ton Steine Scherben war auf einen Schlag in der Szene bekannt. Von den insgesamt knapp 80 veröffentlichten Titeln der Gruppe sind nur eine Handvoll politisch radikal. Seit Fehmarn sind sie aber identifiziert mit *Macht kaputt was euch kaputt macht*. Es ist ein Song, der *Agitrock* ist, wie sie ihn machen wollen, der in der Tradition des kommunistischen *Agitprop* der 1920er-Jahre steht. Agitrock klingt ähnlich wie *Acidrock*, ätzender Rock, *acid*, Säure, bedeutet im Slang Droge. Ton Steine Scherben gehören zu den allerersten, die Rockmusik mit deutschen Texten machen. Reiser im Juli 1972:

Musik kann also zur Waffe werden, wenn du mit ihr die Ursachen deiner Aggressionen erkennst. Wir wollen, daß du deine Wut nicht verinnerlichst, daß du dir darüber klar wirst, woher deine Unzufriedenheit und deine Verzweiflung kommen.
Wir wollen die Feinde des Volkes nennen: „Macht kaputt, was euch kaputt macht – zerstört das System, das euch zerstört!" Unsere Musik soll ein Gefühl der Stärke vermitteln. Unser Publikum sind Leute unserer Generation: Lehrlinge, Rocker, Jungarbeiter, „Kriminelle", Leute in und aus Heimen. Von ihrer Situation handeln unsere Songs.

HAUSBESETZUNGEN stehen in Kreuzberg als politische *Aktion* im Zentrum. Ton Steine Scherben steht Pate bei der Geburt der Hausbesetzerszene. Die Grundstücke in Kreuzberg seien in den beginnenden 1970er-Jahren „Spekulationsobjekt für die Berliner Baulöwen" geworden: „Kreuzberg sollte plattgemacht und zu einer ‚besseren Wohngegend' umgestaltet werden." Im 21. Jahrhundert heißt das *Gentrifizierung*. Reiser karikiert die Frau, die mit ihren Bauskandalen und durch die Insolvenz ihrer Firma *Avalon* Senate in Schwierigkeiten bringt:

Die Oberbaulöwin war Gabriele [richtig: Sigrid] *Kressmann-Zschach, die Ehefrau des Kreuzberger Bürgermeisters* [Willy Kressmann]. *Der musste ihr als Hochzeitsgeschenk den Sanierungsplan für Kreuzberg aufs Bett legen. Sonst wäre sie mit ihm nicht in die Flitterwochen gefahren.*

Ihre Ehe mit dem SPD-Politiker war bereits 1962 nach zwei Jahren an ihr Ende gekommen. So ordinär die Unterstellung, so sehr hat die Darstellung der zum Feindbild stilisierten Berliner Architektin und Bauunternehmerin ihre innere Wahrheit in den 1970er-Jahren, in denen sie in den Schlagzeilen ist. Reiser erwähnt die Methoden sogenannter Entmietung und hebt hervor, dass dieser *Skandal* alle linken Gruppierungen über ihre ideologischen Streitigkeiten hinweg vereint habe. „Jugendliche", schreibt Reiser weiter, „waren keine Größe im Klassenkampf, für streikende Lehrlinge interessierte sich kein Schwein." Die *Stadtteil-Basisgruppe Kreuzberg 36* war benannt nach dem alten Postzustellbezirk *SO 36*, wovon noch das Berlin 36 geblieben war. Dort habe man begonnen, diese Kreuzberger Jugend „zum Kampf um den Erhalt Kreuzbergs zu agitieren", und zwar unterstützt von den Roten Steinen und von *Ton Steine Scherben*. Bei den diversen

Sitzungen der diversen linken Fraktionen seien die *Scherben* nie dabei gewesen. In den Blick der *Revolte* gegen die Wohnungs- und Baupolitik in Kreuzberg kam ein leerstehendes fünfstöckiges Fabrikgebäude, das abgerissen werden sollte. Die Idee: „Ein selbst verwaltetes, selbstbestimmtes Jugendhaus!“ Hier sollten die Jugendlichen vom Mariannenplatz ohne Eltern, Diakone, Sozialarbeiter Freizeit gestalten. „Gemeinsam sind wir stark“, wäre das Signal einer erfolgreichen Besetzung. „Gleichzeitig würde damit der Baukönigin Kressmann-Zschach ein Zacken aus der Krone fallen.“ Zufall sei es gewesen, dass die *Scherben* auf einer *Anarcho-Fete* in der alten TU-Mensa für Stimmung sorgen sollten, „und am Ende forderte ich das Publikum auf, gemeinsam mit uns zum Mariannenplatz 13 zu fahren und dort die leerstehende Fabrik, zwecks Umfunktionierung zu einem selbstbestimmten Jugendzentrum, zu besetzen“. Hausbesetzung, das sei ein neuer Begriff gewesen. Dass Reiser und die *Scherben* am Ende eines Konzerts zu einer Besetzung aufriefen, das wurde zum Ritual, auch auf Konzerten in Westdeutschland. Die Besetzung am Mariannen-

Eines der ersten 1971 besetzten Häuser im Jahr 2016: Das *Georg-von-Rauch-Haus* gehörte früher zum Bethanien-Krankenhaus am Mariannenplatz, Kreuzberg.

platz gelang. Strittig ist, ob sie die allererste in West-Berlin, in Westdeutschland gewesen ist. Sie fand Niederschlag in den Medien, dem Senat blieb nur zu verhandeln: „Wir durften also bleiben.“ Es wird das Grundmuster für Besetzungen. Trotz Polizeieinsatz bleibt der Politik nur, am Ende die *Legalisierung* zu akzeptieren. Da ist am Mariannenplatz unmittelbar an der Mauer das Areal des geräumten Bethanien-Krankenhauses. Reiser fragt: „Warum sollte ein Krankenhaus einem Autobahnzubringer weichen? Waren die Stadtplaner drogenabhängig?“ Die bessere Idee sei es doch damals gewesen, die *Freie Republik Bethanien* auszurufen. Das nächste Objekt sollte das Schwesternhaus *Maria-Martha* werden. Als am 4. Dezember 1971 gemeldet wurde, dass der polizeilich gesuchte Georg von Rauch sich in der Eisenacher Straße in Schöneberg seiner Festnahme mit seiner Pistole widersetzen wollte und von einem Polizisten erschossen worden war, schlug Reiser vor, das Objekt nach der Besetzung *Georg-von-Rauch-Haus* zu nennen. Am 8. Dezember spielten die *Scherben* wieder in der alten TU-Mensa. „Wieder forderte ich nach dem letzten Song die Anwesenden auf, nach Kreuzberg zu ziehen, um bei der Besetzung eines Hauses zu helfen. Diesmal gingen fast dreihundert Leute aus allen Schichten und Fraktionen mit.“ Am nächsten Morgen zog sich die Polizei zurück. Verhandlungen, dann die Legalisierung.

LEBENSGEMEINSCHAFT. *Ton Steine Scherben* war eine selbstbestimmte Familie. Deren Mitglieder wechselten. Es herrschte ein ständiges Kommen und Gehen. Der Kern der Gruppe aber hatte seine besonderen Rollen und Aufgaben. Und das sind die *dramatis personae*, die Reiser als Bestandteile der Gruppe im Herbst 1969 benennt:

[…] Peter (Autor, Schauspieler, Maskenhersteller, Pressesprecher, Grafiker, Stellvertreter Möbius' auf Erden), Bille (Kostümbildnerin, Peters Frau), Dietmar (Autor, Schauspieler, Gitarrist, Chef der Requisite, Führerscheininhaber), Gert (Co-Autor, Schauspieler, Manager und Chef der Finanzen, Bühnenbildner, zweiter Möbius), Ilse (Malerin, Kinderlädnerin, Psycho-Ministerin, Hexe, Geldgeberin, Gerts Freundin), Lanrue (Schlagzeuger, Komponist, Schauspieler, Spieler, Franzose), Kai (Bassist, Banjoman, Trompeter, Schlafmütz-Hedonist, Jüngster) und Rio (Komponist, Gitarrist, Pianist, Sänger, Schauspieler, Drogen- und Bibelforscher, jüngster Möbius). Das also war die Travelling-Party, die ernährt, gekleidet und vor Sonne, Regen und Wind geschützt sein wollte. Wohin war die unterwegs?

Tschüß, Berlin! *Ton Steine Scherben* auf dem Bauernhof in Fresenhagen nahe der dänischen Grenze, Rio Reiser ganz rechts.

WIR WOLLTEN RAUS AUS BERLIN. Das ist Reisers Formulierung der Entscheidung, die das Ende seiner Berliner Jahre bedeutet. „Geld spielte keine Rolle. Wir hatten keins." Die *Scherben* beziehen am 1. Juni 1975 den heruntergekommenen Hof in Fresenhagen in Schleswig-Holstein, die nötigen 50 000 DM zum Kauf hatten sie zum 1. Mai zusammenbekommen. Es gibt die Gruppe noch bis 1985. Reiser stirbt am 20. August 1996 mit 46 Jahren und wird dort begraben. Als der Hof verkauft werden muss, kommt der Leichnam nach Berlin. Seit dem 11. Februar 2011 ist sein Grab in Berlin-Schöneberg auf dem Alten Sankt Matthäus-Kirchhof, Großgörschenstraße 12–14; seit 2021 ist das Grab Ehrengrab des Landes Berlin. Die Szene, Kreuzberg, Berlin hätten sich seit Anfang 1974 verändert, schreibt Reiser. „Pharisäer und Schriftgelehrte", schimpft er wie der biblische Jesus im Matthäus-Evangelium, meint damit die linken Gruppen und Parteien, „eine junge Garde Metaphysiker", die mit „Histomat und Diamat – historischer Materialismus und dialektischer Materialismus" dächten, jedes Mittel einsetzen zu dürfen, wenn es nur mit dem Marxismus-Leninismus in Einklang gebracht sei: „Diese Ansammlung machtgeiler, geschichtsloser Blödmänner schaffte es – und schafft es bis heute –, Ablasszettel zu verkaufen, obwohl sie alle doch bloß in der Wolle gefärbte Protestanten sind, die recht haben und auf Deibel komm raus bekehren wollen." Er deutet die *Revolte* als „Erweckungsbewegung".

David Bowie – *,Heroes'* und die Welthauptstadt des Heroins

PETER MEISEL. Der gebürtige Berliner war Sohn des aus Rixdorf stammenden Operetten-Komponisten und Musikverlegers Willi Meisel. Ihm verdankt die Stadt die Hymne *Berlin bleibt doch Berlin*. Sein Sohn Peter war in Rio Reisers Augen der „Schlager-Zar aus der Wittelsbacher Straße" in Wilmersdorf, wo der Firmensitz anfangs gewesen war. Der seinem Vater nachfolgende Musikproduzent, Musikverleger und Talententdecker hatte die *Scherben* im Beginn ihrer Etablierung zum Essen eingeladen, verpflichtete sich vertraglich, zwei ihrer Songs zu produzieren und jeder *Scherbe* dafür 500 DM zu zahlen – für einen Tag Arbeit. Reiser hörte im Studio-Kopfhörer Meisel immer wieder sagen, er solle die Zeile wiederholen, die T's deutlicher singen, nicht lispeln – „und so weiter und so doof". Rio hoffte auf Absage: „Mein noch gar nicht vorhandener Ruf als ,Tiger von Kreuzberg' wäre schon ruiniert gewesen. Er sagte ab, ,nicht sendefähig'." Der Rundfunk war wichtig, brachte neben dem Plattenverkauf Einnahmen aus den Gebühren der Gesellschaft für musikalische Aufführungs- und mechanische Vervielfältigungsrechte Gema. Aber die *Scherben* dachten, handelten, texteten nicht kommerziell. Die Szene nahm es ihnen übel, wenn sie es versuchten.

Der Superstar im Berliner Jahrzehnt: David Bowie sang auf dem Konzert am 16. Mai 1978 in der Deutschlandhalle u. a. die Berlin-Hymne *,Heroes'* und den *Alabama Song* (Text Bertolt Brecht, Musik Kurt Weill).

MEISTERSAAL. Reiser sang allein „in dem riesigen holzgetäfelten, stuckverzierten und dunklen Saal" in dem Gebäude in der Köthener Straße 38. „Mir gefiel daran besonders, dass im selben Studio schon Marlene Dietrich ihr ,Sag mir, wo die Blumen sind' gesungen hatte." Der Bau war als einer der wenigen in dieser Gegend nach den 1943 beginnenden Bombardements des Zweiten Weltkriegs auf die Reichshauptstadt als Halbruine stehen geblieben. Rundum war das Nichts beräumter Trümmergrundstücke, keine dichte Bebauung wie im 21. Jahrhundert. Auch die um die Ecke in der Bernburger Straße gelegene Alte Philharmonie war verschwunden. Seit 1961 hatte die Plattenfirma *Ariola* den ehemaligen Kammermusiksaal für Aufnahmen genutzt. Die Randlage inmitten der Leere des *Wüste Berlin* sorgte für die Ruhe in der Umgebung, die für Aufnahmen günstig war. Der österreichische Komponist Robert Stolz, die klassische Sängerin Erika Köth, der Berliner Kammersänger René Kollo oder der Schlagersänger Peter Alexander und die späte Zarah Leander arbeiteten hier. 1976 übernahmen die Meisels das Haus, Peter zusammen mit seinem Bruder Thomas. Sie richteten im Lauf der Jahre mehrere Tonstudios ein. Am Ende war das Gebäude so wiederaufgebaut, wie wir es in den 2020er-Jahren besichtigen können. In den *Hansa Tonstudios* produzierten seit den 1970er-Jahren Berliner Größen wie der Liedermacher Reinhard Mey, Max Raabe oder Jack White, nationale Größen wie Peter Maffay, Udo Lindenberg oder Udo Jürgens und internationale Stars wie Depeche Mode, Eartha Kitt und der britische Superstar David Bowie. Die West-Berliner *Hansa Tonstudios* waren ein weltweit renommiertes und gebuchtes Unternehmen für Dienstleistungen der internationalen Musikindustrie.

DAVID ROBERT JONES. Das ist der Name, unter dem David Bowie am 8. Januar 1947 zur Welt kommt. Geburtsort ist Brixton im Süden Londons. 1953 zieht die Familie in den Vorort Bromley. Bowie gibt in Interviews oft Auskunft über seinen Werdegang. Zehn Unterhaltungen haben Cornelia Kühne und Juliane Noßack in ihrem 2018 ersterschienenen Bowie-Band *Stardust Interviews. Ein Leben in Gesprächen* zusammengestellt. Bowie sagte 1974 zu seiner Herkunft: „Ich war auf einer Mittelschicht-Schule, aber ich stamme aus der Arbeiterklasse.“ Aus beiden Welten habe er das Beste mitgenommen. Das Leben der Oberschicht kenne er nicht. Bowie hat am Beginn der Karriere mehrere Namen probiert. Aber dann: „Der Name ‚Bowie‘ hat mich einfach angesprochen. Als ich sechzehn war, hatte ich eine heftige philosophische Phase. Mit dem Messer wollte ich das ganze Lügengeflecht zerschneiden, etwas in der Art.“ Das war 1966. Tobias Rüther, seit 2020 Literaturchef der *Frankfurter Allgemeinen Sonntagzeitung*, attestiert Bowie in seinem Buch *Helden* über *David Bowie und Berlin* von 2008, Nietzscheaner zu sein, Anhänger des deutschen Philosophen des 19. Jahrhunderts Friedrich Nietzsche. Wir wissen nicht, ob alle Aussagen des frühen Bowie wie die von 1974 auch später noch zutreffen. Er lüge schrecklich, zeiht sich Bowie 1974, allerdings: „Ich lüge nicht direkt, ich ändere nur ständig meine Meinung.“ Bowie pflegte britischen Humor.

HAYWOOD STENTON JONES. Bowies Vater arbeitet als Public-Relations-Manager des Kinderhilfswerks Bernardo’s. Die Mutter, Mary „Peggy“ Burns, ist Platzanweiserin im Kino. „Ich konnte nie mit meinem Vater reden“, beklagt Bowie 1993. Er sei ein liebenswürdiger Mann gewesen, den er geliebt habe. Mit der Mutter sei Nähe fast unmöglich gewesen. Ständig habe sie ihn zurechtgewiesen. Es gibt einen Halbbruder, Terry, der sich 1986 umbringt. „Ich habe mich wirklich fremd zu Hause gefühlt", sagt Bowie. Viel Zeit habe er im Zimmer verbracht. „Das war wirklich meine Welt. Da hatte ich Bücher, meine Musik, meinen Plattenspieler." Er liest viel. Sein Leben lang. Bücher sind ihm wichtig, geben Anregungen. Auf *Bowies 100-Beste-Bücher-Liste*, einem Exponat der zuerst 2013 in London gezeigten großen Bowie-Ausstellung, hat es Christa Wolf mit *Nachdenken über Christa T.* von 1968 geschafft. Dieses Buch ist es, mit dem sie nach den sie buchstäblich kränkenden, also krankmachenden Demütigungen nach dem *Kahlschlag*-Plenum der SED von 1965 im Schreiben wieder gesundet. Kunst als Heilung. Mit 15 Jahren verlässt Bowie die Bromley Technical High School. Nach einer Schlägerei bleibt die Pupille seines linken Auges geweitet. Kunst war dort sein Schwerpunkt. Er hat die Mittlere Reife. Er zieht zu Hause aus. Ein paar Monate ist er Grafiker in einer Werbeagentur. Selten geht er in den Club. Oft in Museen, manchmal ins Theater. Ein schweigsamer

Als David Bowie sich ausprobierte und noch kein Superstar war: Auf einem Konzert im Jahr 1970.

Einzelgänger. Schüchtern bleibt er, auch im Gespräch. Vor Zehntausenden aufzutreten, macht ihm dagegen nichts aus. Sein Vater stirbt 1968. Zu früh, klagt der Sohn.

LITTLE RICHARD. Bowie behauptet, dass er sehr früh gewusst habe, was er wollte. Ein knapper Satz von 1993: „Ich habe einen Plan, seit ich acht Jahre alt bin." Der Vater brachte Platten mit. Eine war von Little Richard, dem schwarzen US-Rock'n'Roll-Sänger. „Es war toll." Er hört *Sweet little girl, that lives down the road*. Seit diesem Erlebnis wollte er in Little Richards Band das Saxophon spielen. „Das war mein Traum mit acht oder neun Jahren." Er kauft sich eins. Aus cremefarbenem Kunststoff mit goldenen Klappen. Er trägt Ware aus für den Fleischer, um die Raten zu zahlen. In der Gegend wohnt Ronnie Ross. Er wird 1972 bei Lou Reed in *Walk on the Wild Side* das berühmte Saxophonsolo spielen. Bowie fragt ihn, ob er ihn unterrichte. Manches klingt nach Anekdote, was Bowie erzählt. Ihre innere Wahrheit werden die Geschichten haben. Nach zehn Stunden bei Ross meint Bowie, er könne genug. „Ich gehe jetzt in eine Band, Ron, und werde ein Rockstar", sagt er. Antwort: „Ja. Du kannst genug, um Rock'n'Roll zu spielen." Viele Jahre später, Bowie ist Bowie und kein Nobody, er hat rote Haare und keine Augenbrauen, hatte er Ross für eine Session mit Reed gewonnen. Aber Ross erinnert sich nicht mehr an Bowie. Neun oder zehn sei er gewesen, als er zu ihm gekommen sei, sagt Bowie zu Ross:

„Großer Gott", sagt er. „Sie haben mir damals doch gesagt, dass Sie ein Rockstar werden würden." – „Ja."

Little Richard gesehen und gehört hat Bowie wohl 1963 im *Brixton Odeon*. Die Rolling Stones traten als Vorband auf. „Und Little Richard war einfach nur unfassbar. Sowas hatten wir noch nie gesehen." Terry hat David zum Beat gebracht. Mit zwölf Jahren begann er die Beat-Literatur zu lesen, darunter *On the Road*, das Buch *Unterwegs* des Amerikaners Jack Kerouac. Junge Leute reisen in rasantem Tempo durch die USA. Es geht um Selbstfindung, Drogen. Auch auf Jazz bringt ihn Terry.

APOLLO 11. Mit dieser Raumfahrtmission gelingt es den Vereinigten Staaten am 20. Juli 1969 mit Neil Armstrong und Edwin Aldrin die ersten Menschen auf den Mond zu bringen. *Man on the moon*, das schien ein Wunder zu sein, und von Wunderlichkeiten des Weltraums erzählt der Song *Space Oddity*, der pünktlich zum Start von Apollo 11 auf dem Markt ist, der Bowie den Durchbruch bringt und dessen Startzeile *Ground Control to Major Tom* unvergesslich bleibt. Sein erstes Solo-Album war zwei Jahre zuvor erschienen, hieß *David Bowie* und war unbeachtet geblieben. 1997 konstatiert er, das *Space-Thema* werde stark mit ihm verbunden. „Ihr wollt Space? Ich gebe euch Space." Er kehrt immer wieder zurück zum Weltraum wie 1971 mit *Life on Mars?* und auch noch 1997 mit dem Album *Earthling*. Noch hat Bowie dieses Jungengesicht, er hat dieses auftoupierte rote Haar. Kleidung, Verkleidung, Stilisierung, Schminken war ihm früh wichtig. Das war Ausdrucksform, blieb es lange, ein Instrument der Selbstsuche und zugleich Teil des Gesamtkunstwerks der *performance* aus Musik, Gesang, Video, Effekten, verschiedenen Welten. Später entdeckt er den Anzug, nennt ihn *Rüstung* des modernen Mannes. Er gibt sich androgyn, meint asexuell zu wirken, empfindet Sympathie für Homosexuelle, erprobt seine Sexualität. Er ist in Berlin fasziniert von der Transvestitin Romy Haag und ihrem Nachtclub *Chez Romy Haag* in der Fuggerstraße in Schöneberg, in dem sich die Atmosphäre des Berlin-Musicals *Cabaret* zu spiegeln scheint. Er hat eine Beziehung mit ihr, die seine *Sally Bowles* zu sein scheint, die weibliche Hauptfigur von *Cabaret*. 1970 hatte Bowie geheiratet, Angela Barnett, die Ehe geht auseinander, als er in Berlin ist. 1971 kommt Sohn Duncan zur Welt. Familie hat Bowie nicht gelernt, bedauert er. Frau und Kind, das gehört für ihn immer dazu, wie offen oder nicht

In der Rolle des Familienvaters: David Bowie (r.) 1973 mit seiner Frau, der Griechin Angela *Angie* Bowie und Sohn Duncan Zowie Haywood Jones, der u. a. *Joey* gerufen wird.

die Ehen auch immer gewesen sein mögen. Politisch ist seine Musik kaum. Er hält davon nichts. Züge des Politischen sind spürbar zum Beispiel im Video von *China Girl*, das zu Beginn und Ende Stacheldraht, die Rote Fahne, Chiffren des Kommunismus, zeigt und das er 1977 mit seinem Freund und Musikerkollegen Iggy Pop in Berlin schreibt und das inspiriert sein soll von der Liason mit der Vietnamesin Kuelan Nguyen. Es ähnelt dem Berlin-Song von Udo Lindenberg *Wir wollen doch nur zusammen sein (Mädchen aus Ost-Berlin)*, den der als Hamburger geltende Westfale wohl erstmal 1978 live gesungen hat. Rock sei für ihn, erklärt Bowie 1987, die *aufregendste Kunstform*, weil sie eine *soziale Währung* sei:

Er hat seinen Ort in der Gesellschaft. Rock ist eine lebendige Kunst und unterliegt dauernden Neubewertungen und Wandlungen. Was ihn viel interessanter als Malerei macht, zum Beispiel, oder andere bildende Künste, die so viel für so wenig machen.

Tobias Rüther legt nüchtern die Gründe klar, warum Bowie nach Berlin geht. Er hatte sich von seinen Managern getrennt. Das kostete Geld. Er muss Steuern sparen. Bowie spricht 2002 davon, sie hätten in Berlin nicht viel Geld gehabt. Aber er war keineswegs so „pleite" wie die *Scherben*, die zeitweilig kaum wussten, wovon sie sich ernähren sollten. *Superstar* Bowie war schon 1975 kurz in West-Berlin gewesen. Er hört 1975/76 mit Begeisterung deutsche Musik. Rüther: „Elektronische Musik aus Deutschland ist damals das Radikalste, was es im Pop gibt." Solche Musik machen *Cluster*, *Harmonia* und *Neu!* Bowie schwärmt von *Kraftwerk* und für „ihre monotone, entkörperlichte Maschinenmusik". Es ist sein Überdruss an Amerikas Funk und Soul. Berlin ist sein Anti-Los-Angeles, der alte Kontinent seine Anti-USA. Bowie kehrt nach Europa zurück. Seine Frau findet ein Haus in Blonay, Schweiz, Genfer See. Aber sein Problem sind Drogen. Kokain.

EDGAR FROESE. Ingo Warnke, 1987 mit dem Verdienstorden des Landes Berlin ausgezeichnet, und seine Frau Irene, ehemalige Junkies, gründeten 1971 in West-Berlin die Selbsthilfegruppe *Release Berlin e. V.*, woraus 1975 *Synanon* wurde. *Cold Turkey* war die harte Entzugsmethode, die Warnke und Synanon predigten, schmerzvoller Entzug über die Grenzen der Leidensfähigkeit hinweg ohne Tabletten, bis der Körper ohne das Gift auskommt. Als Lars von Törne Bowie 2002 im Interview für den *Tagesspiegel* fragt, wen er in Berlin gern wiedertreffen wolle, nennt Bowie *Edgar*. Als Bowie 1976 mit Iggy Pop in Berlin eintrifft, kommt er zuerst bei Froeses unter, in der Schwäbischen Straße 7, Berlin-Schöneberg, und über *Edgar* sagt Bowie:

Edgar Froese von Tangerine Dream. Ein sehr netter Kerl. Edgar und seine Frau haben mir wirklich geholfen, als ich in Berlin lebte. Ich war damals in einer schwierigen Phase, hatte ungeheure Schmerzen. Sie haben mir geholfen, vom Kokain wegzukommen. Ja, die beiden waren sehr lieb zu mir.

Umschreibung für Bowies Erfahrung beim Entzug. Froese, das ist der Pionier der elektronischen Musik, geboren 1944 in Tilsit. Froese hat bis zu seinem Tod in Wien 2015 ein faszinierendes Leben geführt. Er ist hochbegabt, hat ein umfassendes Studium der Künste in Berlin abgeschlossen und gründete im Herbst 1967 mit Kommilitonen die Band *Tangerine Dream*, die in wechselnder Besetzung rund 100 Alben produziert und die zur erfolgreichsten deutschen Gruppe dieser Epoche weltweit wurde. Sieben Mal wurde sie binnen fünf Jahren für den US-Musikpreis *Grammy* nominiert. Froese war Freund des surrealistischen Malers Salvador Dalí. Froese setzte auf die von Manfred Schunke in West-Berlin entwickelte, heute vergessene Kunstkopf-Technologie, während die Plattenindustrie noch meinte, die Stereophonie durch Quadrophonie zu übertreffen. Das erfahren wir aus dem in Kreuzberg gemachten Online-Magazin für elektronische Musik *Groove*.

Weltbekannte Band aus Berlin: Tangerine Dream 1974 in London, v. l. Christopher Franke, Peter Baumann und Edgar Froese.

Froese: „Kunstkopf war eine Aufnahmetechnik, die einen menschlichen Dummy mit einem eingebauten Mikrofonsystem verwendete. Beim Anhören der Aufnahme hat man den natürlichen Eindruck, mit seinem menschlichen System ein 360°-Audiosignal zu hören." Froeses zweites Studioalbum von 1975 hieß *Epsilon in Malaysian Pale*, hier verarbeitet er seine Eindrücke aus dem Dschungel in Malaysia. Das Album entstand nach der Australien-Tournee der Band. Froese verwendete ein Mellotron. Das elektromechanische Instrument ermöglicht, auf Klänge zuzugreifen, die auf Band aufgezeichnet sind; im 21. Jahrhundert funktioniert das längst digital. Musik wie die von *Tangerine Dream* und den anderen deutschen Bands war für Bowie die Antwort auf die Frage, „wie die Zukunft der Musik aussah, und für mich lag sie zu dieser Zeit in Deutschland". Froeses *Epsilon*, sagt Bowie, sei „ein unglaublich schönes, verzauberndes, treffendes Werk", und weiter: „Das war der Soundtrack zu meinem Leben, als ich in Berlin wohnte."

HAUPTSTRASSE 155. Coco Schwab, Bowies Assistentin und Freundin, entdeckt die Wohnung mit sieben Zimmern im ersten Stock. Im Sommer 1976 ist die Hauptstraße eine laute Hauptverkehrsachse wie noch im frühen 21. Jahrhundert. Schöneberg, das weniger gutbürgerliche. Marlene Dietrich ist hier geboren, Hildegard Knef ist hier aufgewachsen, Christopher Isherwood hat von 1930 bis 1933 am Nollendorfplatz 7 gelebt. Am 11. Februar 1976 lernt Bowie ihn in L.A. kennen und will alles über Berlin wissen. Isherwood, im Alter Ikone homosexueller Literatur, wiegelt ab, Berlin sei schon damals stinklangweilig gewesen. Einer der beiden Isherwood-Romane, die Vorlage für *Cabaret* sind, das 1972 in die Kinos kommt, steht auf Bowies Bücherliste. Als Heranwachsender hat er die Berliner Filme von vor 1930 gesehen. *M*, *Metropolis*, Fritz Lang, Friedrich Wilhelm Murnau. Iggy Pop wohnt mit seiner Freundin in der Wohnung, drückt weiter Heroin, und es gelingt ihm nicht, „in der Heroinhauptstadt der Welt von den Drogen loszukommen". Nach einiger Zeit nimmt er eine eigene Wohnung im Hinterhaus. Manchmal ging Bowie einkaufen in der erlesenen Lebensmittelabteilung des Kaufhauses des Westens, des KaDeWe am Wittenbergplatz, dann frisst ihm Pop den Kühlschrank leer. Eine Handvoll Leute, Vertraute, Coco Schwab und ein paar andere sind bei ihm. Schwab, sagt er 1983, habe ihn damals „ein paar Mal richtig zusammengeschissen [...]". Wenige, nicht mehr der Tross des *Superstars*. Eduard Meyer war Bowies Tonmeister bei *Hansa* geworden, weil er am besten Englisch konnte. Weihnachten 1976 war er zur Gans bei Bowie:

Die Küche war komplett ausgestattet. An der Wand hingen Schüsseln und Bestecke, und es gab einen großen Eichenholztisch mit derben Stühlen drum herum. Hinter der Küche folgte eine Art Kommunikationsraum, dort standen eine Stereoanlage und Sessel. Danach wurde es aber sehr rar mit der Ausstattung. Man ist wohl von vorneherein davon ausgegangen, dass Berlin ein Übergang wird. In jedem Zimmer lag eine Matraze. Und in einem stand eine Staffelei mit einem Bild darauf.

Bowie wohnt über einem Lager für Autoteile, unten war *Autobedarf Schöneberg*. Nebenan die Homosexuellen-Kneipe *Anderes Ufer*. Diese Bar verheimlicht nicht mehr, dass sie für *Schwule* und *Lesben* da ist, es ist die erste in Deutschland. Dort frühstückt Bowie. Als die Scheibe eingeschlagen ist, hält er Wache, zahlt die Reparatur. Er erinnert sich an die türkischen Läden, betont, dass ihn die Begegnung mit der türkischen *community* in Berlin beeinflusst habe. Grünkarierte Holzfällerhemden trug er in Berlin, schreibt Rüther, und er will wissen, dass David Bowie sich langsam von den Folgen der Abhängigkeit, dass sich auch seine Nase vom Kokain erholt: „Er sieht plötzlich irgendwie heterosexuell aus, vielleicht zum ersten Mal seit Jahren."

11. Januar 2016, am Tag nach dem Tod David Bowies: Blumen, Kerzen, Trauer vor seinem früheren Schöneberger Wohnhaus, Hauptstraße 155.

FAHRRAD. „Es war in vieler Hinsicht befreiend für mich, in Berlin zu leben", sagt Bowie zu von Törne. Bowie habe wieder begonnen, tagsüber aus dem Haus zu gehen. Er mochte die Anonymität in Berlin. Er konnte im Café sitzen, ohne angesprochen zu werden. In der Nürnberger Straße war der *Dschungel*, dort war er oft tanzen. Er erinnert das Mädchen mit der Ratte auf der Schulter. Coco und Iggy schenkten ihm einen alten Mercedes Baujahr 1965 mit Schiebedach. Mit dem alten Wagen fuhren sie durch die Stadt, gern an den Wannsee, aßen dort in einem Restaurant „Geflügelleber und solches Zeug". Er kauft sich ein Fahrrad. Bowie ist damit zur Arbeit gefahren. Knapp vier Kilometer entfernt von der Hauptstraße 155. Eine Strecke Berliner Geschichte. Bowie wusste, wo er war und was er sah. Wo noch immer und trotz allem die vier Alliierten gemeinsam, also mit den Sowjets, den Luftraum über Berlin kontrollierten im alten Kammergericht, wo Roland Freisler im NS-Volksgerichtshof Blutrichter gewesen war. Wo der *Sozialpalast* hochgezogen wurde und wo bis 1973 der Sportpalast gestanden hatte, in dem Joseph Goebbels geiferte. Wo inmitten der Leere Herbert von Karajans Philharmonie neu gebaut war. Wo Ludwig Mies van der Rohes Neue Nationalgalerie stand. Wo an Hans Scharouns Staatsbibliothek gearbeitet wurde und wo sich dahinter die Wüste des Potsdamer Platzes erstreckte. Wo Mauer war zwischen den Ruinen von Gropius-Bau und Preußischem Landtag, hinter dem Hermann Görings Ministerium stand. Angekommen ist Bowie dann in der einsamen Halbruine der *Hansa-Studios* mit Blick auf die Mauer. Sein Verhältnis zum Nationalsozialismus ist befremdlich unbefangen. Er sagt den Satz: „Ich glaube, ich hätte einen verdammt guten Hitler abgegeben." Sein Tonmeister Meyer: „Es war noch zu spüren, wie es ihn fasziniert hat, jetzt an dem Ort zu leben, wo die Nazigeschichte stattgefunden hat. Das Gefühl vermittelte er unmittelbar seiner Umgebung." Bowie, Staatsbürger der britischen Besatzungsmacht, fährt mit dem alten Mercedes oft über den Checkpoint Charlie nach Ost-Berlin. Es gibt ein Foto vor der Neuen Wache. Bowie steht mit schwarzem Hut, schwarzem Ledermantel, verschränkten Armen vor dem Wachsoldaten der NVA. Die Stasi interessiert sich nicht für ihn. Sein Sohn ist auf dem Internat der Briten. Als Pop ins Krankenhaus muss, nehmen ihn die Briten ausnahmsweise in ihr Militärkrankenhaus auf. Bowie und Pop sind nicht irgendwelche internationalen Gäste in West-Berlin, die britische Schutzmacht fühlt sich für ihre Staatsbürger zuständig. Bowie ist ein Schwamm, der Eindrücke, Einflüsse, auf ihn Einströmendes aufsaugt, aufnimmt, aufbraucht, und er nimmt die übereinanderliegenden Epochen der Stadt wahr. Rüther interpretiert die Kunst des Popsongs, wie Bowie sie in Berlin gemacht hat: „Er hebt die Grenzen zwischen diesen Epochen und den Genres auf und macht für drei Minuten alle Einflüsse gegenwärtig. Ein Popsong ist die Gleichzeitigkeit des Ungleichzeitigen zum Mitsingen." Das ist Anwendung der Philosophie des Dutschke-Freundes Ernst Bloch auf Popmusik.

‚HEROES'. In Berlin ist David Bowie ein Lied gelungen, das über die Zeiten Hymne bleiben wird. Es trägt, als Bowie es 1985 beim Konzert *Live Aid* im Wembley-Stadion in London für Afrika-Spenden singt. Es trägt, als er es sechs Wochen nach dem Anschlag vom 11. September 2001 zum Gedenken an die Terroropfer im Madison Square Garden in New York singt. Es trägt auch 2008 in der Werbung für die Olympischen Spiele in Peking. „David hat die Frontstadt-Atmosphäre genossen", sagt Meyer. Das ist nicht touristisch zu verstehen, sondern hat mit Bowies Kunst zu tun, mit seiner *Schwammqualität*. Das sei auch in Berlin so gewesen, das sei Grund seines Reisens gewesen, sagt er 1997: „Eindrücke zu absorbieren, das Eigene im Anderen zu suchen und zu finden, Teil einer neuen Umgebung zu werden. Das hatte manchmal schon fast obsessive Züge." Bowies Berlin-Hymne entsteht bei *Hansa* ab Juli 1977. Nur das Lied *‚Heroes'* komponiert er, wie man es erwartet, in einem Zug. Sonst schreibt er Stück um Stück, im Studio, singt einzelne Teile ein, hört es sich an, setzt mit dem nächsten fort. Er nennt das *writing*, spricht nicht von Komponieren. Zum Texten von *‚Heroes'* kommt es, nachdem an einem Nachmittag eine Akkordfolge zustande kommt, die sie zusammen entwickeln, acht Minuten, Material eines Liedes, das keinen Namen hat, wie Rüther formuliert. Daraus werden acht Tage, indem die Tonspuren weiter bearbeitet werden. Dann kommt eine Gitarre dazu. Am Ende, als die *Textur* von *‚Heroes'* fertig ist, hat der Gitarrenklang nichts mehr von Rock. Die Helden von *‚Heroes'* sind *sogenannte* Helden. Das ist der Versuch, Bowies distanzierende Anführungszeichen in Deutsch auszusprechen. Es ist eine Liebesgeschichte, einen Song lang, die vor der Mauer, unter einem Wachturm spielt, in der Imagination Bowies, die von der Schwierigkeit von Liebe in den Widerständen, auf die sie trifft, erzählt. 19, 20 Jahre alt sei das Paar gewesen, hatte Schuldgefühle, suchte, so deutet Bowie es später, den Schatten der Mauer, „um der Affäre einen Anstrich von Heldenhaftigkeit zu geben. Scheint mir eine ziemliche Siebziger-Jahre-Sache zu sein – Überleben durch Selbstbeherrschung." Ein Blick aus dem Fenster, vom Stuhl am Regiepult, löst Bowies Kreativität aus. Der *Schwamm* saugt die Realität auf, ähnelt sie sich an. *Hansa by the wall* nennt er das Studio, er sieht die Mauer, schildert es im November 1977:

Sie ist ungefähr 20 bis 30 Meter entfernt vom Studio, der Regieraum schaut direkt drauf. Ein Geschützturm thront auf der Mauer, in dem die Wachtposten sitzen, und jeden Mittag treffen sich ein Junge und ein Mädchen darunter. Sie hatten eine Affäre. Und ich dachte: Von all den Orten, an denen man sich in Berlin treffen kann, warum sucht man sich da ausgerechnet eine Bank unter einem Wachturm an der Mauer aus?

Bowie singt *‚Heroes‘* auch auf Deutsch. Die gesungene Übersetzung weicht stark vom englischen Original ab. Seine in Berlin entstandenen Lieder sind der Soundtrack zur Verfilmung von *Christiane F. – Wir Kinder vom Bahnhof Zoo*, in dem 1981 die Schilderung der Drogenwelt Berlins und der Prostitution auf die Leinwand kommt – Christiane F. ist Bowie-Fan. Dort hört man den deutschen Text. Die folgende Strophe aus dem Lied ist die, in der die Mauer genannt wird, in der vielleicht der Niederschlag des auslösenden Moments für Bowie geronnen ist, und wir zitieren eine andere Übersetzung, näher am englischen Original:

Ich, ich kann mich erinnern (Ich erinnere mich)
Wie wir an der Mauer standen (An der Mauer)
Und die Pistolen, sie schossen über unsere Köpfe (über unsere Köpfe)
Und wir küssten uns, als ob nichts fallen könnte (nichts fallen könnte)
Und die Schande war auf der anderen Seite
Oh, wir können sie schlagen, für immer und ewig
Dann könnten wir Helden sein, nur für einen Tag

Bowie sagt: „Ich hätte damals nicht solche Musik machen können, wenn ich nicht vollkommen im Bann von Berlin gewesen wäre, mit seinen ganz besonderen Strukturen und Spannungen." Er weiß: „Natürlich vor allem die Mauer und ihre Auswirkungen auf die Stadt: Diese Mischung aus Geselligkeit und dem Bewusstsein, dass man völlig isoliert und einzigartig war. Das schaffte eine unvergleichliche Atmosphäre." Drei Studioalben bezeichnet Bowie als die *Berlin-Trilogie.* 1977 entstehen *Low* (Niedrig) und *Heroes* (Helden), von 1979 ist *Lodgers* (Untermieter). Nur *Heroes* ist vollständig bei Hansa produziert. Angefangen hat, was Musikgeschichte wird, als Experiment. Er hat Partner. Brian Eno war ein britischer Musiker, der mit neuen Formen von Klangerzeugung experimentierte. Anthony Visconti war wie Eno Musiker und Produzent, begleitete Bowie schon seit *Space Oddity*. Es war die elektronische Musik, die Bowie faszinierte. Unglaublich sei das gewesen, sagt er 2002 und beschreibt, was das, was Berlin für ihn musikalisch bedeutet hat:

Und das brachte ich dann zusammen mit meiner Musik, die von Rhythm & Blues geprägt war. Einen größeren Gegensatz konnte man sich gar nicht vorstellen. Und die beiden Einflüsse zu kombinieren, war für mich ein echter Durchbruch. Brian Eno, Tony Visconti – die beiden und ich, wir hatten den Eindruck, uns in Berlin auf ein völlig neues Gebiet zu begeben.

EXPRESSIONISTEN. Bowie malt. Auch in Berlin. Deshalb die Staffelei in der Hauptstraße 155. *Berlin Landscape with J.O.* ist der Titel eines Bildes. Gebäude im Hintergrund, kahle Baumgerippe, die karge Wiese in Gelb, ein Mann, ein Gesicht. J.O. ist Jim Osterberg, und das ist Iggy Pop, die Landschaft ist der Tiergarten. Das Cover der LP

Ihr letzter Film: Der Berliner Welt-Star Marlene Dietrich 1978 in Paris mit dem Regiestab von Bowies Berlin-Film *Schöner Gigolo, armer Gigolo.*

Heroes zeigt Bowie. Schräger Kopf, die Augen blicken starr, wie der Körper in der Bewegung erstarrt zu sein scheint. Die linke Hand starr erhoben, wir sehen den uns zugewandten Handrücken, die Rechte vor der Brust. Rüther weist uns hin auf Anregungen, Vorbilder aus der bildenden Kunst für diese Gestaltung, Haltung. Da ist Ernst Ludwig Kirchners Bild *Roquariol* von 1917. Da ist Erich Heckels *Männerbildnis* von 1919; es gehört dem *Brücke*-Museum in Berlin. Identifiziert sich der Berliner Bowie mit den Männern, die er abgebildet gesehen hat in der Kunst, vielleicht sogar mit den Malern, die sie geschaffen haben? Schließlich gibt es das Gemälde *Liebespaar zwischen Gartenmauern* von 1916, das Otto Mueller gemalt hat. Assoziiert es Bowie, als er das Paar an der Mauer gesehen hat, als er *‚Heroes‘* geschrieben, gedichtet hat? Alle drei Maler sind Expressionisten, sind Maler der Künstlergruppe *Die Brücke*, haben zeitweise in Berlin gelebt, gemalt. In Berlin ist Bowie oft im Brücke-Museum gewesen. Die Expressionisten haben ihn beeindruckt. Aufgesogen hat er sie, der *Schwamm* Bowie. Das Ber-

Auch in Ost-Berlin zu hören: David Bowies Konzert am 6. Juni 1987 vor 60.000 Menschen vor dem Reichstag. Anlass war die 750-Jahr-Feier.

lin der 1920er-Jahre, seine Künstler. Er nennt sich *Brechtianer*, 1982 bringt er die Platte *Baal* heraus mit fünf Liedern aus Brechts Theaterstück. Bowie ist fasziniert von Berlins Kunst, Kultur, vielleicht mehr von seiner Vergangenheit als von seiner Gegenwart.

MARLENE DIETRICH. Die gebürtige Schönebergerin verkörpert das vergangene Berlin noch in der Gegenwart der 1970er-Jahre. In Bowies Berliner Jahre gehört ein Film aus Berlins großer Zeit, es wird der letzte der großen Dietrich. Er gewinnt sie, die Rolle der Baroness von Semering zu spielen. Sie hatten telefoniert. Sie ist die *Madame* der *Eden Bar*, in der sie die Eintänzer aus der abgestürzten Aristokratie tanzen lässt. Bedingung der 77-Jährigen ist, dass die Kulisse des in West-Berlin gedrehten Films in Paris aufgebaut wird. Ihre Biografin Eva Gesine Baur erzählt, dass sie enttäuscht war, als sie im Jeansanzug im Vorstadtstudio erscheint, und Bowie nicht da ist. An diesem 5. Dezember 1977 singt sie *Schöner Gigolo, armer Gigolo*, erst auf Englisch, dann auf Deutsch, es ist beim ersten Mal im Kasten. Es ist ihre letzte Filmrolle. Der Stoff erinnert entfernt an Erich Kästners Berlin-Roman *Fabian* aus der zu Ende gehenden Weimarer Republik. Bowie gibt den Gigolo *Paul*. Es ist nicht seine erste Filmrolle, nicht seine letzte. Der Film floppt. 1987 erzählt er, dass sich das Team nach ein paar Wochen Arbeit einig war: „‚Der Film ist komplett scheiße, oder?'" Wahrscheinlich war es nach den Dreharbeiten, Ende Februar 1978, dass er Berlin verlassen hat. Bowie: „Und dann ... war Berlin vorbei. Ich hatte gar nicht vor, Berlin zu verlassen, ich bin einfach weggedriftet."

CONCERT FOR BERLIN. So hießen die drei Konzerte vor dem Reichstag in West-Berlin im Rahmen der 750-Jahr-Feier Berlins. Bowies war am 6. Juni 1987 das erste. Zehntausende waren gekommen. Auf der anderen Seite der Mauer in Ost-Berlin drängen junge Menschen Richtung Westen, wollen etwas hören, etwas mitbekommen, dabei sein. Das DDR-Regime ist in Bedrängnis. Auch als an den beiden Folgetagen die *Eurythmics* und *Genesis* spielen. Tagelang Gewalt, Auseinandersetzungen, *Zuführungen*, wie die Verhaftungen im Stasi-Jargon heißen. David Bowie sang vor dem Reichstag die Berlin-Hymne *‚Heroes'*. Der einzige große Popsong über die Berliner Mauer.

NACHKLAPP. Am 22. August 2016 enthüllte der Regierende Bürgermeister von Berlin Michael Müller am Haus in der Hauptstraße 155 die Berliner Gedenktafel für den am 10. Januar mit 69 Jahren verstorbenen David Bowie. *‚Heroes'*, sagt Müller an diesem Tag zu *Bild*, gefalle ihm von Bowies Liedern am besten.

Wolfgang Kohlhaase – Das Drehbuch zu Konrad Wolfs letztem Spielfilm

Seine Erzählung, sein Drehbuch, sein Film: Wolfgang Kohlhaase 1992 bei den Dreharbeiten für *Begräbnis einer Gräfin.*

SANIJE TORKA IST SCHLAGERSÄNGERIN in Ost-Berlin, gehört zur Bohème des Prenzlauer Bergs. Tochter von Krimtataren ist sie. 1980 wird ihre Geschichte zur Fabel eines Spielfilms verfremdet, unerkennbar eigentlich, ohne ihren Namen. Trotzdem bekommt sie Ärger mit Kollegen aus der Branche, besonders mit Conférenciers, die schlecht wegkommen und die sie erkennen als Vorbild für die Hauptfigur des Films. Torka war bekannt. 2009 wird ihre reale Biografie unter dem Titel *Solo für Sanije – Die wahre Geschichte der „Solo Sunny“* zu einem Dokumentarfilm des MDR. Am 15. Januar 1944 wurde sie als Kind von *Ostarbeitern*, also von deportierten Zwangsarbeitern, in Beelitz bei Potsdam geboren. Es ist NS-Zeit, Krieg. Zwangsarbeiter durften keine Kinder bekommen. Ihre Eltern legten das Baby vor dem Jugendamt ab. Sie bekam amtlich den Namen Eva-Maria. Eine Kindheit in Kinderheimen, bei Pflegeeltern, die schlagen, und in mehreren der berüchtigten *Jugendwerkhöfe*, den brutalen, unwürdigen Umerziehungslagern des SED-Staats für Jugendliche, die als unangepasst, schwierig, schwererziehbar eingestuft waren. Auch die *Sunny* des Films ist Waise, war im Heim. Torkas Schlosserlehre ist nicht abgeschlossen, dafür aber die Schauspielausbildung. Auch die Sunny des Films hat eine Vergangenheit in einem Betrieb. Torka spielt in Filmen mit. In der *Berliner Zeitung* steht: „Sanije Torka feiert gewisse Erfolge als Sängerin, auch von Schlagern, die ihr nichts bedeuten – diese Musik war zu wenig für ihre Kraft und Energie. Sie hätte sich trauen sollen, Rock ’n’ Roll zu singen, sagt sie einmal im Film.“ Sie tingelt durch die DDR-Provinz. Wolfgang Kohlhaase, Drehbuchautor, kannte Sanije und ihre Geschichte. Er kannte das Interview mit ihr, das die Journalistin Jutta Voigt für die Wochenzeitung *Sonntag* in Ost-Berlin geführt hatte, das aber nicht gedruckt wurde. Voigt steht 1980 als Beraterin im Vorspann des Films *Solo Sunny*. Die Sunny des Films heißt im richtigen Leben Ingrid Sommer. In ihrer unangepassten Kompromisslosigkeit war Sanije Torka nicht wie *unsere Menschen*, wie die SED ihre Bürger gern nannte. Im Künsterclub *Möwe* hatte Voigt sie getroffen: „Diese Art totaler Offenheit. Sie hatte keine Hemmungen. Und eine Ehrlichkeit, die weh tun wollte. Sie zielte. Und sie konnte jeden durchschauen, sofort. Sie war schlagfertig." Die Sunny des Films spricht ganz ähnlich mit dem Krankenhausarzt, der nach ihrem Selbstmordversuch mit ihr redet. Kohlhaase war bekannt für sein Gedächtnis. „Ich merke mir Merkwürdigkeiten, kleine Geschichten, Gesten, seltsame Sätze", sagt Kohlhaase 2006 dem *Tagesspiegel*. Sanije Torka kannte er lange, bevor er für Konrad Wolf das Drehbuch von dessen letztem Film *Solo Sunny* schrieb, der 1980 in die Kinos kam.

KOHLHAASE IST BERLINER, geboren am 13. März 1931, aufgewachsen die ersten 20 Jahre in Adlershof, Genossenschaftsstraße 43, in der Siedlung der Baugenossenschaft Berlin, nicht weit von der Köllnischen Heide. Zwei Zimmer haben sie im Parterre, kleiner Garten, Kaninchenstall im Hof. Der Greis sagt: „Was du in den ersten sechs Jahren aus dem Küchenfenster siehst – vergiss es nicht, dann hast du was zu erzählen." Der Vater war Maschinenschlosser in der Fabrik. Adlershof ist Industrievorort, kein Idyll. Der Vater arbeitet bis 68, wird 92 Jahre alt, gepflegt vom Sohn und dessen Frau. Die Mutter, Charlotte, hat der Vater auf dem Tanzboden kennengelernt. Gemeinsam gehen sie aus Pommern nach Berlin. Den Eltern stand Kohlhaase sein Lebtag sehr nahe. Adlershof prägt den Sohn, der immer wieder die spezifische historische Situation seiner Kindheit reflektiert. Alter und Ereignisse wirkten beim ihm sehr besonders zusammen, so meint er. Noch gerade mit zehn Jahren im nationalsozialistischen *Jungvolk* hat er vom Dritten Reich einiges mitbekommen, ohne ideologisch vergiftet zu sein. Die Drahtfunknachricht im April 1945, wonach Heer und Waffen-SS den Bahnhof Köpenick zurückerobert hätten, ist ihm haften geblieben. Was die deutsche Niederlage ihm in kindlicher Naivität bedeutet hat: „Du hast nach zwei Tagen jewusst: Hier hört nichts auf, hier fängt wat an." Es stimmte nicht, was die Nationalsozialisten beteuert hatten. Mit ihrer Niederlage war keineswegs alles vorbei. Im Garten kochten die sowjetischen Soldaten, die meisten 16, 17 Jahre alt, und sie gaben immer etwas ab. Greuel, Vergewaltigungen hat Kohlhaase nicht wahrgenommen in seinem kindlichen Alter. Gegenüber lag die Kommandantur. Da sorgten die Sowjets für Ordnung in der Straße. Das schilderte er 1998 im TV-Interview mit Günter Gaus, dem Journalisten, dessen Residenz als Ständiger Vertreter gegenüber von Biermanns Wohnung lag. Kohlhaases Eltern lasen nicht. Sie besaßen vielleicht zehn Bücher. Aber der Junge, der Einzelkind bleibt, findet darunter dennoch ein Buch, das ihn so fasziniert, dass es ihm scheint, es könne das einzige auf der Welt bleiben, weil man es doch immer wieder lesen könnte, Mark Twains *Die Abenteuer des Tom Sawyer*. Der Moralismus von Karl May klang ihm hohl. Er erliest sich die Welt, ähnlich dem drei Jahre jüngeren Bowie. Rückblickend wundert sich Kohlhasse, woher er die vielen Bücher hatte. Es gibt noch ein zweites wichtiges Buch seiner Jugend, geschrieben von einem heute vergessenen großen Berliner Autor aus dem Wedding, hautnahen Zeitzeugen des Zweiten Weltkriegs auf sowjetischer Seite, Theodor Plievier. Nachdem der Journalist Christoph Diekmann von der *Zeit* aus Anlass des 90. Geburtstags Kohlhaase und seine Frau, den aus Ungarn stammenden früheren Star des DDR-Fernsehballetts Emöke Pöstenyi, 2021 in ihrem Haus in Reichenwalde zwischen Storkow und Bad Saarow besucht hatte, rief der Besuchte am nächsten Tag noch einmal an. Kohlhaase hatte etwas notiert, was er nicht erzählt hatte:

Als eines der ersten Nachkriegsbücher erschien, in Fortsetzungen und auf graues Papier gedruckt, der Roman Stalingrad von Theodor Plievier. [sic] Stalingrad war lange ein Geheimnis – offen und doch dunkel. Zum ersten Mal las ich in einem Buch, auf das ich gewartet hatte wie auf die Wahrheit. Dieser Roman erklärte mir die Niederlage und warum der Krieg letztlich endete, wo ich wohnte. Er erzählte vom Untergang einer Armee und eines Unteroffiziers; für immer merkte ich mir seinen Namen. Der erste Satz hieß: ‚Und da war Gnotke.' In der Schule hatte ich gelernt, dass man Sätze nicht mit UND beginnen darf. Das stimmte auch nicht.

Das beschreibt Kohlhaases intellektuelle Geburt. Es ist das Erleben des Kriegsendes. Es sind nur zwei Antriebe, so sagt er es wiederholt, die ihn geistig in Bewegung setzten: „Ich wollte immer meine Kindheit verstehen und das Leben meiner Eltern. Und ich wollte vor die Haustür treten und gucken: Was ist denn so los?" Ein Schulkamerad hatte verkündet, er habe einen Krimi geschrieben. Er unternimmt erste eigene Schreibversuche, kommt über 40 Seiten nicht hinaus. Das ist der Anfang, und er will einen Beruf, den in seiner Familie niemand vor ihm ergriffen hatte. In dieser Phase ist sein Vater nicht da. Karl Kohlhaase war 1943 eingezogen worden, war Sanitäter in Kurland und bis 1949 Kriegsgefangener im Baltikum. Kohlhaase bewirbt sich bei allen Berliner Zeitungen, Ost und West, und er kann das Wort nicht richtig schreiben: „Volontör". Er arbeitet mit 16 in der Redaktion der Jugendzeitschrift *Start*, deren Chefredakteur gerade 24 ist. 1950 leitet er die Kulturabteilung der Zeitung *Junge Welt*. Kohlhaase erlebt die Rückkehr der Emigranten. Er kannte nur die Sprache des Dritten Reichs, jetzt lernt er ein anderes Deutsch, erfährt, dass es eine andere Welt außer der realen gibt, die der Literatur. Ohne das Wort *Antifaschismus* zu benutzen, sagt er im Interview mit Gaus, dass das seine Haltung beeinflusst habe. Ein Freund ist bei der DEFA Komparse. Er begleitet ihn. Erlebt die Filmwelt, die Leere der Studiohallen, den besonderen Duft des Staubs, den die Scheinwerfer verbrennen. Alle reden mit ihm, erzählen, erklären. Schon im Krieg war er häufig im Kino. Oft unterbrochen waren die Vorstellungen durch die Luftangriffe, aber es hieß: „Die Karten behalten ihre Gültigkeit." Solche Einzelheiten erinnert Kohlhaase 2021 im Interview mit Paul Werner Wagner für die Rosa-Luxemburg-Stiftung nach seinem 90. Geburtstag. 2021, am 1. Oktober, bekommt er den Verdienstorden des Landes Berlin, stirbt mit 91 im Jahr 2022 und ist auf dem Französischen Friedhof begraben.

KINO WURDE SEINE WELT. Mit 19 Jahren ist er für zwei Jahre Dramaturgie-Assistent bei der DEFA in Babelsberg. Ab 1952 ist er freiberuflicher Autor. Kohlhaase arbeitet immer wieder für längere Zeit mit einzelnen Regisseuren zusammen. Der erste ist Gerhard Klein, sie machen 16 Jahre gemeinsam Filme. Beide sind Anhänger des Neorealismus, wie er in Italien gepflegt wird, beide sind Anfänger, nicht geübte Fachleute, die schon im Dritten Reich Filme gemacht haben. Solche arbeiten bei der DEFA, deshalb gehen die Jungen lieber raus auf die Straßen, ins Leben. Die DEFA habe nur eine *Anti*-UFA sein können, sagt Kohlhaase. In der Praxis entfaltet er seine Begabung. Er hat das Handwerk nicht gelernt. Drehbücher, das sind für ihn *gesellig* verfasste Texte, deren Zielgruppe nicht das Publikum ist, doziert er in einfachen, eingängigen, durchdachten Worten, erlernt durch die Erfahrung der sieben Jahrzehnte seiner Filmarbeit. Prosa schreibt sich am Schreibtisch, isoliert, ohne andere. Kohlhaase schreibt Artikel, gibt Interviews, vieles gesammelt im zuerst 2014 erschienenen Band *Um die Ecke in die Welt. Über Filme und Freunde*. Kohlhaase schreibt Erzählungen. 1977 sind sie versammelt in dem Band *Silvester mit Balzac und andere Erzählungen*, 2021 unter anderem Titel neu aufgelegt vom Verlag Klaus Wagenbach. Aber diese Prosa ist in Relation zu seiner Filmarbeit ein kleiner Teil seines Gesamtwerks. Drehbücher seien für diejenigen da, die solche Texte vor der Kamera zum Leben erwecken, auch für die Schauspieler. Jede Rolle, gerade die *kleinen*, müsse wenigstens einen *großen* Satz haben. Kohlhaase liebt Schauspieler. Er ist immer mit am Set. Obwohl er weiß, dass der Drehbuchautor dort keine Rolle hat. Er will sehen, was aus seinem Buch entsteht, ob es funktioniert, damit er da ist, wenn etwas geändert wird. Welcher Drehbuchautor hat mehr Bücher für Berlin-Filme verfasst? Er und Klein machen zwischen 1954 und 1957 drei Streifen über das *Eiszeit*-Berlin des Kalten Kriegs: *Alarm im Zirkus*, *Eine Berliner Romanze*, *Berlin – Ecke Schönhauser*. Nach dem Bau der Mauer 1961 hofft er wie alle in der Ost-Berliner Kulturszene auf die Chance, die eigenen Probleme offen zu verhandeln. 1965 drehen Klein und Kohlhaase den vierten Berlin-Film: *Berlin um die Ecke*. Das *Kahlschlag*-Plenum verursacht den Austausch der DEFA-Spitze, und auch dieser Film gehört zum wohl knappen Dutzend Filme der Jahresproduktion, die gestoppt oder verboten werden. Manfred Krug und sein Regisseur Frank Beyer waren mit *Spur der Steine* von den Folgen des Plenums im Dezember 1965 betroffen. Organisierte Störer waren bei der Premiere im *Kino International* aktiv, der Streifen wurde abgesetzt. Kohlhaase zieht sich zurück. Er wollte keine Filme machen, wie sie jetzt gefordert waren. Flucht in die Prosa. Im Rückblick formuliert er, die DDR-Führung habe zum eigenen Schaden *die Wirklichkeit abbestellt*. Sein nächster Regisseur Konrad Wolf formuliert es in einer Niederschrift, die erst im Wendejahr 1989 veröffentlicht wird, mit dem Satz: „Wenn alle Gegenwartsfilme fehlerhaft – dann muß mit der Ideologie etwas nicht stimmen – zwingende Logik!“ Der Akademiepräsident hatte vom Plenum keine Ahnung, verfolgte es als Gast, ermutigte Christa Wolf zu ihrer Intervention. Sie alle, auch Kohlhaase, glaubten an den besseren deutschen Staat DDR. Seit 1950 ist Kohlhaase in der SED, wovon er in den überlieferten Zeugnissen nie spricht, auch nicht gefragt zu werden scheint. Konrad Wolf ist angesichts seiner Herkunft außerhalb jeder Diskussion. Kohlhaase sagt in einem Interview, geführt in der Gedenkstätte für Friedrich Wolf, den

Renate Krößner in der Hauptrolle: Am Ende ihres Wegs zu sich selbst steht *Sunny* da und hört der Band beim Spielen zu.

Kommunisten, Arzt und Dramatiker, im ehemaligen Wohnhaus der Eltern von *Koni* und dem Chef der Auslandsspionage der DDR, Markus Wolf, draußen im Alten Kiefernweg 5 in Lehnitz, dass *Dissidenz* für den mit dem Bruder im Exil am Arbat in Moskau aufgewachsenen Filmer nie in Frage gekommen sei. Mit dieser Partei gebe es keine Änderungen, so gibt Kohlhaase ein Wort Konrad Wolfs wieder, aber ohne die Partei eben auch nicht. Ausreisen, weggehen, Heimatverlust ist für Kohlhaase wohl nie eine Möglichkeit. Er äußert das deutlich. Konrad Wolf reagiert auf den Druck, sich gegen Biermann aussprechen zu sollen, am 22. November 1976 mit einer Erklärung, die er nicht in seiner Funktion, nicht für die Akademie, sondern nur im eigenen Namen abgibt. Den Text druckt die Theologin und ehemalige Bundestagsvizepräsidentin von Bündnis 90/Die Grünen Antje Vollmer in einem von ihr verfassten Kapitel der mit Hans-Eckardt Wenzel geschriebenen und 2019 erschienenen Wolf-Biografie ab. Erst nach dem Konzert in Köln sei Biermann für Wolf einer geworden, „der einen anderen politischen Weg geht als wir“. Er bediene diejenigen, die die „Beseitigung der sozialistischen Gesellschaft in der DDR“ anstrebten. Wolf unterwirft sich ganz der Sache, so scheint es, wenn er am Ende des Textes die Bedingung stellt, dass die interne Diskussion nur zulässig sei, „wenn die Konterrevolution keine Chance hat“. So hatte das Lambertz verlangt. Konrad Wolfs andere Stimme in diesem Text umschreibt, dass er eine von ihm nicht so genannte *Fehlerdiskussion* anstrebe und dass er „nicht eine Unterschrift gegen die andere aufwiegen“ wolle.

Der erste Film, den Kohlhaase und Wolf gemeinsam machen, ist auf seine Weise ebenfalls ein Berlin-Film. *Ich war 19* von 1968 erzählt den Weg des Sowjetsoldaten *Gregor Hecker*. Kohlhaase schlug ihm das ihm lange bekannte *Lebensmaterial*, also das Vorbild Sanije Torka, als Filmstoff vor. Wolf habe sich sofort interessiert, „gerade weil er wenig von der Szene wusste“. Der Drehbuchautor machte eine Skizze, vielleicht sogar ein Exposé: „Es interessierte ihn auf der Stelle, obgleich er [i.e. Wolf] dann auch sagte: Ich bin nicht aus Berlin, ich bin hier nicht groß geworden, ich habe das Gefühl, ich weiß manches nicht genau, ich will es über den Film begreifen. So wurde ich auf seinen Wunsch Co-Regisseur.“

WIR ERLEBEN DAS LEBEN tingelnder Musiker und Kleinkünstler, die mit alten Fahrzeugen durch die Provinz der DDR von Auftritt zu Auftritt in einfachen Sälen fahren. Die Musikerszene ist ebenso randständig für das sozialistische Ost-Berlin wie die Bohème-Welt von Prenzlauer Berg. Sunny und Ralph sitzen morgens im obersten

Ehrung in Ost-Berlin durch Walter Ulbricht (l.): Am 3. Oktober 1968 nimmt Wolfgang Kohlhaase den Nationalpreis I. Klasse für *Ich war neunzehn* entgegen, rechts Konrad Wolf.

Stockwerk der Mietskaserne in der Sonne am Fenster, das Fensterbrett dient als Tisch für Tasse, Eierbecher, Teller. Sprichwörtlich geworden und Beispiel für Kohlhaases hohe Kunst des Dialogs ist die Situation nach dem Vorspann. Der unbenannte Mann in ihrem Bett bekommt am Morgen gesagt, als sie schon aufgestanden ist: „Is' ohne Frühstück." Als er protestiert: „Is' auch ohne Diskussion." Konrad Wolf: „Die Geschichte, die wir hier erzählen, ist die Geschichte einer jungen Frau. Die nach ihrem eigenen ICH sucht, nach ihrer Persönlichkeit, nach der Verwirklichung ihrer eigenen Vorstellungen [...]." Er redet von der Traurigkeit, die der Zuschauer empfinde, wenn er erlebt, wie Sunny sich wehrt, aber scheitert, ganz unten ist. „Ich glaube, diesen Kelch muß sie, muß auch der Zuschauer voll austrinken", sagt Wolf, und wir denken unweigerlich an seine gerade schmerzlich gescheiterte Ehe. Doch traurig ist das Finale des Films eben nicht. Sunny trägt eine freche weiße Schiebermütze, einen Fuchs um den Hals geschlungen, in engem, langem, dunklem Mantel, sie geht schnellen, entschiedenen Schrittes in schwarzen hochhackigen Stiefeln durch den tiefen weißen Schnee des Winters 1979/80, betritt den Hinterhof, das Fabrikgebäude, erst leise ist die Musik der neunköpfigen Band zu hören, sie geht die Treppe hinauf durch den Schnee, steht vor einer weißen Wand, die Jungs verstummen, im kleinen Ofen brennt das Feuer, und die künftige Solistin sagt:

Ich komm' auf die Annonce wegen der Sängerin. Ich würd's gern machen. Ich schlaf mit jemandem, wenn's mir Spaß macht. Ich nenn' nen Eckenpinkler Eckenpinkler. Ich bin die, die bei den Tornados rausgeflogen ist. Ich heiße Sunny.

Die Antwort ist: „In Ordnung, morgen ist Probe." Sie spielen weiter. Wir sehen ihr Gesicht in der Totale vor der weißen Wand, mit der großen weißen Mütze. Es ist ein ungeschminktes, natürliches Gesicht, sie lächelt versonnen, es scheint, sie ist angekommen bei sich. Kohlhaase über die Publikumsreaktion: „Eine Geschichte taugt ja nur etwas, wenn sie vordergründig glaubhaft ist und zugleich etwas anderes bedeutet. Aber dass das Publikum, als der Film da war, wochenlang über ganz andere Dinge diskutierte, letztlich über die Befindlichkeit des Landes, hatten wir so nicht vorausgesehen und schon gar nicht geplant." Tatsächlich sehen wir einen verschwundenen Prenzlauer Berg, die alten Häuser mit den verkommenen Fensterrahmen, mit den abplusternden grauen Fassaden, den vielen Tauben,

Ehrung in West-Berlin auf der Berlinale: Der schwedische Star Ingrid Thulin übergibt Renate Krößner für ihre *Sunny* am 29. Februar 1980 den *Silbernen Bären.*

den eisernen Mülltonnen im tristen Hof, die aus Eisen sind wegen der glühenden Asche. Denn in den Wohnungen stehen die Kachelöfen, die Mieter tragen rötliche Asche in metallnen Eimern hinunter, die Hucker schleppen die Briketts in die Keller, das zeigt der Film. Die Vermutung, dass nur einer mit einer systemtreuen Biografie wie Konrad Wolf diesen Film hat so drehen können, ist nicht aus der Luft gegriffen. Das Panorama der verschneiten Stadt ist der letzte Schwenk des Films, oben vom Dach des Mietshauses, auf dem die Schornsteine stehen. Der zur DDR-Nomenklatura gehörende Regisseur sagt am 14. Januar 1980 gegenüber der *Norddeutschen Zeitung* aus Schwerin über das Berlin, das *Solo Sunny* zeigt:

Ich glaube, hier ist ein reales, weil objektives und immer individuelles Bild einer Stadt erzählt. Die Klischee-Alternative, das Böse ist der Hinterhof, das Gute in den Neubauten angesiedelt, ist nicht möglich. In diesen Hinterhöfen wird gelebt und zu Ende gelebt. Nicht Romantik, aber Menschlichkeit. Christines Neubauwohnung, ja, ein Stück Lösung. Aber auch das alte Berlin ist Lebenswelt. Würde ist überall möglich und Gefährdung auch.

Vom kurz auf die Premiere am 18. Januar 1980 folgenden gesamtberliner Teil der Geschichte von *Solo Sunny* erzählt Kohlhaase im Interview mit Jürgen Haase für dessen Buch *Zwischen uns die Mauer* über *DEFA-Filme auf der Berlinale* von 2010. In Ost-Berlin hätte man begriffen, dass die Internationalen Filmfestspiele in West-Berlin, es war die 30. *Berlinale*, wichtig seien für die DDR-Filmproduktion. Es sei eine Art *Heimspiel* auf der anderen Mauerseite. Koffer habe man packen müssen, obwohl es nur die Viertelstunde Fahrt war, denn die aus dem Osten loggierten im Hotel Schweizerhof in der Budapester Straße. *Solo Sunny* fiel entgegen der Befürchtungen keineswegs durch, sondern der Applaus hörte nicht auf: „Man kniff sich ins Ohrläppchen und sagte, das kann doch nicht sein, dass es so lange dauert. Das Publikum kannte sich aus mit den Tönen und den Untertönen. Es war ein Berliner Film." Er bekam den *Preis der Filmkritik*, den Publikumspreis der *Berliner Morgenpost* und Renate Krößner sollte für ihre *Sunny* den *Silbernen Bären* entgegennehmen, aber ihr Visum galt für diesen Tag nicht mehr. Es war Wochenende, die zuständigen Behörden arbeiteten nicht. Konrad Wolf rief bei Kohlhaase in West-Berlin an, regte sich auf, weigerte sich, den Preis stellvertretend entgegenzunehmen: „Und was nicht ging, ging am Ende doch: Renate holte am Abend den Preis ab."

Rainer Fetting – Der Berlin-Maler und die *Moritzboys*

Den Abguss der 3,40 Meter hohen Skulptur des 1992 verstorbenen Willy Brandt kennen wir aus der *Tagesschau*. Seine Enkel, Urenkel, im 21. Jahrhundert schon Urur- und Ururururenkel, stehen bei ihren Medienauftritten in der nach ihm benannten SPD-Parteizentrale in Kreuzberg im Schatten ihres letzten bedeutenden Vorsitzenden. Der Porträtist sei bedeutender deutscher Gegenwartskünstler, hieß es am 17.Mai 2020 im ARD-Kulturmagazin *titel thesen temperamente* – aber „erstaunlich unbekannt".

Rainer Fettings bekanntestes Werk: So präsentierte der Künstler seine Skulptur Willy Brandts am 8. Mai 1996 kurz vor Eröffnung der SPD-Zentrale in Kreuzberg.

WOHER KOMMT RAINER FETTING? Das Norddeutsche hört man seinem Sprechen an, das gern Endsilben verschluckt. Er kommt aus Wilhelmshaven. Geboren ist er am letzten Tag des Jahres 1949. Gegenüber dem Online-Magazin *Ruhr Guide* berichtet Fetting Anfang der 2020er-Jahre, dass er aus einer musikalischen Familie kommt. „Bereits als Kind habe ich Klavier gelernt, aber das hat mich nicht so sehr gepackt, obwohl ich Musik sehr gerne mag. Als 11[-]jähriger Junge bin ich zu einem Kinder-Malkurs gegangen. Dort habe ich gemerkt, dass mich das Malen beeindruckt." Eine frühe Erkenntnis. Sein Vater hat den Jungen aber zum Tischler in die Lehre geschickt. Die Ausbildung hat er abgeschlossen und absolviert ein Volontariat als Bühnenbildner an der Landesbühne Niedersachsen Nord, die einen Standort in seiner Geburtsstadt hat. Musik, Malerei, Theater, das sind ihn prägende Sphären. Handwerk ist Grundlage für seine Existenz, für seine Kunst. Berlin habe ihm nahegestanden, weil es über seine Eltern eine Verbindung zu der Stadt gab.

WARUM BERLIN? „Ich wusste schon immer, dass ich nach Berlin wollte, um Kunst zu machen, aber ich habe mich erstmal nicht getraut." Der Sprung gelingt. Kunst habe er schon in Wilhelmshaven gemacht. Er kommt, so nennt er sie, an die *Kunsthochschule* in Berlin. 1972 fängt er das Studium an, beendet es 1978. Es ist die *Hochschule für bildende Künste*, an der er beginnt. Sein Lehrer ist ein aufs Abstrakte ausgerichteter Professor. Hans Jaenisch ist 1907 geboren und 1923 nach Berlin gekommen, wo er den Aufbruch der Kunst in der *November-Gruppe* erlebt und in der Galerie *Der Sturm* Herwarth Waldens seine erste Bilderausstellung hatte. Ein Mann der Berliner Kunsttradition. An der HdK macht Fetting die übliche *Grundlehre*: „Im Anschluss muss man sich bei Professoren für die Malklassen bewerben. Zusätzlich gibt es noch den Aktsaal, bei dem man lernt, akademisch Akt zu malen. Ich habe mich zwar daran beteiligt, aber letztlich habe ich aus eigenem Impuls gearbeitet. Interessiert habe ich mich für Künstlerbiographien, vor allem von Künstlern, bei denen mich die Bilder interessiert hatten.“ Damals schon das Malen aus der inneren Kraft, der Energie, die er in seine Werke stecken, ausdrücken, vermitteln will und kann. Dafür braucht er diesen Impuls, sonst kann er nicht arbeiten. Denn er malt schnell, großformatig, ein Galerist spricht von *Pinselschlägen*. In dieser Phase waren es amerikanische Expressionisten, die abstrakt malten. Fetting gehört schon eher zu der neuen, der Nach-68er-Generation: „Ich habe nie direkt politisch gehandelt, das alles war unbewusst. Emanzipatorische Sachen, die vorher in der Kunst nicht vorkamen, haben mich immer interessiert.“ Er meint den Männerakt, die Thematisierung von (seiner) Homosexualität, die Rassenfrage in den USA. Fetting spricht rückblickend aber von dem damaligen großen ideologischen Druck, der der Kunst eine einzige Richtung aufzwingen wollte. Dagegen hat er revoltiert. Fetting: „Malerei kann nie das

So malte Rainer Fetting 1979 den Fernsehturm und den imaginären Verlauf der Berliner Mauer: *Krähen über Berlin (Berlin am Meer)* ist inspiriert durch den Berlin-Maler Werner Heldt.

sein, wo nachgemalt wird und akademisch wieder umgesetzt wird. Malerei muss immer neu entdeckt werden. Das wurde mir immer aberkannt in dem (Konkurrenz-)Kampf. Meine Arbeiten waren immer politisch gewesen, aber komischerweise hatte es nie ein Theoretiker, bis auf Wolfgang Max Faust, gesehen." Faust war ein Kunsttheoretiker, der Chefredakteur der in den 1980er-Jahren in Frankfurt am Main erscheinenden Kunstzeitschrift *Wolkenkratzer* war. Fetting bejaht die Frage, ob er durch Kunst auf gesellschaftliche Probleme habe aufmerksam machen wollen: „Ich habe aber nie politische Malerei machen wollen, sondern es ging mir nur um die Malerei." Als das Studieren vorbei ist, tut er sich mit Kommilitonen zusammen. Fetting wird einer der *Moritzboys*.

WER SIND DIE *MORITZBOYS?* Neben Fetting sind es am Anfang drei weitere junge Männer. Bernd Zimmer ist Bayer, war beim Carl Hanser Verlag, kümmerte sich um grafisches Gestalten, ging 1973 nach Berlin, studierte an der FU. Nichts mit Kunst, sondern Philosophie und Religionswissenschaft. Der einzige *Moritzboy*, der Autodidakt ist, denn ausgebildete Maler sind sonst alle. Und alle sind Neu-Berliner. Helmut Middendorf aus Dinklage studiert wie Fetting an der HdK beim Vater der *neofigurativen* Malerei Karl Heinz Hödicke, der 1957 nach Berlin gekommen war. Wie Fetting fasziniert Middendorf später das zeitgenössische New York. Wolfgang Ludwig Cihlarz, der sich seit 1973 *Salomé* nennt, stammt aus Karlsruhe und ist Bauzeichner. Er kommt 1973 nach Berlin, arbeitet erst im Beruf, besteht dann die Aufnahmeprüfung an der HdK, studiert ebenfalls bei Hödicke. In Berlin engagiert er sich in der *Homosexuellen Aktion Westberlin*, dem Ursprung der *Schwulenbewegung* in der Westhälfte, jobbt als Kellner im Club *Dschungel* und im *Anderen Ufer* unten bei Bowie, den *Salomé* dort kennenlernt. Er ist unter den vier Männern am wenigsten konventionell, wird von seinem Partner Fetting porträtiert. Guido Fassbender schreibt in seinem Beitrag *Im Grund sind wir alle verhinderte Rockstars* im von der *Berlinischen Galerie* herausgegebenen Ausstellungsband *Rainer Fetting Berlin*, West-Berlin sei Fluchtpunkt für die vier gewesen. Flucht vor dem Wehrdienst in der Bundesrepublik, vor der Wohlstandswelt. Fetting 1999: „Gemalt hätte ich überall. Aber diese Stadt war so kaputt, so ungesund – ich fühlte mich dort wohl, weil ich Elternhaus und Schule und auch mich selbst als ebenso kaputt empfand." Für alle ist Musik wichtig, Zeichen ihrer Identität, ihres Protestes, der weniger politisch, leiser, mehr in ihrer Kunst zu erkennen ist. Fetting, an der Hochschule ebenfalls *schwulenpolitisch* engagiert, und Salomé sind 1975 zusammen in eine Etage des alten Industriebaus Oranienstraße 58 am Moritzplatz gezogen, ins Kreuzberg der *Scherben*. Mit dem Format Super 8 experimentieren nicht nur diese vier zu dieser Zeit. Film ist für sie neues Ausdrucksmittel. Schmalfilmbilder zeigen Fetting und Salomé im Bett, zeigen Fetting ausgelassen herumtanzen durch den kargen, grauen Hof des Baues in der Oranienstraße, ihn wild die nahe Mauer entlangrennen, springen, sich recken. Die Bebauung auf dem Grundstück Oranienstraße 58 malt Fetting wie fast alles, was ihn umgibt, und wie die Menschen, die ihn umgeben. Auf dem Bild *Alte Fabrik (Moritzplatz)* von 1977 sehen wir unter dem oben tiefdunkelblauen Nachthimmel, der unten lichter schimmert von den Lampen der Stadt, rechts das rote hohe Haus, erhellt von Strahlen abendlicher Sonne, dessen Fenster orangefarben leuchten, links der ragende Schornstein, lilafarben diese vom Bombenkrieg übriggebliebenen Häuser, Hinterhäuser, auch deren Fenster orangestrahlend. Das ist der Ort, an dem die vier die Selbsthilfegalerie *Moritzboys* gründen, weil sie nach dem Studium niemanden fanden, der sich ihrer annahm. Die erste Galerie dieses Typs war von 1964 bis 1968, gegründet u. a. von Hödicke und Markus Lüpertz, *Großgörschen 35* in Schöneberg. Hödicke ist Anreger der vier. Sie folgen ihm darin, in West-Berlin, wo der Streit zwischen gegenständlicher Malerei, vertreten vom Gründer der Hochschule für bildende Kunst Karl Hofer, und den obsiegenden Abstrakten vor dem Hintergrund des in Ost-Berlin propagierten *Sozialistischen Realismus* besonders heftig ausgetragen worden war. Der Journalist Boris Pofalla beschreibt die Gruppe in dem Fetting-Ausstellungsband *Taxis, Monsters and the Good Old Sea* von 2017 als Keimzelle, „in der gegenständliche Malerei als raue und emotionale Gegenbewegung zu entmaterialisierter Concept Art und zu Minimalismus neu erfunden wurde". *Moritzboys* könnte auch Name einer Band sein. Berlin, ihr Lebensgefühl sind Thema der vier gegenständlich arbeitenden Maler. Schnell, leicht, transparent, schreibt Fassbender, sei ihre Malerei. Spontanes, Unfertiges, Zufälliges sei wichtiges Kriterium. Dispersionsfarbe ist billiger als Ölfarbe, trocknet schneller, lässt sich leichter verdünnen. Am 12. August 1978 wurde in ihrer Nähe der Punkclub *SO 36* gegründet mit einem der ersten Festivals der Musikrichtung *Neue Deutsche Welle*. Es hieß ironisch *Mauerbaufestival*. Avantgardemusiker spielten im SO 36 und das taten auch die *Moritzboys*, Middendorf an der Gitarre, Fetting am Schlagzeug, Salomé sang und performte, später auch bei *Geile Tiere!* Musik und Malerei im Zusammenspiel: „Wir wollten Gefühl, Rhythmus, Spontaneität in Farbe umsetzen." Farbe, Farben, große, übergroße, riesenhafte Formate, das machen sie alle. Da malen sie einzeln, zusammen Berliner Motive im

SO 36, organisieren dort Ausstellungen. Fassbender zur Funktion der Stadt für die Künstlertruppe: „Berlin, die ummauerte Inselstadt, ist zugleich Motiv, Bühne und Resonanzraum der Malerei – die Musik der Takt.“ Konstitutiv für die begriffliche Formierung der Gruppe als Kern einer neuartigen Kunstrichtung war die Ausstellung *Heftige Kunst*, die 1980 im renommierten *Haus am Waldsee* in Zehlendorf stattfand. Die Truppe zerfällt rasch. Zimmer sagt, es sei der Geruch des Geldes gewesen. Fetting geht nach New York mit einem Stipendium des Deutschen Akademischen Austauschdienstes DAAD. Die Kunst in New York habe ihn interessiert: „Gefesselt haben mich auch Filme, die damals nicht bekannt waren, wie ‚Mean Street‘ oder der berühmte ‚Taxi Driver.‘“ Später wieder in Berlin malte er New York.

WER SIND TROMMLER UND GITARRIST? New York, Fetting erzählt es, war wirtschaftlich am Ende, auf den Straßen lagerten Obdachlose, Alkoholiker. Aus West-Berlin kannte er das nicht. Im Süden Manhattans hatte er in diesem Milieu den 2006 geschlossenen Club CBGB entdeckt, dessen Kürzel sich bei seinen nächsten Bildern im Titel wiederfindet. Die vollständige Abkürzung lautet CBGB OMFUG und das bedeutet: ***C**ountry, **B**luegrass, **B**lues and **O**ther **M**usic **F**or **U**plifting **G**ormandizers*. Das formuliert für einen der Geburtsorte der amerikanischen Punkmusik allerdings ein erstaunlich breites musikalisches Programm, denn der Name bedeutet so viel wie: Country, Bluegrass, Blues und andere Musik für neugierige Musikliebhaber. Als Fetting in Berlin zurück ist, malt er, das ist sein Ziel, die Musik dieses Clubs, in Szenen der Bands, die dort gespielt hatten. Das Motiv heißt *Drummer und Gitarrist*. Er malt es mehrfach. Da ähnelt er Karl Hofer, der gleiche Motive immer wieder neu malte. Nach einem ersten Bild, sagt Fetting, pflege er die Komposition zu abstrahieren und grellere Farben zu wählen. Das lässt sich an dem Motiv vom Trommler und Gitarristen gut nachvollziehen. Das erste Bild ist dunkler, in Gelb, Blau, Schwarz. Fetting: „Diese Bilder inspirierten dann andere Kollegen, Musikbilder zu malen. Ich malte danach die Duschbilder.“ Fetting malt intuitiv, ohne Worte, Begriffe, ohne Erklärungen dafür zu geben. Er steckt Energie in seine Bilder. Die Energie, die sie in ihrer Buntheit, in ihrer Dynamik, in der Bewegung, die sie fast immer zeigen, dem Betrachter vermitteln. Fetting will, ohne erklären zu können und zu wollen, wie, inwiefern, warum die Bildidee immer noch besser verwirklichen. Paradebeispiel dafür ist das Bildmotiv *Drummer und Gitarrist*. Der Kunsthistoriker Heinz Stahlhut, bis 2013 Leiter der Sammlung Bildende Kunst der Berlinischen Galerie, zitiert den Künstler im Fetting-Berlin-Band:

Dieses Bild ist, glaube ich das erste aus dieser Reihe und geht auf den legendären Kult-Club CBGB's in der Bowery zurück [...]. Hier sah ich Richard Hell and the Voivoids und filmte die Band Police, die damals noch unbekannt war, und andere Gruppen. Nach diesem ersten Bild abstrahierte ich die Komposition und legte alles in extremeren Farben an. Es gibt davon etwa acht Variationen.

In einem Interview beschreibt Fetting die Bildgebung der ersten Fassung von 1979. In Gelb, Blau, Schwarz der Blick von der Bühne einer Konzerthalle auf tanzendes Publikum. Scheinwerfer strahlen in Gelb am oberen Bildrand, einzelne Gesichter von Zuhörern ebenfalls in Gelb sind um die gespreizten Beine des Gitarristen erkennbar, den wir von hinten sehen – als ob wir selbst mit auf der Bühne stehen. Der Gitarrist spielt sein Instrument, ist in ekstatischer Bewegung, vermittelt der Szenerie starke sexuelle Aufladung. Links nur die Hände, Unterarme des Trommlers, die dem Betrachter als Verlängerung seiner eigenen erscheinen und ihn ins Geschehen hineinziehen. Wir sehen seine Trommel, in den Händen die Klöppel. Eine andere Fassung ebenfalls von 1979 bringt Rot in den Hintergrund und auch die Hände des Drummers haben einen orangeroten Farbton.

WER HATTE DRUMMER UND GITARRIST IM ZIMMER?
Fettings Bild löste im Amtszimmer im Berliner Rathaus eine stille, ruhige, in gedeckten Farben gehaltene märkische Seenlandschaft ab, gemalt von einem der ersten Berliner Secessionisten, von Walter Leistikow. Es war das Gemälde, vor dem der Regierende Bürgermeister Eberhard Diepgen am Schreibtisch dieses Amtszimmers gesessen hatte. Unter Klaus Wowereit, dem ersten offen Homosexuellen im Amt des Berliner Stadtoberhaupts, hat nach dem Machtwechsel 2001 Fettings Bild mit der New Yorker Szenerie Berlin repräsentiert. Nachfolger Michael Müller ändert nichts. Dessen Nachfolgerin Franziska Giffey hat das Bild am 22. Dezember 2022 abhängen lassen und hat die Bebilderung der Wände ersetzen lassen durch eine sich über zwei 1,80 mal 4,80 Meter große Formate erstreckende Stadtansicht, die der Plein-Air-Maler Christopher Lehmpfuhl im Sommer zuvor vom Rathausdach aus mit seinen Händen gestaltet hat.

WAS SAGEN FETTINGS MÄNNER-AKTE? Berlin, das ist für Fetting in den 1970er-Jahren die Stadt, in der Homosexualität in Deutschland noch am freiesten gelebt werden kann in einer Zeit, die diese sexuelle Orientierung strafrechtlich noch als *Unzucht* einordnet. Berlin hat eine *Schwulenszene*, die Fetting als Maler abbildet. Fettings erste Skulptur war sein Lieblingsmodell Desmond Cadogan, den er in New York kennen gelernt hatte. Der Schwarze sitzt in der Badewanne, das sehen wir als Bildnis; es gibt von der realen Szene beim Modellsitzen ein Foto. Fetting gestaltet Porträts oft nach Fotos, macht auch Selbstporträts, und bringt männliche Akte mit sexueller Ausstrahlung ins Bild, wie es die Kunst über Jahrhunderte mit Frauenbildnissen getan hat. Er tut es als einer der Ersten und versteht es als Zeichen. Der amerikanische Kunstkritiker Travis Jeppesen: „Fetting verstand sich 1977 in Westberlin selbst als Soldat im Kampf gegen eine Kunstszene, die damals extrem schwulenfeindlich war.“ Darin ist eine Teilhabe Fettings am Geist der *Revolte* zu erblicken. Er verwendet die künstlerische Darstellung als *subversives* Instrument der Auseinandersetzung.

WAS BEDEUTEN DIE KRÄHEN VORM FERNSEHTURM? Der Fernsehturm in Ost-Berlin bedeutete eine signifikante Veränderung der Silhouette der Stadt, trat mindestens aus Sicht mancher West-Berliner in Konkurrenz zum Funkturm auf dem Messegelände in Charlottenburg. Der aus mehr als 100 Kilometern sichtbare Bau findet sich auf Fettings Stadtansichten der 1970er-Jahre immer wieder. *Krähen über Berlin*, er hat den Titel links unten auf das Bild geschrieben und signiert mit *R.F. 79*, zeigt den Turm mit der Kugel etwas nach links versetzt von der Mittelachse vor dem oben nachtblauen, darunter von den Lichtern der Stadt erhellten Himmel. Unmittelbar an der Mauer steht in der verfremdeten Darstellung der Turm, auf der Seite der Mauer, von der aus auch der Betrachter des Bildes ihn sieht. Es ist die Leere des Mauerstreifens und seiner Umgebung, rechts unten sind Bauten angedeutet, die Mauer scheint hier in ihrem vom Maler imaginierten Verlauf einen Winkel zu bilden, der von links unten schräg in die Tiefe des Bildes reicht, sich dann in unsichtbarer Ferne nach links wendet, dahinter stehen wieder anonyme Gebäude. Schwarze Pinselstriche entwerfen die Bauten, die Mauer, wenig leuchtendes Gelb, mehr schmutziges, mattes Gelb, olivfarbenes Grün dienen der Kolorierung. Vor dieser nächtlichen Szenerie mit Turm ein schnell vorüberfliegender Schwarm schwarzer Krähen. Besonders diese Vögel, aber auch die von Mauern, Brandmauern und namentlich der einen Mauer beherrschten Berlin-Bilder verweisen auf den großen, 1954 verstorbenen Porträtisten der Stadt der Jahre nach dem Ende des Zweiten Weltkriegs, auf Werner Heldt. Das lernen wir von der im Berliner Kunsthandel tätigen Kunsthistorikerin Simone Wiechers, die Fetting so zitiert: „*Krähen über Berlin* knüpft an Werner Heldt an, der ja *Berlin am Meer* gemalt hat. Ich weiß noch genau, wie mich diese Heldt-Bilder angeregt haben, diese Ruinenlandschaften." Tatsächlich verfremdet der gebürtige Berliner Heldt seine Berliner Trümmerfelder mit den Brandmauern in ihrer Menschenleere zu Meeresufern mit Wellen, Stränden, Booten. Fettings Krähen verweisen auf das Schlüsselgemälde Heldts von 1945/46, in dessen metaphorischem Zentrum die tote Krähe neben dem Krug auf dem Fensterbrett steht. Wir sehen durch das geöffnete Fenster die Mauern und Brandmauern, die Mietshäuser des Nachkriegs-Berlins, das nicht Berlin ist, nur eine Stadt wie Berlin. Und die Krähe spricht aus den Tiefen der kunstgeschichtlichen Tradition von der *vanitas*, der Leere, Nichtigkeit, Starre. Heldt malte das *Wüste Berlin*. Fetting malt die Mauerstadt seiner Lebenswelt. Und er malt sich selbst. 1977 bildet er sich als jungen, jungenhaften Mann mit wenigen Pinselstrichen vor grauem Hintergrund ab. *Selbst mit Mauer, 1977* heißt das Selbstbildnis, das an den Fetting des kurzen Films erinnert, in dem wir ihn die Mauer entlang rennen sehen.

WIE VERFREMDET FETTING SEIN BERLIN? Von der Etage am Moritzplatz hatten Fetting und Salomé den Blick zum Grenzübergang Heinrich-Heine-Straße. Die Mauer war ihr Alltag, wie sie Alltag der Stadt gewesen ist. Fetting malt wie Heldt kein reales Berlin, keine reale Mauer: „Man spürte die ja überall in Berlin, aus diesem Grund habe ich sie verlegt. Weil sie so aberwitzig war, konnte man sie überallhin malen. Ich wollte die Mauer, zumindest nicht artig realistisch im damals korrekten Sinn gelten lassen." 1977 malt er sie noch an ihrem tatsächlichen Ort, in Gelb in der Dunkelheit, mit erleuchteten Fenstern in den Häusern auf der anderen Seite als *Gelbe Mauer (Luckauerstraße/Sebastianstraße)*. 1981 die Verfremdung mit einem in Rot und Schwarz gehaltenen männlichen riesenartigen Akt, der über die Mauer gestreckt sitzt in *Figur und Mauer, rot*. 1988 schließlich die *Mauer am Südstern*, wo sie niemals gestanden hat. Seine Skizzen aus den 1970er-Jahren zeigen, dass sich Fetting erstaunlich intensiv mit dem Motiv Mauer auseinandergesetzt hat. Eindrucksvoll seine *Mauer Triptychon* genannten Skizzen, die zwei Mauerstränge in nächster Nähe gegeneinander im Zickzack verschränkt zeigen. Da scheint eine Assoziation auf zu David Bowies Wahrnehmung des Gemäldes *Liebespaar zwischen Gartenmauern* von 1916 von Otto Mueller im Kontext der Entstehung von *‚Heroes'*.

WIE HEISST FETTINGS MALEREI? Er und die *Moritzboys* werden als *Junge* oder *Neue Wilde* bezeichnet. Fetting kommentiert das

Gemalte Rockmusik: Eine New Yorker Szenerie, gemalt 1979 in Berlin, das ist Rainer Fettings Bild *Drummer and Gitarrist*. Es hing in Klaus Wowereits Amtszimmer im Berliner Rathaus.

skeptisch: „Die Galerie gab es 3 [sic] Jahre. In der kurzen Zeit hatten wir sehr viel zu sagen, unsere Interessen haben sich in der Zeit angenähert. Aber so etwas wie die Wilden gibt es eigentlich nicht.“ *Neue Wilde*, das sei ein Kunstbegriff: „Das ist ein konfuser Begriff. Das ist ein Medienbegriff. Malerei war immer wichtig, wenn die Bilder eine Sensualität ausströmten, bei dem ich persönlich auf Kunst anspringen konnte. Der Begriff sagt heute kaum was aus. Darunter laufen aktuell viele Kollegen herum, mit denen ich nichts gemeinsam habe.“ Francisco de Goya oder Diego Velázquez zählt Fetting zu seinen Vorbildern, sie seien nicht so akkurat gewesen, bei Velázquez sehe man, wie bei ihm, noch Malspuren. Das mache die Bilder, die dargestellten Personen lebhaft. Fetting fasziniert Vincent van Gogh, einer der ersten Maler der Moderne.

FETTING IST DER BERLIN-MALER DIESER ZEIT. Bereits seit den 1970er-Jahren erstreckt sich die Reihe der Berlin-Maler von Max Liebermann über den Ost-Berliner aus dem Wedding Otto Nagel und den Kreuzberger Kurt Mühlenhaupt bis zum Kreuzberger Fetting. Später malt Fetting das sich im Stadtmarketing so bezeichnende *Neue Berlin*, das nach dem Mauerfall entsteht. Aber wie wild durfte und wollte zeitgenössische Kunst in den 1970er-Jahren in Ost-Berlin sein?

Ronald Paris Jo Jastram

Walter Womacka – Brunnen, Fries, neuer Mensch und neues Zentrum

Arrivierter und überzeugter Staatskünstler: Der Maler und Kunstorganisator Walter Womacka am 22. März 1986 in Ost-Berlin.

ULRICH PLENZDORF VERFASSTE 1968 sein auf *Die Leiden des jungen Werthers* Bezug nehmendes Filmszenario. Die Prosafassung von *Die neuen Leiden des jungen W.* erschien nach großen Schwierigkeiten 1973. Der SED war der Gegenstand einer *Revolte* ihrer Jugend nicht willkommen. Der Protagonist Edgar Wibeau spiegelt die Befindlichkeit aufmüpfiger jugendlicher Ost-Berliner im Untergrund der sozialistischen Stadtgesellschaft. Außenseiter Edgar versucht sich als *Halbmaler.* Seinen Widerwillen richtet Wibeau in einer Passage gegen das Werk eines bei ihm anonym bleibenden Ost-Berliner Malers, dessen Reproduktionen in den 1970er-Jahren in vielen Ost-Berliner Wohnzimmern hingen. Auch dessen Schöpfer Walter Womacka hat wie der von Rainer Fetting geschätzte van Gogh 1972 ein Bild mit leuchtend gelben Blüten unter dem Titel *Kleine Sonnenblumen* geschaffen. Wibeau sagt über Womackas auf 1962 datierendes Ölbild *Am Strand*:

> *Ich hatte nichts gegen Old Gogh und seine Sonnenblumen. Aber wenn ein Bild anfängt, auf jedem blöden Klo rumzuhängen, dann macht mich das immer fast gar nicht krank. Bestenfalls tat es mir dann ekelhaft leid. Meistens konnte ich es für den Rest meines Lebens nicht mehr ausstehen. […] Wer es kennt, weiß, welches ich meine. Ein echtes Brechmittel, im Ernst. Dieses prachtvolle Paar da am Strand.*

Plenzdorf war Unterzeichner der Biermann-Petition. Der Schöpfer des Paares am Strand gehörte nicht zu den revoltierenden Künstlern. Womacka unterzeichnete die Biermann-Petition nicht. Als er von Minister und Generalsekretär gebeten wurde, eine Erklärung abzugeben, die die Petition und Biermann verurteilte, weigerte er sich gleichermaßen. Er begründet das in seinen 2004 erschienenen Memoiren mit dem doppeldeutigen Titel *Farbe bekennen*. Womacka nennt Biermann, den er flüchtig kennt, einen „eitlen, überheblichen

Affen“, und er fand es richtig, „ihn rauszuschmeißen“. Er hatte es, schreib er, schwer, das als Rektor den Studenten der *Kunsthochschule Weißensee* zu erklären. Rund 40 soll er aus politischen Gründen in seiner langen Amtszeit von der Hochschule geschmissen haben. Womacka erklärte seine Weigerung dem Minister gegenüber damit, der „solle sich die Zustimmung zum Rauswurf bei jenen abholen, denen ihr sonst immer in den Arsch kriecht!“. Andere hofiere das Regime: „Jener aber, derer man sich sicher wähnte, weil sie stets treu zur Fahne standen, erinnerte man sich nur, wenn man etwas von ihnen wollte.“ Seine Kunst war politisches Vehikel. Ideologie gehörte dazu. Das ändert nichts an seiner Bedeutung, seiner Qualität, seiner Leistung als Künstler. Womacka weist mit Recht darauf hin, dass Kunst ohne Ideologie darum noch lange nicht gute Kunst ist.

WAS WIBEAU AUFREGT, ist die Spießigkeit des Lebens in der kleinbürgerlichen Gesellschaft der DDR. Das symbolisiert für ihn der Erfolg des 1962 in Pankow, in der Elsa-Brandström-Straße 18 nicht weit von seiner Hochschule lebende Womacka, der mit *Am Strand* seinen Durchbruch erlebte. 2004 in den linien- und bekenntnis-

Vielleicht das bekannteste Öl-Gemälde der DDR-Malerei: Walter Womackas *Am Strand* aus dem Jahre 1962 misst 91 x 116 cm.

treuen Memoiren, die dennoch manches kritisch, selbstkritisch analysieren, nennt der Künstler *Am Strand* seinen *Fluch*. Weder sei es sein bedeutendstes noch sein bestes Bild. Wir sehen darauf einen gebräunten Jungen bäuchlings liegend, vor ihm sitzt das Mädchen, hinter ihnen der Ostseestrand, das Meer. Er schaut sie an, sie blickt weg von ihm in die Ferne, gedankenversunken, sinnierend. Beider Hände auf dem Sand. Fingerspitzen berühren sich. Womacka hatte eine solche Szene gesehen. Sie rührte ihn an. Die Tochter seiner Frau, die er als eigene ansieht, diese Uta sitzt mit seinem jüngeren Bruder Rüdiger Modell. Er zeichnet Entwürfe in Pankow. Später sitzen beide einzeln Modell. Auf der Bezirkskunstausstellung des Berliner *Verbandes Bildender Künstler*, des VBKD, dessen Vizepräsident er von 1959 bis 1988 ist, erntet er zunächst keinen Lorbeer. Als die Ost-Berliner *Neue Berliner Illustrierte* das Paar auf die Titelseite druckt, wird es schlagartig bekannt. An die drei Millionen Reproduktionen verzeichnet dieses Gemälde, es gibt Postkarten, Poster, Briefmarken, sogar in den USA, in England, Belgien, es ist in Schulbüchern abgebildet, Aufsätze werden in Schulen geschrieben, Vorträge gehalten. Auf der *V. Kunstausstellung* in Dresden polarisiert es das Publikum. Es ist ein populäres Kunstwerk: „Ich hatte unbewußt etwas ausgelöst, was sehr viele Menschen sehr bewegte. Das war mir unheimlich, und ich hoffte, daß es sich bald legte.“ Er sieht 2004 befriedigt, „daß es in der Gegenwart wohl keine Bilder gibt, die derart das Lebensgefühl sehr vieler Menschen rühren [...].“ Sein Bild gerät zum Leitbild der staatsnahen Kunst des *Sozialistischen Realismus* und der Aufgabenstellung des Regimes für die Kunst. In der Erklärung *Die V. Deutsche Kunstausstellung und ihre Lehren* aus dem Frühjahr 1963 heißt es programmatisch, und das bleibt für Womackas Arbeiten in der DDR-Zeit maßgeblich:

Das Bild entspricht in seiner künstlerischen Aussage der lebensbejahenden, optimistischen Grundhaltung des Künstlers, seiner Freude am Schönen in unserem Leben, seinem ständigen Drang, dieses Schöne den Werktätigen immer wieder durch seine Kunst zu entdecken, ästhetisch erlebbar zu machen und mit den ethischen Vorstellungen des sozialistischen Menschen eng zu verknüpfen. Ohne Furcht, von einigen der Schönfärberei bezichtigt zu werden, erhebt Walter Womacka ganz bewußt mit seinem Bild die Schönheit unseres Lebens, die Schönheit unserer heranwachsenden Jugend und ihres inneren Reichtums zum Schönen in der Kunst und kommt dadurch zur ästhetischen Verallgemeinerung der Wahrheit unseres Lebens.

Es gibt von ihm Varianten des Bildes, und dazu gehört seine für Womackas Verhältnis zu seinem Staat charakteristische Geschichte. In den Besitz des Politbüros gelangt, wird das Bild Geburtstagsgeschenk zum 70. Geburtstag von Walter Ulbricht, der es als Leihgabe nach Dresden gibt. Lotte Ulbricht, die damalige First Lady, bittet Womacka Ende der 1960er-Jahre, ihren Mann zu porträtieren. Der Maler fährt, damals hat er einen *Moskwitsch*, in die Waldsiedlung Wandlitz des Politbüros ins Haus Nr. 7. Der Staatsratsvorsitzende sitzt ihm im Atelier im Monbijou-Park in Mitte. Das Paar besucht den Künstler und seine Frau Hanni in deren Haus in Loddin auf Usedom. Die schwarze Limousine vom sowjetischen Typ *GAZ-13 „Tschaika“*, das bedeutet Möwe, versank wegen ihres Gewichts am Ortseingang im Sand.
Als Zeichen der Sympathie sorgt Honecker auf Womackas Wunsch dafür, dass die von ihm von 1968 bis 1988 als Rektor geleitete, bisher *Hochschule für bildende und angewandte Kunst* genannte Bildungseinrichtung in Weißensee umbenannt wird in *Kunsthochschule Berlin*.
Als Honecker den Vorgänger ablöst, verschwindet das Ulbricht-Gemälde aus der im Alten Museum laufenden Ausstellung: „Ich habe es später nie wieder gesehen.“ Womackas Karriere erleidet keinen Knick.
Seit 1953 entwickelte sich seine Bekanntschaft mit dem Dichtersohn Markus Wolf zur bis ans Lebensende andauernden Freundschaft.
Beide wohnten in Pankow, waren in Usedom Nachbarn, Womacka in Loddin, Wolf in Ahlbeck. *Hauptabteilung Aufklärung* hieß die DDR-Auslandsspionage. Der Maler über *Mischa*: „Privat mit dem HVA-Chef verbunden zu sein, schützte mich sowohl vor bestimmten Zudringlichkeiten wie auch vor Ärger.“ 1983 malt Womacka den Freund, wie er viele führende Genossen porträtiert, darunter auch den Oberbürgermeister von Berlin Friedrich Ebert. Die Mauer findet Womacka noch 2004 hässlich, aber nötig. Ausdrücklich begrüßt er 1968 den Einmarsch in die ČSSR und die Niederschlagung des Prager Frühlings. Er bleibt lebenslang der SED und der DDR treu.

WIE WAR SEIN WEG DAHIN VERLAUFEN? Walter Emil Friedrich Womacka ist am 22. Dezember 1925 in Obergeorgenthal in Nordböhmen, heute Horní Jiřetín, geboren. Er bezeichnet sich als *Sudetendeutschen*. Wenn er mehrfach in Oberaudorf im bayerischen Inntal ein paar Tage verbringt, ist ihm nie bewusst gewesen, dass dort der aus *sudetendeutscher* Vertriebenenfamilie stammende nachmalige Ministerpräsident Edmund Stoiber zur Welt gekommen ist. Womackas Vater ist Buchhalter, glückloser Firmengründer, wiederholt Gärtnereibetreiber, in schlechten Zeiten auch zur Selbstversorgung.
In der Dachkammer bei der Großmutter entsteht die Sammelleiden-

schaft des Enkels, weil dort Krimskrams, alte Sachen, Antiquitäten, ausgestopfte Tiere, Zeitschriften zu durchstöbern sind. Womacka beschreibt das Elternhaus als politisch naiv, schwankend zwischen den Extremen, den Vater als gebildet und bürgerlich, aber in seiner Existenz proletarisch. Not, Arbeitslosigkeit, Aussichtslosigkeit, beengte Wohnverhältnisse prägten Womackas Kindheit. Er ist schüchtern, ein guter Schüler, ging nicht gern zur Schule. Womacka zeichnet viel und freudig. In *Farbe bekennen* druckt er eine Zeichnung vom Sommer 1933. Da ist er acht Jahre: „Bereits in den frühen Arbeiten tauchen alle Motive auf, die sich in späteren Arbeiten wiederfinden: Sonne, Früchte, Pflanzen, tätige Menschen und Tiere“. Wie sehr ist seine Selbstdarstellung aus dem späteren Werdegang erwachsen? Ins Theater geht der Junge gern und oft. Er wird gefirmt, doch der Vater verlässt 1937 die katholische Kirche. Es ist eine Kindheit im Dritten Reich, Kinderlandverschickung eingeschlossen. In der Kriegszeit lernt er Hunger kennen. Fürs Gymnasium fehlt das Geld.

FÖRSTER ODER TISCHLER SCHEIDEN ALS BERUFE AUS. Wohl vor allem die Großmutter hatte ihm beim Zeichnen über die Schulter geschaut, und es heißt anscheinend ganz selbstverständlich: „Das wird einmal ein Maler.“ Der Vater reicht ungefragt Arbeiten seines Sohnes ein. Der Sohn wird an der *Deutschen Staatsschule für Keramik* in Teplitz-Schönau in Nordböhmen angemeldet, seit dem

Hermann Henselmanns *Haus des Lehrers* Anfang der 1960er-Jahre: Das Hochhaus links neben der Kongresshalle am Alexanderplatz mit Walter Womackas Mosaik.

Walter Womackas Selbstdeutung im Mosaik-Fries am *Haus des Lehrers:* Maler (r.) und Stahlkocher (l.) blicken einander an, Arbeiter und Intelligenz im DDR-Sozialismus.

Münchner Abkommen von 1938 Reichsgebiet. Die dreijährige Ausbildung als Zimmer- und Dekorationsmaler, weit mehr handwerklichen als künstlerischen Charakters, beginnt am 1. September 1940. Er besuchte die *Große Deutsche Kunstausstellung* des Regimes in der bayerischen Hauptstadt: „München und seine Kunst begeisterten mich." Damit meinte er angeblich nicht die NS-Kunst. Franz von Stuck, der Lehrer von Paul Klee und Wassili Kandinsky, und die *Münchner Secession* beeindruckten ihn, auch das *Albertinum* in Dresden und die Stadt machten ihm Eindruck. Wie die anderen Schüler sah Womacka die Ausbildung als Durchgangsstadium zum Kunststudium. Sie endete mit der Gesellenprüfung. Die Schule hatte einen Schwerpunkt im Bereich Keramik. Er bekam das Handwerkszeug für seine späteren großformatigen Mosaike und Wandbilder. In Teplitz lernte er Grundbegriffe des Modellierens, der Bildhauerei, der Plastik. Auch hier lernt Womacka gut, hat die besten Zeugnisse, und jetzt ist er gern im Unterricht. Mag das Elternhaus als *proletarisch* beschrieben sein, es ermöglicht eine stringente, das Fundament für seinen künstlerischen Beruf legende handfeste Ausbildung, die er mitten im Weltkrieg abschließen kann. Der Einberufungsbefehl kommt per Telegramm an einem Sonntagmorgen im Juli 1943. Womacka ist siebzehneinhalb. Er muss binnen acht Tagen in Sensburg sein, heute Mrągowo in Polen, damals Ostpreußen. Dann ein Stützpunkt in der Nähe von Minsk, Weißrussland. Er glaubt die diffusen Berichte nicht, dass SS Juden umbringt, Frauen und Kinder. Mit 18 Jahren ist Womacka noch unpolitisch. Von Döberitz aus, wo 1936 das Olympische Dorf gewesen ist, erster Kontakt mit der Hauptstadt, die er mit der S-Bahn besucht. Er geht ins Theater, und er und seine Kameraden werden Komparsen in Veit Harlans Durchhaltefilm *Kolberg*. Dann Ostfront, der Unterarmsteckschuss, eine Narbe, Versteifung und Lähmung des Armes bleiben zurück. Er vermerkt 2004, dass er nie auf einen Menschen geschossen hat. Abenteuerlich das Ende des Krieges, dem er vom Oderbruch über Hangelsberg, Erkner, Köpenick, dem Spreelauf folgend durch Berlins Zentrum nach Westen bis zu den Amerikanern entkommt. In US-Gefangenschaft erfährt er, dass die Tschechen Deutsche vertreiben, er verliert die Heimat. Über ein britisches Lager wird er nach Braunschweig entlassen. Er war kein einziges Mal krank während dieser Odyssee. Er macht Landarbeit, zeichnet, malt wieder, beginnt zu verkaufen. 1946 steigt er auf der *Kunstschule Braunschweig* in die Ausbildung zum Gebrauchsgrafiker ein, erfährt, dass seine Familie in Weimar ist. In Braunschweig die ersten amerikanischen Filme, und er sieht *verfemte* Künstler zum ersten Mal. Abstrakte und Expressionisten wie Max Pechstein, Karl Hofer, Karl Schmidt-Rottluff, Berliner Größen. Auf den Tag der DDR-Gründung, den 7. Oktober 1949, datiert sein Braunschweiger Abschlusszeugnis. In Weimar bei den Eltern lernt er Hanni Schilling, seine Frau, kennen. Der Entschluss fällt, die Studien in Weimar fortzusetzen. In den Erinnerungen heißt es lapidar: „Nach meiner Erfahrung lebt es sich in der Diktatur des Geldes ungleich miserabler als in der Diktatur des Proletariats.“ Er zieht zu Hanni. Sie heiraten. Der Architekt Hermann Henselmann, seit 1946 *Direktor an der Hochschule für Baukunst und bildende Künste* in Weimar, war 1949 gerade nach Ost-Berlin an die *Akademie der Wissenschaften*, ans *Institut für Baukunst*, gewechselt, aber Womacka machte dennoch seine Bekanntschaft. Er studierte hier in der Tradition der 1920er-Jahre: „Mich hat das Bauhaus entschieden geprägt, auch wenn ich selbst nie an dieser Einrichtung war.“ Hier vollzieht sich, so schildert er es jedenfalls, seine Politisierung mit Marxismus-Leninismus-Kursen und der Präsenz des Politischen. Er nimmt 1950 mit Hanni am Deutschlandtreffen der FDJ in Ost-Berlin teil: „Ich erlebte dort, wenn man so will, mein politisches *coming out*.“ Die eigene Kriegserfahrung, das *Nie wieder Krieg!* dieser Zeit, die Sehnsucht nach Gerechtigkeit, Bücher wie *Der stille Don* von Michail A. Scholochow, in dessen Zentrum die Oktoberrevolution steht, und ähnlich wie bei Christa Wolf Gespräche mit Insassen nationalsozialistischer Konzentrationslager führen ihn 1952 in die SED. 1969 bis 1971 ist er sogar Mitglied der Berliner Bezirksleitung. Womacka malt sein erstes politisches Bild mit dem Titel *Friedensdemonstration*. Nach dem Studium hatte er daran gedacht, frei zu arbeiten. Aber er bekommt das Angebot, Assistent in Berlin zu werden. Er nimmt an. Sein erster Arbeitstag in Weißensee ist der 5. März 1953, der Tag des Todes Josef W. Stalins. Es beginnt eine rasante akademische Karriere, die verbunden ist mit künstlerischer Arbeit, künstlerischen Erfolgen und die ihm Honorareinnahmen bringt. Wir nennen ein paar Karriereetappen: Womackas ...

... erste öffentliche Arbeit ist ein Mosaik im Neubau des Krankenhauses im Friedrichshain.
... erste öffentliche Personalausstellung fand im Juni 1955 beim Kulturbund Pankow statt.
... erstes der Nationalgalerie verkauftes Gemälde waren die *Rübenhackerinnen* von 1956.
... erster Film ist 1958 *Ein Bild aus 100.000 Steinen* über sein Mosaik in Eisenhüttenstadt.
... erste Reise geht nach Bulgarien; dann u.a. Italien, Ägypten, Griechenland, Indonesien.
... erste nationale Auszeichnung war der erstmals 1959 verliehene *Kunstpreis der DDR.*
... erste Ausstellung im Ausland war im Sommer 1960 in Sofia.
... erster Auslandsauftrag kommt vom internationalen Eisenbahn-Zentralamt in Bern.
... erster Nationalpreis ist 1962 der III. Klasse; II. und I. Klasse folgen 1968 und 1985.
... erste Professur ist 1965 an der *Kunsthochschule Weißensee.*
... erste Meisterklasse ist 1974 eine an der *Hochschule für bildende Künste* in Dresden.

Der Systemträger und -profiteur Walter Womacka malt ab Mitte der 1970er-Jahre immer öfter Stadtansichten Berlins, seiner Stadt. Aber Womacka gestaltet durch sein Schaffen vor allem das seit den 1970er-Jahren vorfindliche und bis ins 21. Jahrhundert erkennbare Gesicht des östlichen Zentrums der Stadt mit einem sozialistischen Bildprogramm mit. *Kunst am Bau*, hebt er hervor, sei in Ost-Berlin mitgeplant und mitkalkuliert worden. Am Monbijoupark, wo Womacka sein Atelier hatte, gab es das *Institut für Baugebundene Kunst.* Das *sozialistische Metropolenzentrum* sollte sich gegen die *kapitalistische City* absetzen, unausgesprochen gegen die *City West* an Kurfürstendamm und Gedächtniskirche. Anfang der 1960er-Jahre hatte die Partei den Alexanderplatz als Mitte ihrer Hauptstadt bestimmt, und zwar nach der Maßgabe, die Paul Verner als 1. Sekretär der SED-Bezirksleitung von Berlin 1960 formulierte:

Bei der Bebauung des Berliner Zentrums gilt es, die siegreichen Ideen des Sozialismus, das Leben des Volkes in Frieden, Glück und Wohlstand in einem groß angelegten Werk der Stadtbaukunst und Architektur so überzeugend darzustellen, daß es die Werktätigen mit Zuversicht und Kraft, Mut und Begeisterung erfüllt. Der Aufbau des Zentrums verlangt weiter eine klare Gliederung und wohldurchdachte Struktur. Er muss großzügig und weiträumig sein, eine aufgelockerte Bebauung, breite Straßen und genügend grüne Flächen als Lungen der Stadt haben.

Es folgen Auseinandersetzungen um einen zentralen Bau, der als Hochhaus ähnlich dem Warschauer Kulturpalast die *Zentraldominante* im Zentrum Ost-Berlins werden sollte. Protagonist der Wiederbelebung dieses nach wie vor stalinistisch orientierten Entwurfs war der Staatssekretär im Ministerium für Aufbau und Ulbricht-Günstling Gerhard Kosel, der erst 1954 als Emigrant aus der UdSSR zurückgekehrt war und der das industrielle Bauen im Wohnungsbau propagierte. Die Rede war in dieser Debatte von einem *Marx-Engels-Haus*, einer *Stadtkrone*, sogar *Staatskrone*. Kosel, schreibt der Berliner Architekturhistoriker Bruno Flierl in seinem Aufsatz über Hermann

Walter Womackas Kupferrelief am *Haus des Reisens:* Die Versinnbildlichung der Utopie hat den Titel *Der Mensch überwindet Raum und Zeit.*

Henselmann aus dem Jahr 2018, habe den 1959 endgültig abgelösten *Chefarchitekten* von Ost-Berlin zurückgedrängt, der einst mit dem Hochhaus an der Weberwiese den Ulbricht überzeugenden Leitbau der Stalinallee entworfen hatte. Dahinter stehen schwärende Konflikte um Ablehnung der Moderne, stalinistischen Neoklassizismus und Entstalinisierung, wie sie Stefan Heym in seinem in den 1960er-Jahren verfassten, aber erst 2000 veröffentlichten Berlin-Roman *Die Architekten* thematisiert. Einmal mehr hatte der Magistrat wenig mitzureden. Flierl: „Da stand dann Staat über und gegen Stadt!" Was in den 1970er-Jahren das Bild der Ost-Berliner Innenstadt bestimmt, das fußt auf einzelnen Elementen aus dem klammheimlich aus der Wettbewerbsausstellung genommenen Entwurf, den Kosels Widersacher Henselmann 1958/59 außer Konkurrenz für den *Ideenwettbewerb zur sozialistischen Umgestaltung des Zentrums der Hauptstadt der DDR, Berlin* eingereicht hatte. Auf technische und stadtplanerische Realisierbarkeit oder Kosten kam es Henselmann bei seinem provokatorischen Vorschlag eines *Forums der Nation* nicht an. So wollte er die Ost-West-S-Bahn-Trasse unter die Erde verlegen und eine Entlastungsstraße für den Boulevard *Unter den Linden* über die Museumsinsel führen. Er stellte sich einen auf Stelzen *schwebenden* Volkskammersaal vor, einen dem Atomium in Brüssel ähnelnden Doppelbogenbau, darin ein *hängendes* Kongressgebäude in Form einer überdimensio-

Der von Walter Womacka entworfene *Brunnen der Völkerfreundschaft* auf dem Alexanderplatz: Vom Brunnen ging die damalige spiralförmige Pflasterung aus.

nalen Linse, einer Verdoppelung seiner bevorzugten Kuppelbaudachform. Wichtig ist es festzuhalten, dass Henselmann die *Zentraldominante* der Exekutive entzieht, der noch das Hochhaus zugedacht hätte sein sollen, im Geiste eines *demokratischen Sozialismus* der Legislative einen repräsentativen Bau zubilligt. Dieser Gedanke verwirklicht sich ganz anders als bei ihm im *Palast der Republik*. Was in einem Henselmann-Entwurf eines *Deutschen Pantheon* von 1958 als hohe Stahlnadel neben einem überdimensionalen Kuppelbau schräg gegenüber vom Berliner Rathaus aufragt, das ist ein Jahr später in seinem Wettbewerbsbeitrag der *Turm der Signale* geworden, der als technisches Gebäude als neue Dominante gedacht wird und dazu mit dem am 3. Oktober 1969 von Ulbricht eröffneten Fernsehturm auch tatsächlich wird. Seinen Standort bestimmte der Staats- und Parteichef, indem er eigenhändig den im Stadtmodell frei beweglichen Turm platziert. Der Turm zeigt als *Bildzeichen* die Mitte der Stadt an. Aufgrund seiner amtlichen Funktion wusste Henselmann von der internationalen Verpflichtung der DDR, einen solchen technischen Fernmeldeturm zu errichten. Sein Ideenentwurf entspricht mit dem schlanken, sich verjüngenden Schaft, der Kugel und der nadelartigen Antenne auf der Spitze dem Konzept des verwirklichten Baues, wenn der auch strikt in den Proportionen des Goldenen Schnitts gehalten ist. Die Kugel mit dem Café gemahnt an den Sputnik und die Eroberung des *Kosmos*. Henselmann wollte diese Kugel rubinrot strahlen lassen, mit dieser Farbe politisch Signal geben lassen. Am Fuß entwarf er ein schreinartiges kubisches Gebäude, dessen Frontfassade er mit der Losung *Proletarier aller Länder vereinigt euch!* beschriftet wissen wollen, darin ein Marx-Engels-Ehrenraum, in dem die letzte originale Manuskriptseite des *Kommunistischen Manifests* verwahrt werden sollte. Ebenso enthielt sein Modell die Idee, das Portal IV des Schlosses, von dem aus Karl Liebknecht 1918 die *sozialistische Republik* ausgerufen hatte, in einen Neubau zu integrieren, was 1964 mit dem Staatsratsgebäude, verwirklicht worden ist. Henselmanns futuristisch wirkender Plan war Ideenskizze. Andere verwirklichten seine Gedanken in anderer Weise. Womacka vermerkt allerdings, dass Henselmann das 1964 fertiggestellte 54 Meter hohe *Haus des Lehrers* mit der bis 2006 unter der Adresse Alexanderplatz 4 seitlich zurückgesetzten, mit Kuppeldach versehenen *Kongresshalle* entworfen hatte, bevor ein Plan für die Gestaltung des zentral für die Stadt gedachten Alexanderplatzes vorlag. Es ist nämlich Womacka selbst, der erst von Verner den Auftrag bekommt, ein *Kollektiv* zusammenzustellen, um ein Konzept zu entwickeln, das dem Platz und seinen Bauten ein künstlerisches Gepräge geben sollte:

Wir planten einen Brunnen, von dem aus sich eine Spirale aus Bodenplatten über den Platz winden sollte – an einer Stelle unterbrochen von einer Uhr. Sie wuchs als Störfaktor und Achtungszeichen in den Raum. An dieser Stelle hatte einst die alte Urania-Säule gestanden. Die Spirale endete in einem Monument, das auf dem Verbindungsteil zwischen Hotel und Haus des Lehrers errichtet werden sollte. Am Haus des Reisens und für das Pressecafé planten wir einige Wandgestaltungen wie am Haus des Lehrers.

HAUS DES LEHRERS: Das Henselmannsche Ensemble mit der Kongresshalle ist der erste Stahlbetonskelettbau mit vorgehängter Fassade in der DDR, zählt zu den ersten Bauten der Moderne in Ost-Berlin. Er ist inspiriert von Le Courbusiers Entwurf des UN-Sitzes in New York und wird architekturgeschichtlich mit Oskar Niemeyers Capitol in Brasilia verglichen. Beide Baumeister hatten in West-Berlin im Rahmen der Baustellung von 1957 gebaut. Das Haus des Lehrers steht am Platz des verschwundenen Lehrervereinshauses, in dem 1919 die Gedächtnisfeier für Rosa Luxemburg und Karl Liebknecht stattgefunden hatte und wo 1920 der linke Flügel der Unabhängigen Sozialdemokratischen Partei USPD im Zusammenschluss mit ihr die KPD zur Massenpartei machte. Die dritte und vierte Etage des Zwölfgeschossers brauchten keine Fenster, weil hier die *Deutsche Lehrerbücherei* untergebracht wurde. Henselmann hatte an die berühmten Wandbilder in Mexiko gedacht, konnte aber internationale Größen wie David Alfaro Siqueiros, Protagonist des seit 1917 existierenden *Muralismo*, oder Fernand Léger mit seinen maximal 400 000 Mark der DDR nicht bezahlen. Womacka suchte sich ein *Künstlerkollektiv* zusammen und schuf aus statischen Gründen einen gegenüber einem Halbrelief leichten, 125 Meter langen und sieben Meter hohen Bildfries. Farbenfroh und zuversichtlich sind die Motive des am 9. September 1964 übergebenen Prospekts, der vom angeblich glücklichen Leben in der *sozialistischen Gesellschaft* zeugt. Wir sehen Mutter und Kind, Forscher, Bauleute, der Kosmos ist symbolisiert ebenso wie die Atomenergie, die Streitkräfte, und an einer Schmalseite schauen sich der Arbeiter am Hochofen und der Maler bei ihrer Tätigkeit in die Augen. Womacka zum Charakter eines solchen Bilderwerks: „Es muß dekorativ, schmückend, optimistisch sein."

HAUS DES REISENS: Das 1971 fertiggestellte, schräg vom Haus des Lehrers über die Kreuzung gelegene Gebäude an der Ecke Alexanderplatz/Ecke Grunerstraße ist von einem *Kollektiv* um Roland Korn errichtet. Die Adresse lautete bis 2006 Alexanderplatz 5. Es erinnert mit seiner filigranen Lamellen-Fassade über dem breiten Sockel an die Architektur von Egon Eiermanns Abgeordnetenhochhaus *Langer Eugen* in Bonn. Eiermann hatte ebenfalls einen Bau auf der West-Berliner Bauausstellung von 1957 und schuf die Neubauten der Kaiser-Wilhelm-Gedächtniskirche. Womacka gestaltete für den Sitz des *Reisebüros der Deutschen Demokratischen Republik* und der DDR-Fluggesellschaft *Interflug* das 24 mal 5 Meter große Kupferrelief *Der Mensch überwindet Zeit und Raum*. Es zeigt einen Kosmonauten im Raumanzug und verweist auf die womöglich höchste Form des Reisens, nämlich die Raumfahrt. Mit der Suggestion, der Mensch könne die physikalisch gegebenen Kategorien überwinden, ist es Ausdruck der Vorstellung einer Welt des neuen Menschen ohne Gott, in der die Transzendenz vollkommen in die Hand des Menschen gegeben ist. Honecker forderte den Künstler auf zu erklären, das Material sei ein Kupferimitat aus Kunststoff. KPdSU-Generalsekretär Leonid I. Breschnew werde sonst womöglich ärgerlich, sollte er sehe, wie die DDR das knappe, aus der Sowjetunion importierte Kupfer verwendet.

Gehört ins von Walter Womackas *Kollektiv* entwickelte Bildkonzept: Erich Johns Weltzeituhr auf dem Alexanderplatz.

PRESSECAFÉ: Das Haus des Berliner Verlags mit seiner markanten freigestellten Feuertreppe und dem sich drehenden Zylinder mit dem Zeitungsnamen wurde 1973 von einem Architektenkollektiv fertiggestellt. Es korrespondiert mit dem Axel-Springer-Haus an der Mauer in Kreuzberg und sollte mit seiner Beleuchtung und Betriebsamkeit bis in die Abendstunden belebend wirken. Der Fries am vorgelagerten Pressecafé war nach der Wende jahrelang durch die Werbung des

Steakhauses *Escados* verdeckt und wurde im November 2021 freigelegt. Das Emaille-Bild mit Szenen aus Zeitungswelt und Journalismus ist 76 Meter lang und 3,50 Meter hoch. Die Arbeit *Die Presse als Organisator* von Willi Neubert ist in Höhe des ersten Obergeschosses angebracht.

BRUNNEN DER VÖLKERFREUNDSCHAFT: Der von Womacka entworfene Springbrunnen vor dem damaligen *Centrum Warenhaus*, später *Galeria Kaufhof*, ist Ausgangspunkt des bei der Umgestaltung des Alexanderplatzes nach der Wende zerstörten Spiralkonzepts der Platzarchitektur. Das Wasser tritt in 6,20 Meter Höhe aus und fließt spiralförmig über 17 aufgeständerte Schalen mit Durchmessern zwischen einem und vier Metern nach unten dem Wasserbecken mit einem Durchmesser von 23 Metern zu. Das Mosaik am Beckengrund setzt die Spiralgestaltung fort, die bis 2006 im Pflaster des Platzes weiterging. Verwendet sind Kupfer, Glaselemente, Keramik und Emaille. Der umlaufende Fries ist bunt und zeigt Pflanzen und Tiermotive. Eingeweiht wurde der Brunnen am 21. Gründungstag der DDR, dem 7. Oktober 1970.

WELTZEITUHR: Sie wurde am 30. September 1969 kurz vor der Eröffnung des Fernsehturms eingeweiht. Entworfen hat sie der an Womackas Hochschule lehrende Designer Erich John. Der auf einer 2,7 Meter hohen Säule stehende Aluminium-Zylinder mit 24 Flächen hat drei übereinanderliegende Teile. Der mittlere dreht sich und zeigt die Zeit auf den an den feststehenden oberen und unteren Teilen benannten Orten rund um den Globus an. John und seine Mitarbeiter hatten mit der politischen Führung abzustimmen, welche Orte genannt werden durften. Über der insgesamt zehn Meter hohen Uhr dreht sich ein simplifiziertes Modell des Sonnensystems und spielt erneut auf Kosmos und Raumfahrt an.

PRÄSENZ ZEIGTE WALTER WOMACKA am Alexanderplatz im Mai und Juni1973 im Gebäude am Fuß des Fernsehturms mit einer Ausstellung seiner Bilder. Der Katalog ist überliefert. Zu sehen waren seine Sonnenblumen und sein Paar am Strand. Wir gewinnen einen Überblick über das damalige Oeuvre des am 18. September 2010 verstorbenen Malers, der in der Wallstraße 90 zur Miete wohnte und dem man dort ein ebenerdiges Atelier gebaut hatte; eine Gedenktafel der Wohnungsbaugesellschaft Mitte erinnert an ihn. Kaum zu bestreiten sind sein handwerkliches Können und seine Fähigkeit, unter planwirtschaftlichen Bedingungen große Vorhaben umzusetzen. Die

Vielfalt seines Werks ist beachtlich. Sein Vermögen der stilistischen und technischen Variierung ist eindrucksvoll. In späten Jahren sind Einflüsse von plakativer Popart oder des Surrealismus eines Dalí nicht zu übersehen. Ob er ein großer Maler ist, sei dahingestellt. Zweifel am System wie der große Otto Nagel kannte Womacka bis zum Schluss nicht. Er hat Berlins Stadtbild geprägt. Richtig, dass am Ende nicht alle seine Werke im öffentlichen Raum zerstört worden sind. Sie sind Teil der Kulturgeschichte der Stadt. Ost-Berlins schlanker Kolossalbau der 1970er-Jahre, der Fernsehturm, reckt sich in die Höhe. Die Entsprechung des das Stadtbild West-Berlins prägenden Monumentalbaus brillierte mit seinem Bauvolumen und streckte sich in Länge und Breite. Mit 368 Metern ist der Fernsehturm am Alexanderplatz der höchste Bau Deutschlands und 220 Meter höher als der Funkturm in West-Berlin. Ein Bauwerk der Superlative leistet sich in diesen Jahren auch der westliche Teil der Stadt. 320 Meter lang ist das *Internationale Congress Centrum* unter dem Funkturm, es ist 83 Meter breit und 40 Meter hoch, und es war der Anstoß zum Bau des *Palastes der Republik*.

WOMACKA SCHREIBT AM SCHLUSS SEINER MEMOIREN: „Ohne Hanni wäre ich nicht der Maler geworden, der ich bin." Er dankt seiner Frau. Seit sie nach Berlin gekommen waren, organisierte sie ihm ganz traditionell, ganz ähnlich wie die Frau von Bischof Scharf sein Leben, damit er malen, damit er arbeiten konnte. Frauen und Männer nach 1968 – welche Rolle spielen 68erinnen als Mütter, als Sexsymbole, wie steht es um die einfachen Frauen von der Straße?

Prägte das Stadtbild Ost-Berlins: Der zwischen 1973 und 1976 errichtete Palast der Republik des *Kollektivs* um Heinz Graffunder.

Terrorismus, freie Liebe, Mutterschaft – Ulrike Meinhof, Uschi Obermaier und *Paula*

Sie hatte im Untergrund gelebt: Ulrike Meinhof nach ihrer Verhaftung als Terroristin am 6. Juni 1972 in Hannover.

GRETCHEN DUTSCHKE hat die Biografie ihres verstorbenen Mannes als Witwe geschrieben. Sie, so berichtet es Ulrich Chaussy, begehrte gegen die APO-Männer auf, die es ganz traditionell gewohnt waren, dass die *Genossinnen* schwiegen, wenn sie in ihrem Soziologenslang schwelgten, und die lächelten oder lachten, wenn eine das Wort ergriff. Gretchen holte die Frauen zusammen. Gemeinsam lasen sie August Bebels Schrift *Die Frau im Sozialismus*. Das war den Männern nicht geheuer. Rudi Dutschke weigert sich, so belegt sein Tagebuch, dem Vorschlag seiner Frau zu folgen und die „Lage der Genossinnen" zum Diskussionsthema zu machen: „Ich bin nicht bereit, daraus einen grundlegenden Konflikt zu machen. Was bleibt denn sonst noch übrig?"

ULRIKE MEINHOF. Gretchen Dutschke erzählt, dass der Chefredakteur der 1955 verdeckt von der DDR als *Studentenkurier* initiierten und finanzierten Hamburger Zeitschrift *konkret*, Klaus Rainer Röhl, Rudi Dutschke und seine Frau nach Kampen auf Sylt einlud. Dutschkes machten auf der Fahrt einen Zwischenstopp bei ihm in Hamburg, „wo wir zum erstenmal Ulrike Meinhof begegneten, die damals mit Röhl verheiratet war. Rudi diskutierte mit Ulrike, die sich vermutlich zum erstenmal mit der antiautoritären Linie auseinandersetzte." Als Röhls und Meinhofs Ehe wie so viele in der Partywelt der Hansestadt zerbrach, ging die renommierte linkradikale Journalistin Meinhof nach West-Berlin. Die Halbstadt, Doppelstadt war Ziel, Ort ihres familiären und politischen Ausbruchs, Aufbruchs aus der wohlhabenden linksgestrickten Hamburger Mediengesellschaft, aus der schicken Villa in Blankenese, Etappe auf dem Weg aus der Rolle der sozial engagierten Journalistin, *konkret*-Kolumnistin und TV-Diskutantin. Peter Schneider trifft sie das erste Mal noch als Ehegattin im Café Kranzler am Kurfürstendamm. Entgegen dem Anschein von Souveränität, mit der sie ihre Argumente vortrug, habe sie jedoch nervös gewirkt, Streichhölzer zerbrochen, die Hölzchen weggeschnippt:

Mir schien, daß ihr Selbstbewußtsein jederzeit durch eine übergroße Verletztbarkeit, ja vielleicht durch eine Neigung zur Melancholie und Depression gefährdet war. Eben dieser Zwiespalt war es, der mir sofort Vertrauen zu Ulrike einflößte. Ich glaubte, eine Seelenverwandte in ihr zu erkennen.

Es gibt einen andauernden Kampf um die Deutungshoheit über diese *Ulrike*, an dem mit Bettina Röhl eine der beiden 1962 geborenen Zwillingstöchter Meinhofs mit ihren voluminösen bisher vorliegenden beiden Büchern beteiligt ist. Sie meidet das verbreitete Nennen der Person beim Vornamen. Vergleichbar *dem Rudi* umgibt *die Ulrike* bis heute ein Mythos. Das ehemalige Mitglied der im Westen seit 1957 verbotenen KPD Klaus Rainer Röhl stand 1994 vor dem ein Jahr später erfolgten Beitritt zur damals mit einem starken nationalliberalen Flügel versehenen FDP. Röhl bezeichnet 1994 rückblickend als „Zentralzitat" für das Leben der Ulrike Maria Meinhof die Bibelstelle Johannes 16, 33. Er zitiert die Luther-Übersetzung in einer TV-Dokumentation nicht ganz wörtlich: „In der Welt habt ihr Angst, aber siehe, ich habe die Welt überwunden." Das ist der von der ebenso wie das RAF-Mitglied Gudrun Ensslin, der Pfarrerstochter, protestantisch geprägten Meinhof selbst ausgesuchte Konfirmationsspruch. Röhl belegt dessen Bedeutung mit dem Hinweis auf das letzte von ihr überlieferte Dokument, den Kassiber vom Tag vor ihrem Tod, ihrem Selbstmord am 9. Mai 1976 in der Strafanstalt Stuttgart-Stammheim. Angst, die sie doch so sehr spürte, sei reaktionär, habe sie da geschrieben, wo es doch ihr und ihren Komplizen nicht gelungen war, die Welt tatsächlich zu überwinden. „Waisenkind" nennt Röhl seine frühere Frau. Mit fünf Jahren habe sie den Vater verloren, die Mutter mit 14 Jahren mitten in der Pubertät. Aufgewachsen ist sie bei der engen Freundin der Mutter, Renate Riemeck, der Historikerin, die sich selbst als jüngste Professorin Deutschlands bezeichnete, die in der NS-Zeit Kind gewesen war, als evangelische Christin Friedensaktivistin mit DDR-Verbindungen und als Atomwaffengegnerin dem damals in Niedersachsen politisch aktiven Heinrich Albertz nahestand. Er vertraute sich ihr angeblich in einer Ehebruchsangelegenheit an. Das entnehmen wir der Meinhof-Biografie der Ökosozialistin Jutta Ditfurth. Lesbische Neigungen habe Riemeck ausgelebt, ebenso wie das Ulrike Meinhof schon als Heranwachsende tut. Das Ende der Ehe deutet Röhl als den Verlust all dessen, was sich Meinhof aufgebaut habe, Familie, Beruf, Kinder, Haus. Das alles hätte sie *haben müssen*, um dem gefühlten Verlorensein der Waisen zu entgehen. Lassen wir das stehen. Peter Schneider erinnert sich an den Röhl im Kranzler als einen, der ihm wie kaum sonst einer sofort unsympathisch gewesen war. *Kotzbrocken* habe sich Röhl genannt, wenn er mit seiner Frau auftrat, und Schneider zeichnet ihn in *Rebellion und Wahn* so:

Seine Stimme war laut und schneidig, sein Lächeln ohne Charme, sein Witz pompös, sein Aufzug geckenhaft: Wenn ich mich recht erinnere, trug er einen hellen Anzug zu Stiefeletten und eine Sonnenbrille zu seiner in Sylt gegerbten Haut. Alles in allem machte er den Eindruck eines Stutzers, der eher für seinen weißen Mercedes als für irgendeine Überzeugung sein Leben lassen würde.

West-Berlin ist die Stadt, in der Ulrike Meinhofs Leben nach dem Umzug im März 1968 die entscheidende Wendung nimmt. Sie lässt sich anhand dreier Adressen erzählen, einer in Dahlem, einer in Schöneberg und wieder einer in dem damaligen Berlin 33. Ulrike Meinhof über das Leben in der neuen Stadt: „In Berlin lebt es sich leichter als in Hamburg. Die netten Leute zeigen hier leichter, daß sie nett sind. Man trifft sie nicht nur auf Parties. Sie verstehen ihr Privatleben nicht so und mimen nicht so glatte Oberflächen. Das finde ich schön."

GOSSLERSTRASSE 3. Heute würde man das Haus Stadtvilla nennen, es ist ein gründerzeitliches Mehrfamilienhaus. Meinhof zieht dort mit den Zwillingen, der neuen Haushälterin und einer bürgerlichen Möblierung ein. Aus Hamburg waren sie sogar ein Kindermädchen gewohnt. Diese Rolle übernahm die 21 Jahre alte Germanistikstudentin Sabine Zurmühl, die 1976 zu den Gründerinnen der ersten feministischen Zeitschrift Deutschlands *Courage* wurde, die anfangs den Untertitel *Berliner Frauenzeitung* führte. Es ist eine gute Gegend. Die Geschwister kamen an die nahegelegene private und sehr bürgerliche Grundschule der Königin-Luise-Stiftung. Vor allem aber ist die helle Vier-Zimmer-Wohnung nur einen Kilometer entfernt vom Henry-Ford-Bau der FU. Im Wintersemester 1969 hat Meinhof einen Lehrauftrag bei den Publizisten der FU, verlängert aber nicht. Sie stürzt sich in die Studentenbewegung. Die am 7. Oktober 1934 im niedersächsischen Oldenburg geborene Meinhof ist älter als die Studenten, die sie in West-Berlin, bei den Demonstrationen, Veranstaltungen umgeben. Meinhof ist in einer anderen Lebensphase, ist in der Medienwelt bekannt, sogar angesehen. Sie wird einen SFB-Bericht über den Tag des Schah-Besuchs machen, über die Folgen des Todes Ohnesorgs. Deutlich nicht nur in diesem dokumentierenden Beitrag ihre Sympathie für die Studenten. Meinhof lebt den Konflikt, von dem sie sagt, dass alle Frauen ihn austragen, ertragen müssen, den zwischen den Kindern, der Arbeit, bei ihr noch besonders der wichtigen *politischen* Arbeit. Sie wird der kategorischen Forderung der *Genossen* anders als Dutschke letztlich nachgeben. Auch er war damit konfrontiert, dass sie ihm sagten, Ehe, Kinder und das Revolutionär-Sein, das passe nicht zusammen. Er entschied sich anders. Meinhofs Tochter Bettina nennt die Entführung der Zwillinge nach dem Untertauchen in den Untergrund zweite Terrortat der späteren RAF. In ein Palästinenserlager in Jordanien sollten sie kommen, eines jener Lager, die im *Schwarzen September* des Jahres 1970 liquidiert wurden vom Regime in Amman, um den palästinensischen Einfluss zu verringern. Vielleicht wären die Geschwister dort umgekommen. Der Schulkamerad von Röhls jüngerem Bruder und *konkret*-Mitarbeiter, der nachmalige Chefredakteur des *Spiegel*, Stefan Aust, hatte engen Kontakt auch mit Meinhof gehabt, hatte in Hamburg öfters ihren blauen Renault R 4 geliehen. Er fand heraus, wo Bettina und Regine sich aufhielten, beschaffte sich das Kennwort, um sie in Sizilien loszueisen, und brachte sie zum Vater, dem das Sorgerecht durch die Mutter im Untergrund trotz der Anstrengungen ihrer Anwälte nicht zu nehmen war. In die West-Berliner Zeit fällt Meinhofs Besuch bei Biermann, dessen Mutter Emma sich nach der Rückkehr der Kinder nach Hamburg um sie kümmert. Am Ende ist das Verhältnis zu den Töchtern, zur Verwandtschaft, zum alten Leben eine Geschichte des Abbrechens aller Beziehungen, verbunden bald nach dem neuen Anfang in Berlin mit dem Bemühen, die Mädchen zu indoktrinieren. Bevor das geschieht, schreibt Meinhof im Sommer 1968 das Drehbuch für das Fernsehspiel des Südwestdeutschen Rundfunks mit dem Titel *Bambule* von 1970, einer im Berlinischen erzählten Geschichte vom Leben junger Mädchen im Heim, die den Aufstand proben, aber an der mangelnden Organisiertheit scheitern. Der später prominente Fernsehregisseur Eberhard Itzenplitz berichtet von Meinhofs rigider Art, davon, wie sie mit den jungen Frauen arbeitete, sprach, versprach, ihnen zu helfen, Hoffnungen weckte.

KUFSTEINER STRASSE 12. Das ist ein Mietshaus in Schöneberg. Eine gute innerstädtische Gegend, kein Arbeitermilieu. Die stehengebliebenen Häuser im Bayerischen Viertel zeigen damals oft noch Spuren des Zweiten Weltkriegs. Mit Peter Homann war der neue Mann in Meinhofs Leben aufgetaucht, ein Hamburger, der in West-

Berlin lebte und den sie von *konkret* kannte. Mit ihm waren Meinhof und ihre Kinder am 1. Dezember 1969 in die riesige Sechszimmerwohnung mit geräumiger Wohnküche umgezogen. Mit 430 DM war sie billiger als die Goßlerstraße. Nicht mehr bürgerlich war der Stil, so Bettina Röhl, „sondern wir bekamen die klassische APO-Einrichtung". In Meinhofs Wohnung lebten ab Februar 1970 illegal der frühere Kunststudent Andreas Baader und Gudrun Ensslin, als sie nach der endgültigen Rechtskraft ihrer Verurteilung für die mit Komplizen am 2. April 1968 begangenen Brandstiftungen in den Untergrund gegangen waren. Beide konsumierten regelmäßig Drogen. Bei einem LSD-Trip machte Meinhof mit. Homann und Baader, der eigentlich mit Ensslin zusammen war, waren im Konflikt um Meinhof, die „nur noch an diesem Baader hing". Bettina schildert Baader als unsympathischen Mann, der hämisch lachte, als sich das Mädchen gestoßen hatte und weinte. „Baader benahm sich, wie man sich vielleicht den Zuhälterkönig einer kleineren deutschen Großstadt vorstellt." Er wurde nach dem Tipp des auf die Studentenbewegung angesetzten V-Manns Peter Urbach am 4. April 1970 gefasst und in der Strafanstalt Tegel untergebracht. Bettina berichtet, wie sie kindliche Zeugin der Formierung der so bezeichneten Baader-Meinhof-Gruppe wird. Die Wohnung war zum konspirativen Treffpunkt geworden. Regelmäßig kam Anwalt Mahler, nach wie vor korrekt in Schlips und Kragen.

Sie lebten in einer Beziehung: Andreas Baader und Gudrun Ensslin am 14. Oktober 1968 bei der Eröffnung ihres Prozesses wegen Kaufhausbrandstiftung.

Meinhof hatte sich längst äußerlich angepasst, die guten Kleider waren passé, sie rauchte und trank viel. Die Planung, wie die Befreiung des einsitzenden Baader, den die Gruppe als revolutionären Anführer betrachtete, vor sich gehen soll, hat Bettina miterlebt, in ihrem Alter aber nicht verstanden. Die erwachsene Journalistin deutet das Zusammentreffen in der Kufsteiner Straße als Gründungsakt der *Rote Armee Fraktion*. Der Verleger Klaus Wagenbach wird einbezogen. Ulrike Meinhof hat Kontakt zu ihm. Es soll ein fingiertes gemeinsames Buchprojekt geben, für dessen Erarbeitung Baader aus der Strafanstalt in die Fachbibliothek des *Deutschen Zentralinstituts für soziale Fragen* Ausgang bekommt.

MIQUELSTRASSE 83. Der Sitz des Instituts unter der heutigen Adresse Bernadottestraße 94 ist in einer Villa mit Garten. Die Befreiung Baaders am 14. Mai 1970 ist die erste Straftat der RAF mit Waffen. Der Plan läuft aus dem Ruder. Baader wird ausgeführt. Meinhof ist vor Ort, obwohl sie bei der eigentlichen Befreiung schon verschwunden sein soll. Aber es geht schief, zwei Personen werden getroffen, darunter der Angestellte Georg Linke, der lebensgefährlich verletzt wird. Meinhof springt aus dem Fenster in den Garten. Dieser Sprung ist der Sprung in den Untergrund. Sie wird mit Baader zum Namensgeber der oft so bezeichneten *Bande*. Sie radikalisiert sich, plädiert für Waffengewalt und für Gewalt gegen Menschen, indem sie Menschen entmenscht. Sie wird die Stimme der RAF, sie formuliert Ideologie, Strategie der Organisation. Einen Monat nach der Befreiung Baaders, am 15. Juni 1970, steht das einer französischen Reporterin im Untergrund gegebene Meinhof-Interview im *Spiegel*. Hier verlautbart sie: „Wir sagen natürlich, die Bullen sind Schweine, wir sagen, der Typ in Uniform ist ein Schwein, das ist kein Mensch, und so haben wir uns mit ihm auseinanderzusetzen. Das heißt[,] wir haben nicht mit ihm zu reden, und es ist falsch, überhaupt mit diesen Leuten zu reden, und natürlich kann geschossen werden." Es ist die Kriegserklärung, gerichtet an die West-Berliner Polizei, an die Bundesrepublik Deutschland und ihre bürgerliche Demokratie. Es folgt das Dokument mit dem Titel *Konzept Stadtguerilla*. Zitat:

Wir machen nicht „rücksichtslos von der Schußwaffe Gebrauch". Wir schießen, wenn auf uns geschossen wird. Wir behaupten, dass die Organisierung von bewaffneten Widerstandsgruppen zu diesem Zeitpunkt in der Bundesrepublik und Westberlin richtig ist, möglich ist, gerechtfertigt ist.

Fahndungsplakat an einer Litfaßsäule in West-Berlin, 22. Mai 1970: Nach Ulrike Meinhof wird wegen versuchten Mordes gefahndet.

Die biografische Episode in West-Berlin ist am 21. Juni 1970 vorbei. Ulrike Meinhof reist über Ost-Berlin in den Nahen Osten, zunächst in die jordanische Hauptstadt Amman. Mitreisende sind u. a. Baader, Ensslin, Astrid Proll, Monika Berberich. Die Plakate mit dem Foto von Meinhof, die in West-Berlin an den Litfaßsäulen kleben, sind die ersten Fahndungsplakate, die nach 1945 wieder im Stadtbild zu sehen sind. Im August ist sie wieder da, will sich in Ost-Berlin mit palästinensischen Kadern treffen, vor allem will sie mit der *Ostberliner Staatselite*, wie es Tochter Bettina 2018 ausdrückt, über den *bewaffneten Kampf in der Bundesrepublik* reden. Sie spricht unangemeldet beim Zentralrat der FDJ Unter den Linden vor, wo nach der Wende das ZDF-Hauptstadtstudio einzieht. Ganz selbstverständlich, so der Eindruck aus dem in ihrer Stasi-Akte vorfindlichen Bericht über ihre Visite, spricht sie davon, mit hohen Funktionären wie dem Politbüromitglied Albert Norden oder dessen Mitarbeiter Werner Lamberz, ein Jahr später ebenfalls im Politbüro, zusammentreffen zu wollen. Ulrike Meinhofs Ausstrahlung als Person und ihre Prominenz beförderten das Ansehen der RAF und sind Erklärungsmoment für die Unterstützung, die die Straftäter bei vielen linken Intellektuellen fanden. Der Friedenauer Peter Schneider bekennt zu seiner Reaktion auf die Baader-Befreiung:

Meine damalige Freundin Barbara erinnert mich daran, daß ich sie nach der Nachricht an der Hand nahm und mit ihr für ein paar Tage nach Sylt fuhr – aus Angst, die Baader-Befreier könnten im nächsten Augenblick in meiner Wohnung am Cosimaplatz auftauchen. Bei dieser Fluchtreaktion blieb es – öffentlich habe ich kein Wort des Protestes verlauten lassen.

USCHI OBERMAIER. Nach West-Berlin war sie gekommen, weil sie sich in den Kommunarden Rainer Langhans verknallt hatte. *Ich bin's* ist Titel von dessen 2008 erschienener Autobiografie über *Die ersten 68 Jahre*, so der Untertitel. Geboren ist Langhans am 19. Juni 1940 in Oschersleben. Heimat sei ihm Jena, schreibt er. Dort hatte auch Meinhof Wurzeln, und in dieser Stadt leitete ihr Kunsthistoriker-Vater seit 1936 das Stadtmuseum. Leichtlebig, der Liebe zugewandt sind auf verschiedene Weise Langhans' und Uschi Obermaiers Väter. Langhans ist ähnlich Meinhof einer der älteren in der *Bewegung*. Den Zweiten Weltkrieg hat er noch erlebt, die Flucht nach Pommern, die Flucht zurück. Aufgewachsen ist Langhans in der frühen DDR, war Jungpionier, aber nicht mehr in der FDJ. Evangelisch getauft ist er, aber Gott bedeutet ihm nichts. 1953 flüchtet die Familie nach West-Berlin, mit der S-Bahn. Ziel ist Köln. Er kommt aufs Internat Königsfeld der Herrnhuter Brüdergemeine [sic]. Der Junge ist schüchtern, gehemmt, unerfahren, Brillenträger, was damals Makel war. Das Abitur ist nicht besonders gut. Er geht zur Bundeswehr, ist Offizier, macht sich später unmöglich, weil er dort die an Mahatma Gandhi erinnernde Strategie einer *sozialen Verteidigung* zur Debatte stellte. Die Offiziersvergangenheit, die Erfahrung von Krieg führt er an als Argument, sich dem Weg der Gewalt, des Terrors zu verweigern. Rainer Langhans ist der ungewöhnliche Fall eines Mannes, der aus der Bundeswehr nach West-Berlin geht, nicht kommt, weil er vor dem Wehrdienst flieht. Er startet in einem Zimmer in Charlottenburg, kennt niemanden, ähnlich wie Schneider: „In Berlin, wo ich meine Zukunft sah, fühle ich mich unzulänglich, ungelernt, ungelebt." Er gerät an Kulturmenschen, kommt in die *Dichterecke* Friedenau. Und er will, ganz bürgerlich, studieren. Im Wintersemester 1962/63 fängt er mit Jura an, sattelt nach zwei Semestern auf Psychologie mit Nebenfach Philosophie und Soziologie um. Er scheitert nach neun Semestern, weil seine Arbeit zum Vordiplom nicht akzeptiert wird. Langhans lässt es bleiben, ist ohnehin schon zu sehr im Politischen engagiert, im Landesvorstand des SDS. Sexualität ist sein Thema, zugleich sein Problem. Das Private sei politisch. Das ist die zentrale These der Kommune: „Alles fing damit an, dass ein paar Leute am 1. Januar 1967 in verschiedenen Wohnungen zusammengezogen sind." Langhans bringt den Konflikt in der Studentenbewegung auf den Punkt: Dutschke und Rabehl machten nicht mit. Langhans hebt Dutschkes Christsein und seine Familienbindung hervor. Langhans' Credo lautet: „Wir haben nicht nur gesagt: der Kapitalismus bringt den Faschismus, sondern die Beziehung zwischen Mann und Frau bringt alle Institutionen und Verhältnisse unter Menschen hervor."

Das Leben also anders zu leben, ist die Aufgabe: „Deswegen war die Kommune das eigentliche Herz der Revolte." Ende März 1967 zieht Langhans in Uwe Johnsons wegen dessen USA-Reise leere Atelierwohnung, ins ersten Domizil der *Kommune I*: „Wir waren zu acht, drei Frauen und fünf Männer. Das war die Urgruppierung – die eine Totalisolation durchgezogen hat." Es gab kein Eigentum, keine Zweierbeziehung, keine Privatheit:

Die Kommune wollte mit ihrer anderen Lebensweise eine allgemeine Zärtlichkeit und damit auch eine andere Sexualität in uns entdecken und realisieren. Das, behaupte ich, ist der eigentliche Inhalt dieses 68er-Gefühls gewesen: die Frage, wie man ein neuer Mensch werden kann.

Nach dem Puddingattentat, von dem Johnson aus der *New York Times* erfährt, beauftragt er Grass und dessen Frau Anna, seine Wohnung zu räumen. Die *Kommune I* landet in einer Wohnung über einem Stundenhotel am Stuttgarter Platz. „Es wurde der Ort der utopischen Phase der Kommune I – wo wir ALLES wollten und alles für möglich hielten." Drogen, Musik, Sexualität sind bestimmende Aspekte des Zusammenlebens. Uschi Obermaier kommt erst in der Spätphase dazu. Er ist bekannt, sie nicht. Sie begegnen sich auf den *Essener Songtagen* 1968. Sie spielt Rhythmusinstrumente in der Band *Amon Düül*. Alles sind auf *Acid*. „Sie war so anziehend für mich, weil sie wohl einem inneren Frauenbild von mir entsprach. Ich war fassungslos – dass es sie gab." Sie kommt zu ihm in die Kommune. Er behauptet: „Ihr Ding war, Männer glücklich zu machen. Und sie wusste, wie das geht. Gelang das, dann würde es ihr gut gehen." Viele One-Night-Stands habe sie als Groupie gehabt. Sie wird die großen Namen später herausstellen: Jimi Hendrix, Mick Jagger, Keith Richards sind die prominentesten. Für ihren Partner Rainer Langhans war das völlig normal, er kommentiert anscheinend vollkommen entspannt: „Ich fand es gut, wenn sie mit anderen Männern ihren Horizont erweitern wollte." *Lustautomat* nannte Langhans sie später, was sie verübelte. Beziehungsfähig sei sie nicht gewesen, habe Pech in Beziehungen gehabt, betonte der Mann im Rückblick: „Sexuelle Revolution hieß aber für die Kommune, selber fühlen, indem man die ausgesandten Gefühle wieder zurückholt." Eifersucht, Schockerlebnisse, das gehörte zur Realität der Kommune. Obermaier habe es erlebt, weiß der Mann: „Und es war selbstverständlich, dass wir voreinander Sex hatten, wie Uschi dann zu ihrem Entsetzen festgestellt hat."

HIGH TIMES heißt die von Olaf Kraemer abgefasste und 2007 erschienene Autobiografie Uschi Obermaiers, die *Mein wildes Leben* schildert. Der Autor hat sie rund 50 Stunden lang für dieses Buch interviewt. Die Gespräche sind die Basis seines in Ich-Form, ihrem Ich, geschriebenen Textes. Das bebilderte Buch will sich verkaufen, Aufsehen erregen, gern Voyeure bedienen. Ursula Obermaier kommt am 24. September 1946 im Münchner Ortsteil Sendling zur Welt. Sie hat einen Hüftdefekt, trägt lange eine einengende Schiene. Dies könne Grund sein für ihren *unbändigen Freiheitsdrang.* Die ihretwegen geschlossene Ehe der jungen Eltern zerbricht rasch, das Verhältnis zur alleinerziehenden Mutter ist schwierig. Der Vater, Dekorateur, nebenbei Schlagzeuger, ein *wilder* Mann, ist für sie *der tollste Mann überhaupt.* Das Kind spricht starken bayerischen Akzent, der ihr Leben lang hörbar ist. An dem Kommunarden und Mitbewohner Kunzelmann nervt sie dessen „fränkisches Gebabbel“, beide können sich nie ausstehen. Kunzelmann sagt über sie: „Des Suppehuhn da, was wees des schon?“ Langhans darauf: „Perlhuhn, bitte.“ Sublime Geringschätzung auch bei ihm. Für Langhans ist Kunzelmann wichtige Orientierungsfigur; in der Kommune nannten sie ihn den *Patriarchen.* Sie gibt an, als Kind schon *kamerageil* gewesen zu sein. Musik ist wichtig, Elvis, Peter Kraus, Ted Herold. „Ich stand sehr früh auf Jungs.“ In der Lehre als Retuscheurin gestaltet sie auf Fotos ihr Selbstbild, wie sie sein will. Körper und Körpergefühl sind ihr wichtig. „Ich habe meine Idealbrüste auf Papier gemalt und sie dann quasi ‚gezwungen‘, genau so zu wachsen, und mit dem Ergebnis war ich zufrieden.“ Sie leidet an der Arbeit, ihrer Regelmäßigkeit, dem frühen Aufstehen: „Die größte Vergewaltigung bedeutet für mich, wenn ich nach anderer Leute Rhythmus leben muss [...]“. Pubertät und Entdeckung des Orgasmus beschreibt sie als Etappen zum eigentlichen Zweck des Daseins: „Ich denke, wir sind auf der Erde, um zu lieben. Darum gibt es Mann und Frau.“ Sie will früh gelernt haben, dass sie kein Anhängsel von Männern sein will. „Ich wollte kein Vielleicht oder nur eine halbe Entscheidung.“ Die Männer sollten sich ihretwegen etwas einfallen lassen. Schwabing, Tanzen, Alkohol und Drogen, Tabletten wie das 1961 auf den Markt gebrachte Amphetamin Captagon, Reisen gehören zum Dasein der Jugendlichen. Im *Big Apple* begegnet sie erstmals Hendrix. Musik wird ihr zum mythischen Erlebnis. Ihr liegt nichts näher, lässt sie schreiben, als Sex mit Musikern zu suchen. Auf der Straße entdeckt ein Fotograf sie als Model. Die ersten professionellen Fotos zeigen sie in damals aktuellen Papierkleidern. In München tritt die deutsche Gruppe *Amon Düül* auf, sie ist fasziniert, trifft den Schlagzeuger, der ihr von der Kommune erzählt, in

Gerade aus Berlin gelandet, München-Riem, 3. Juni 1969: *Kommune*-Gründer Rainer Langhans mit Uschi Obermaier (r. neben ihm) auf dem Weg zu ihren Dreharbeiten für *Rote Sonne.*

der die Gruppe lebt: „Dass dort einer für den anderen da sei, alle Geld in eine Kasse zum Essenkaufen legten und sie wie eine Familie füreinander sorgen. Ich konnte gar nicht genug davon hören – eine Familie, die man sich selber suchte, das kam mir wie der Idealfall vor." Sie zieht ins Landhaus der Gruppe bei München. Sie ist Groupie, unpolitisch. Nach dem Konzert in Essen fährt die Band nach West-Berlin, macht Aufnahmen bei Peter Meisel in den Hansa-Studios. Sie bleibt bei Langhans in West-Berlin, Liebe auf den ersten Blick. Groupieartig scheint ihr von Äußerlichkeiten mitbestimmtes Verhältnis auch zu den Berliner Kommunarden:

Die Kommunarden waren endlich mal Leute, die wie eine Rockgruppe aussahen und nicht wie Politiker und die trotzdem Politik machten. Mir fiel sofort Rainer Langhans auf, der die längsten und schönsten Haare trug. Fast naugthy dreads, wie die Rastas sie trugen. Er wusch sie nicht mehr, und so fielen sie wie ein Brett von seinem Kopf, wenn er sich vorbeugte.

Obermaier hebt hervor: „Die K 1 war *die* Kommune in Deutschland schlechthin, die Mutter aller Kommunen." Sie kommt erst 1969 dazu. Fritz Teufel war nicht mehr dabei, politische Aktionen waren nicht mehr angesagt. Sich vor allen auszuziehen, der Verlust ihrer Bequemlichkeit, der ihr spürbare Widerstand der anderen gegen die Zweierbeziehung mit Langhans, den sie *durch die rosa Brille* sah. Niemand hatte sich vorher so sehr für sie, für jede Einzelheit ihrer Person interessiert. Sie wird attraktives Aushängeschild der Gruppe. Zeigt sich barbusig mit den Kommunarden, mit Langhans auf Fotos. Aber bei den wichtigen und länglichen Diskussionen schläft sie ein, entschuldigt die Müdigkeit mit den *fetten* Joints. Aber tatsächlich: „Es stimmte ja, dass ich kein wirkliches Interesse an der Sache hatte, sondern nur wegen Rainer dort war." Beide brechen aus, in der *Kommune II* können sie stundenweise Zweisamkeit ausleben. Langhans kann angeblich keinen Orgasmus haben. Sie meint, er könne sich nicht seinen Gefühlen ergeben. Retrospektiv lässt Obermaier diese Einschätzung formulieren, die dem Projekt zumindest in ihrer subjektiven Erinnerung jeglichen Nimbus nimmt:

Man kann sogar sagen, die K 1 sei gegründet worden, damit die Jungs endlich mal aus dieser Verklemmtheit rauskamen, wenn sie sahen, dass es anderen auch so ging. Eine Selbsthilfegruppe von kopflastigen Typen – das war die K 1. In ihrer Gefühlswelt waren sie fast alle vollkommen unterentwickelt, hilflose emotionale Krüppel. Aber das waren die meisten Menschen damals.

Schon in der Berliner Zeit setzt die Kommune auf die Medien. Langhans schildert es ebenso, wie es Obermaier andeutet. Ein Beispiel: „Sprüche wie ‚Wer zwei Mal mit derselben pennt, der gehört schon zum Establishment' kamen von der Presse und wurden uns untergejubelt. Aber schlechte Presse war für uns am Ende gute Presse." Außerdem brachte sie Geld. Beide prangen auf dem Titel des *Stern*. Schlagzeile: „Das schönste Paar der Apo". Das Gerücht sagte, sie habe dafür 20 000 DM bekommen. Obermaier versucht sich als Schauspielerin, will eigentlich nicht, aber Langhans hat 25 000 DM Gage herausgehandelt. Sie schildert, wie das Heroin in die Kommune kommt, welche Weiterungen das Rauschgift vor dem Hintergrund der zunehmenden Militanz hatte. „Es war ja nie wunderschön dort gewesen – es ging um Inhalte, nicht um die Dekoration –, aber nachdem Kunzelmann angefangen hatte zu drücken, ging der Laden total den Bach hinunter." Das Paar verlässt West-Berlin. In München gründen sie die *Highfisch-Kommune*. „Eine Art Künstlerkommune, eine Medienkommune." Die schon in West-Berlin erprobte Idee war, die Menschen mit Bildern zu erreichen, zu überzeugen. Es ist eine Illusion, erwachsen aus der Verklärung Obermaiers, aus der Verkennung der Realität durch die sie so unendlich langweilenden ideologischen Konstrukte. Die verkorkste Beziehung zwischen dem Fotomodell und seinem Manager verblasst. Er hängt mehr an ihr als sie an ihm. Zuletzt verbittet sie sich, dass er ihr Apfelsaft bringt. Es war das letzte beide verbindende Ritual. Die Berliner Kommunarden hatten Langhans' Idee für Kommerz und damit für Verrat gehalten. Langhans über Uschi:

Frau Obermaier ist der neue Mensch, und die möchte gern schön sein und zeigen, wie man schön lebt, was bis heute ihre Botschaft ist. Dann werden die Leute das auch wollen und werden sich die Sachen kaufen, denn das ist die Kommunikationsform, die im Kapitalismus dominiert. Dann bedienen wir uns doch ihrer – wir können und werden ihnen das, statt es ihnen beizubomben, verkaufen.

Hinterhaus Stephanstraße 60, Berlin-Moabit, Blick in die ehemalige Schreinerwerkstatt: Blick in den von der *Kommune I* verlassenen Raum.

PAULA. Angelica Domröse wusste es gleich: „Ich bin's – Ich bin Paula." Sie musste es dem Regisseur Heiner Carow bloß noch klarmachen. Der fand sie zu alt. Das Mädchen in Ulrich Plenzdorfs *Filmerzählung* war 22 Jahre. Der Autor war zu dieser Zeit DEFA-Dramaturg. Die Geschichte des auch im Westen erfolgreichen Ost-Berliner Films *Die Legende von Paul und Paula* spielt vor der Biermann-Affäre. Nach dem Film von 1973 ist ein Uferstreifen am Rummelsburger See benannt, inklusive ordentlichem Straßenschild, weil dort gedreht worden war. Produziert wurde im *DEFA-Studio für Spielfilme, Herstellungsgruppe Berlin* in Babelsberg. Domröse war über 30. Sex war ein Argument: „Geht nicht, Heiner, die kannst du nicht nehmen, ich bin nackt besser!", hat sie gesagt. So erzählt sie es in ihren Memoiren.

Max Frisch hat den Streifen zusammen mit Biermann in Ost-Berlin gesehen. Das Urteil des Schweizers am 23. Mai 1973: „Der Film ist lausig; traurig als Symptom einer Frustration, deren Wunschtraum noch Mief produziert." Domröse, sie alle, die ihn gemacht haben, wussten, sie hatten auf nie dagewesene Weise das Spießertum der DDR-Gesellschaft gezeigt. Es ist ein Film über eine Frauengeschichte im Ost-Berlin der frühen 1970er-Jahre. *Paula* ist jung, *werktätig,* will ihr Leben leben, ihr Frauenleben, auch als Mutter. Die *Pille* verschafft Frauen, in Ost wie in West, Freiheit. Domröse setzt sich 2003 in ihren Erinnerungen mit der West-Kritik auseinander. Die *Frankfurter Rundschau* fand den Film „um einiges zynischer als es die Welle der Aufklärungs- und Edelkomödienpornos in den sechziger Jahren war". Es komme noch

Chile-Veranstaltung in der Volksbühne, 23. September 1973: Angelica Domröse klatscht, links hinter ihr (unscharf) ihr Partner in *Die Legende von Paul und Paula*, Winfried Glatzeder.

dazu, „dass Paula, Mutter zweier Kinder, die Befreiung ihrer Sexualität permanent mit dem Ingangsetzen ihres biologischen Fortpflanzungsapparates in eins setzt“. Die Premierenfeier war trotz des Erfolgs still, traurig, weil sie Verbot fürchteten. Wie bei Frank Beyers *Spur der Steine* mit Manfred Krug. Aber dazu kam es nur kurz, nur in den Bezirken Rostock und Erfurt. Was passiert in dem als Kunstgriff *Legende* genannten Film, der deshalb so heißt, weil es eine Verfremdung ist, die ein Gran mehr Erzählfreiheit schaffte? Nach der Geburt sagt der *Professor* zu *Paula*, dass es bitte kein „Auf Wiedersehen“ geben solle, weil sie das nächste Kind nicht überleben würde: „Du bist einfach nicht eingerichtet für ein Dutzend Kinder, begreif das endlich.“ Sie soll endlich an sich selbst denken: „Und laß dir diesmal nicht nur die Pillen verschreiben, sondern nimm sie auch!“ Paula sagt trotzdem: „Auf Wiedersehen.“ Domröse erzählt die Erfolgsgeschichte des Films, den Millionen gesehen hätten: „Ausverkaufte Kinos wegen eines DEFA-Films. Davon hatten unsere Filmstudios immer geträumt, und Carow hatte gezeigt, dass es möglich war.“ Kinder wurden Paula genannt – und Paul. Dessen Idealbesetzung war Winfried Glatzeder. Er ist vier Jahre jünger als Domröse. Waschkörbeweise bekam sie Autogrammwünsche. *Paula* stirbt am Ende. Die Prophezeiung erfüllt sich. Der Liebesfilm ist zugleich ein Frauenfilm, ohne so deklariert zu sein. Einer über Wünsche und Träume ganz normaler Frauen von der Straße. So eine ist *Paula*. So hatten sich Carow und Plenzdorf die *Paula* gedacht. In der *Revolte* gegen ihren Alltag, gegen ihre Rollen, gegen ihre Unfreiheit waren sich Frauen in Ost-Berlin und in West-Berlin vermutlich ähnlicher, als die Filmkritik es wahrgenommen hat. Die *Filmerzählung* beginnt mit dem Ende, einer Szene nach ihrem Tod, einer Szene, die anzeigt, dass wir in Berlin sind, und es ist eine Szene aus Berlin, die in den 1970er-Jahre in beiden Hälften ihre innere Wahrheit hatte:

Berlin.
Es ist Winter.
In einer alten Straße sprengen sie wieder Häuser.
Das erste.
Das zweite.
Sie fallen in sich zusammen.
Als sich die unvermeidlichen Staubwolken verziehen,
werden die Fassaden neuer Bauten sichtbar.
Ein drittes altes Haus. (Das von Paula)

Zwei neue Städte? – Die bunte Moderne und die Revolteure

Nehmt mir's nicht übel,
das kann ich nicht einsehen:
denn, wenn's gut aderlassen ist,
gut purgieren, gut schröpfen,
das steht im Kalender,
und darnach weiß ich mich zu richten;
aber wenn's just gut rebellern sei?
das, glaub ich, ist viel schwerer zu sagen.

JOHANN WOLFGANG VON GOETHE, *DIE AUFGEREGTEN I, 7*

Beide Regierenden Bürgermeister der Jahre zwischen 1966 und 1977 haben mit dem Amt gehadert. Schicksal von Nachfolgern großer Vorgänger wie Ernst Reuter, Otto Suhr, Willy Brandt? Für die Ost-Berliner Oberbürgermeister der Epoche, Herbert Fechner und Erhard Krack, galt Bruno Flierls Wort in abgewandelter Form: Staat und Partei standen über und gegen die Stadt. Heinrich Albertz verkörpert das Verhältnis der West-Berliner zur Studentenrevolte in seiner ganzen Bandbreite. Eine solch rasante Metamorphose zu durchleben und zu durchleiden, das war ihm deswegen möglich, weil er eigentlich stets bußfertiger Protestant und immer politischer *Pastor* gewesen ist. Er sprach rücksichtslos Wahrheiten aus. 1986 charakterisierte er die Realität des West-Berliner Spitzenamtes, die wie in Ost-Berlin ihre Grenzen hatte:

Die Teilung der Stadt wird beklagt, ist aber akzeptiert: Im Februar 1978 errichten DDR-Grenzsoldaten am Brandenburger Tor den Schutzzaun für die Reparatur der Mauer.

Die alliierten Mächte üben die oberste Gewalt aus, und im Ernstfall gibt es keinen Bürgermeister irgendeiner Stadt der Welt, der so wenig regieren kann wie der „Regierende Bürgermeister von Berlin", dessen Amtsbezeichnung sowohl im Anspruch des Titels wie in der Ortsbezeichnung falsch ist.

Mit den Amtskollegen in Ost-Berlin hatte auch Albertz' Nachfolger Klaus Schütz keinen persönlichen Kontakt, obwohl es auf unteren Ebenen Austausch gegeben hat, und das nicht erst in den 1970er-Jahren. Was Albertz entspannungspolitisch geleistet hat, wird immer unterschätzt bleiben. Er dachte daran, die Bindungen West-Berlins an die Bundesrepublik zu lockern, die westlichen Alliieren als eigentliche Souveräne im Interesse gesamtberliner und gesamtdeutscher Ziele mehr in die Pflicht zu nehmen, und er wollte von West-Berlin aus der ehemaligen Hauptstadt dauerhaft die Rolle und Funktion als „Treffpunkt aller Deutschen" und als „Brückenkopf" nach Osten verschaffen. Diese Rolle hatte sie aus seiner Sicht zeitweilig durch die von ihm mitbetriebenen Passierscheinabkommen wahrgenommen, als Menschen aus der ganzen DDR nach Ost-Berlin kamen, um ihre Angehörigen aus West-Berlin zu treffen. Wir haben das Viermächteabkommen mit seinem Junktim für eine vorangehende Berlin-Regelung, womit in der Sache eine Regelung für West-Berlin und seine Bewohner gemeint war, das Transitabkommen und die Reise- und Besuchsregelungen dargestellt, die Errungenschaften der Ära Schütz gewesen sind. Sie lassen die Berliner wieder zueinanderkommen, damit jedenfalls in einer Richtung die Gesamtheit des städtischen Zusammenhangs der einander fremd werdenden Stadthälften wieder erfahrbar wird. Die Vereinbarungen sichern die Verkehrsverbindungen in den Westteil auf Straße, Schiene, Wasserweg. Diese Fortschritte setzen die Anerkennung der immer wieder beschworenen *Realitäten* voraus. Damit beginnt die Mauer als Symbol der Teilung Normalität zu gewinnen. Das Ziel, sie zu beseitigen, rückt in unausdenkliche Ferne, jetzt geht es endgültig darum, mit ihr zu leben. Das war das Ziel der Entspannungspolitik und zugleich ihr politischer Preis. Das West-Berlin unter Klaus Schütz hat strukturelle Probleme, unter denen Arbeitsplatzschwund in der Industrie und Überalterung der Bevölkerung besonders hervortreten. Die Stadt bläht ihre Verwaltung weiter auf, um Arbeitsplätze zu schaffen. Sie leistet sich teure Projekte wie das ICC und den bald international renommierten Flughafen der *kurzen Wege* in Tegel. Für die Explosion von Baukosten, für das Scheitern von Investitionen, vor allem für den *Filz* West-Berlins steht symbolhaft der Steglitzer Kreisel der Sigrid Kressmann-Zschach. Sie wird zur Inkarnation einer rücksichtslosen Sanierungspolitik, die jene von dem Berliner Rio Reiser und seinen *Scherben* in ihren Anfängen begleitete *Revolte* der Hausbesetzer als Angriffspunkt nimmt. Das gehört zum stadtgeschichtlichen Vermächtnis des Regierenden Bürgermeisters und SPD-Landesvorsitzenden Klaus Schütz. Seine Ära hinterlässt unbewältigte Probleme mit großer Fernwirkung.

WAS IST VON DEM GEBLIEBEN, was sich mit der Jahreszahl 1968 verbindet? Schütz als Akteur und Zeitzeuge merkt ein knappes Vierteljahrhundert danach in seinen Memoiren an, dass die Reformen auf dem ureigenen Gebiet der Universitäten „niemanden so recht zu überzeugen" scheinen. Das ist wahr. Als Schütz 1992 seine Erinnerungen publizierte, erreichte die FU im Wintersemester 1991/92 mit 62 072 Immatrikulierten ihren wohl allen 1968 hochschulpolitisch Beteiligten unvorstellbaren Allzeitrekord. Zum Vietnamkrieg stellt der Außenpolitiker Schütz fest, er sei von den USA und nicht auf den Straßen Berlins beendet worden. Auch das Fernbleiben der Regierungschefs der anderen westalliierten Mächte ist ein Indiz von *Normalisierung*. Skepsis äußert Schütz, was die Einflussnahme der *Achtundsechziger* auf deren eigene und auf folgende Generationen angeht. Was er jedoch als bleibend hervorhebt, ist, „daß formale Rechte wie das auf Demonstration auch wahrgenommen werden". Den Strang, der in anderer sozialer Zusammensetzung, nämlich aus Lehrlingen, Jugendlichen, sozialen Randgruppen, aus der 68er-*Revolte* zur *Revolte* von Angehörigen der folgenden Generation führt, nämlich zur Hausbesetzerszene und einer jugendlich mitbestimmten, vor allem Kreuzberger Subkultur, die beide der Stadt durch die Zeiten und Wandlungen bis ins 21. Jahrhundert erhalten geblieben sind, hat Schütz nicht wahrgenommen. Es trifft zu, dass West-Berlin in den Jahrzehnten seitdem, wenn auch unter zahlreichen Rückschlägen, eine routinemäßige Demonstrations-Kultur entwickelt hat, die der Hauptstadt nach der Vereinigung zunutze gewesen ist als Basis für die massiv gesteigerten Anforderungen an die Demonstrations-Hauptstadt Berlin. Hinzu kommt, dass die Kultur der obrigkeitsstaatlich verfassten Berliner Polizei der 1960er-Jahre, wie Albertz sie gepflegt und entwickelt hatte, sich fundamental gewandelt hat. Für die demokratische Kultur des geeinten Berlins weist Schütz nicht auf das Verdienst der 68er allein hin, sondern auf den Fortschritt, den die wechselseitige Dialektik zwischen Protestierern und Staat im West-Berlin der 1968er-Jahre paradigmatisch für das gesamte Land herbeigeführt hat:

Die Ereignisse jener Zeit haben im Staat und bei den Bürgern das Bewusstsein dafür geweckt, was die Freiheiten unserer Verfassung und was der Rechtsstaat tatsächlich bedeuten und wo die Grenzen sind für den Staat und seine Regierenden, aber auch für Interessengruppen und für den einzelnen.

Die hervorstechendste Persönlichkeit im Berlin der 1968er-Epoche ist Rudi Dutschke. Die Studentenbewegung kam nicht aus ohne diesen Protagonisten, aber der Protagonist kam auch nicht aus ohne die auf die Stadtgesellschaft gesehen bloße Massenminderheit seiner Anhänger. Weder die aus den Auseinandersetzungen der Zeit erwachsene Dämonisierung noch die Apotheose werden dem Attentatsopfer und der Persönlichkeit Dutschkes gerecht. Als Erstes gilt es wahrzunehmen, dass er die schöne neue Medienwelt mit traumwandlerischer Sicherheit zur Selbstinszenierung, selbstverständlich im Dienst der revolutionären Sache, genutzt hat. Seinen von der Schwiegermutter gestrickter Ringelpullover kannten alle. Er trug ihn in seinem berühmten Interview mit Günter Gaus, das am 3. Dezember 1967 im Abendprogramm der ARD ausgestrahlt wurde. Da gibt es kurz vor dem Attentat das Dutschke-Cover des Wirtschaftsmagazins *Capital*, das der Popkünstler und Starwerber mit dem gelben Overall Charles Wilp für 5000 DM Honorar in West-Berlin beim Fototermin vor schwarzem Papp-Bildhintergrund schoss. Natürlich ließ ihn das Attentat zum Märtyrer werden. In Dutschkes intellektuellem Werdegang stehen zwei Figuren im Vordergrund. Gemeinsam ist beiden, dass sie Revolutionäre gewesen sind, dass sie geschichtsmächtige Persönlichkeiten sind, dass sie prophetische Züge haben, dass sie Anhänger und Massen bewegt haben, vielleicht auch, dass sie früh gestorben sind – Jesus Christus und Wladimir I. Lenin. Letzterem widmete er seine Dissertation, die 1974 unter dem Titel *Versuch, Lenin auf die Füße zu stellen. Über den halbasiatischen und den westeuropäischen Weg zum Sozialismus. Lenin, Lukács und die Dritte Internationale* bei Klaus Wagenbach gedruckt wurde. Dieser linke Verleger und genauso Günter Grass begegneten uns immer wieder. Sie und andere, besonders die West-Journalisten im Osten wie Fritz Pleitgen nutzten die Porösität der Mauer, um die Kulturleute Ost und West zusammenzubringen. Dutschke hat kein religiöses Verhältnis zum Marxismus-Leninismus, sondern er ist daneben ein religiös inspirierter Mensch. Der Name seines am 12. Januar 1968 geborenen Sohnes, Hosea-Che, der das Biblische und das Kommunistische im Prophetischen verbindet, illustriert vielleicht am besten sein insgeheimes Selbstbild. Nicht zu übersehen sind die Ähnlichkeiten der Prägung des musikalischen Vormanns der Hausbesetzerbewegung. Rio Reiser behält sein Leben lang seine individuell gelebte christliche Ausrichtung bei. Reiser und Dutschke aber verhehlen ihre Christlichkeit vor dem linksradikalen Mainstream, wie es Reiser lange auch mit seiner homosexuellen Orientierung tut. So ist die *Revolte* in West-Berlin zumindest zunächst keineswegs ein Ausbund an Liberalität und Toleranz gegenüber ihr fremden Tendenzen.

Galt bundesweit als Sprecher der Studentenbewegung: Am 6. Dezember 1967 sprach Rudi Dutschke vor rund 1000 Studenten in Köln.

WEST-BERLIN, Wirkungsort der Studentenbewegung in den kurzen Jahren ihrer Existenz, war schon zuvor ein politischer Ort. Massendemonstrationen, Kundgebungen Hunderttausender hatten spätestens ab 1948, ab der Blockade, zu ihrem Alltag gehört. Es bedurfte nicht der Studenten, um die West-Berliner zu politisieren, und das war eine der Paradoxien von 1968. Als Teil der Stadt waren sogar die Universitäten politisch gewesen, bevor die Studentenbewegung kam. Aber die Stadt und ihre Hochschulen waren in ihrer Grundstimmung antikommunistisch gewesen, waren es oft auf militante Weise. Die Studentenbewegung deklariert die Hochschulen zu Gegengesellschaften, wollte von hier aus die angeblich *unpolitische* Halbstadt verändern, in der sie, das offenbart das Gespräch bei Enzensberger im Oktober 1967, die Macht übernehmen wollen. West-Berlin soll das Experimentierfeld der Gesellschaftsveränderung werden. Bedurfte es allein der schuldig gesprochenen *Springer-Presse*, konnte Presse überhaupt allein mit ihren Mitteln Feindseligkeit in der Bevölkerung gegen solche Bestrebungen provozieren? Die Studentenbewegung und ihre Bekämpfung wurden zu einem neuen Kapitel der Gewaltgeschichte Berlins. Mord und Attentat schufen Märtyrer, die denen, die Gewalt für die Lösung hielten, Vorwände gaben, um sich den Anschein von Legitimität zu verschaffen. Ohnehin hat die Studentenbewegung die Legitimität zuerst der West-Berliner Demokratie infrage gestellt, sie durch den fundamentalen Zweifel am *herrschenden System* in Rechtfertigungszwang gebracht. Dabei steht fest, dass Dutschke kein bürgerlicher Demokrat war und sein wollte, dass er Gegner der parlamentarischen Demokratie gewesen ist und dass sein Verhältnis zur Gewalt nicht das eines rigorosen Gegners war. Ebenso wenig war er ein rigoroser Gegner des DDR-Staats. Als seine Mutter starb und er als Republikflüchtiger auch zu diesem Anlass nicht einreisen durfte, wandte er sich eben doch an den Vorsitzenden des West-Berliner SED-Ablegers SEW, den geborenen Wilmersdorfer Gerhard Danelius, und tatsächlich gelangte er durch diese Protektion nach Luckenwalde zur Beisetzung der Mutter.

DUTSCHKE UND BERLIN? West-Berlin, die *Insel*, war sein Flucht- und Freiheitspunkt, um endlich zu studieren. Es war Vehikel seiner Revolution, kaum ein Ort sentimentaler Bindung. Natürlich hat er hier den Gipfel seiner öffentlichen Wirkung erlebt, er heiratete hier, bekam seinen Sohn. Und in späteren Jahren kehrte er zu den Menschen zurück, die hier lebten. Sein Biograf Jürgen Miermeister schrieb 1986: „Berlin, offenbar immer wieder Berlin, sollte Dutschkes Stadt sein: magnetisch zog sie ihn an." Es blieb die Angst vorm Attentat. In Berlin macht er, unterstreicht Miermeister, die ersten Bewegungen zurück in den politischen Alltag, sein Ziel ist die neue grüne Partei. Sein Tod letztlich infolge des Attentats verhinderte die Vollendung dieses Wegs. Beigesetzt wurde er am 3. Januar 1980 auf dem Friedhof der St.-Annen-Kirche in Dahlem.

DER STUDENTENBEWEGTE Westdeutsche Peter Schneider gehört zu dieser West-Berliner Kultur der Zeit nach 1968. Er ist in seiner Begegnung mit West-Berlin frei von jeglicher Sentimentalität, attestiert dieser Stadt die ihm nur auf den ersten Blick wohltuende *Häßlichkeit*, die dem Süddeutschen fremd ist, hinter der sich aber das gleiche autoritäre Gehabe verbirgt, gegen das er sich in Freiburg gewandt hatte und dem er in West-Berlin gehofft hatte zu entkommen. Es lässt sich wohl sagen, dass auch er Berlin letztlich benutzte, wie es die Kommilitonen um Dutschke sich gedacht hatten, die es beinahe zur Gänze als *tabula rasa* betrachteten, die die Stadt betraten wie Schauspieler zu Beginn des Stücks, als ob vor ihnen noch nie jemand dagewesen sei, als ob vor ihnen noch nie jemand etwas gewollt habe, als ob sie selbst Anfang aller neuen Dinge wären. Aber Schneider ist es, aus dessen Zweifelswurzel der Abgesangstext *Lenz* entsteht, der in seiner melancholischen Stimmung, die dem Kollektivismus in seiner Zurückgeworfenheit auf das Individuum doch vollends zuwiderläuft, so sehr erfolgreich ist, dass darin der Beweis zu erblicken ist, dass der Text der Zeittendenz der Studentenschaft nach 1968 entsprochen hat. Zwei Wirklichkeiten sieht Schneider damals in der Stadt, die scheinbar nichts miteinander zu tun hatten. Die eine Wirklichkeit war die der Witwen, Tauben und Hausmeister, die andere die der *Minoritäten*, „der Türken, Griechen und Italiener, der Kriegsdienstverweigerer und der Lebenskünstler, der Gammler und der Schwulen, die sich hier zahlreicher und selbstbewusster in Szene setzten als in jeder anderen Stadt". Das war die Gegebenheit der Stadt, der provozierende Bruch in der Gesellschaft West-Berlins, dem sich jene Dynamik verdankte, die eben dennoch dazu führte, dass die *Revolte* langfristige Wirkung entfaltet hat, nicht im Sinne der Strategen der Studentenbewegung, sondern gerade auf kulturellem Feld. Das jedenfalls ist die Hypothese, die sich stützen kann auf eine Feststellung Schneiders wie diese:

Es lag in der Logik dieses Fragens, daß es nicht nur die bisherigen Mittel der Kunst auf ihre Tauglichkeit prüfte, sondern den Sinn von Literatur und Kunst überhaupt; daß es nicht nur nach dem Verhältnis der Kunst zur Gesellschaft fragte, sondern auch nach den Grundlagen der von den westlichen Siegermächten importierten Demokratie.

Immer wieder begegnet uns die Gewaltfrage, bei Dutschke, bei Schneider, ebenso bei Autoren und Sympathisanten wie Grass, Frisch, Scharf, auch bei Reiser. Es führt aus der Studentenbewegung gerade in Berlin ein Strang in das, was kurz *Terrorismus* genannt wird. Ulrike Meinhof gerät in die Fänge der Verführung zur Gewalt, als sie sich an der Befreiung von Andreas Baader beteiligt. Schon zu Beginn ihrer kriminellen Karriere als Gewalttäterin scheut sie nicht vor direkten Kontakten nach Ost-Berlin zurück. Auch Horst Mahler ist uns als sich bürgerlich gerierender Anwalt begegnet. Es wächst im *Revolte Berlin* eine gewaltübende linksextreme Bewegung, deren Verbrechen ein weiteres neues Kapitel der Berliner Gewaltgeschichte des 20. Jahrhunderts aufschlagen. In diese Gewaltgeschichte gehört auch die überzogene Anwendung staatlicher Gewalt. Benno Ohnesorg und Rudi Dutschke gehören zu den Opfern einer Epoche, in der auf beiden Seiten der Einsatz von Gewalt Stück um Stück als legitim hingestellt wurde und der kategorische Verzicht auf innerstaatliche Gewaltanwendung als Maxime missachtet wurde. Die Hausbesetzer der frühen 1970er-Jahre gehören ebenso in Berlins Gewaltgeschichte.

DANK DER ZUNEHMENDEN MOBILITÄT hatte längst die Epoche der Lebensabschnitts-Berliner begonnen, die wenige Jahre in der Stadt leben und wirken. Weltläufigkeit bringt der Schweizer Max Frisch nach Berlin. Er hat sogar noch zwei weitere Adressen, Schneider lebt später auch in Italien, Grass hat sein Haus in Wewelsfleth in Schleswig-Holstein, Meinhof, Bowie bleiben nicht lange, Fetting, Reiser gehen wieder oder leben lange Zeit woanders. Frisch hat weiten Horizont, schon als er herkommt. Das erschließt ihm im Mauer-Berlin seltene Vergleichsmöglichkeiten. London, das schreibt er im April 1973 in seinem *Berlin-Journal*, ganz euphorisch lobend, dieses London, das „wäre die Stadt gewesen" – und Englisch noch dazu als seine Muttersprache! Im direkten Vergleichen mit dem von Frisch gelobten *royalen* Zentrum, der „Metropole eines vergangenen Imperiums", des Empires, kommt er doch zu einem vornehm, diskret, zartfühlend verpackten Verdikt der beiden Berlins, das eben seinem London nicht standhält, denn:

Verglichen mit Paris: wilder, zeitgenössischer, vitaler, auch undurchsichtiger, vermute ich, und freier von Illusionen, die Paris noch zu hegen versucht wie eine berühmte alte gekränkte Schauspielerin. Verglichen mit New York: in jedem Detail noch gesitteter. Verglichen mit Berlin-West-und-Ost: eine Metropole.

Frisch sieht dieses vertrackte Berlin, das eben keine Metropole mehr ist in seinen Augen, als eine einzige, gemeinsame, zusammengehörige Stadt. Obschon er mit Schweizer Pass privilegiert ist, seine Berliner Zeit zeigt doch exemplarisch, wie eng Kontakt, gegenseitige Kenntnis, Bezugnahme mindestens der Literaten in Ost- und West-Berlin gewesen ist. Frisch-Biografin Ingeborg Gleichauf merkt sogar an, er habe sich im Grund nur, vor allem, zuerst für den Ostteil der Stadt interessiert. Aber erlebt hat er Berlin wesentlich als diese eine ganze Stadt. Zumal ihm DDR-Vertreter bedeuten, dass sie Bundesdeutsche nicht mochten, aber im Zuge der Anerkennungsmühen Ausländer schätzen. So wird Frisch zu einem einzigartigen literarischen Zeugen, der in seiner Begnadung genauen Beobachtens das Skurrile, Absurde, Unbegreifliche wahrnimmt, ausdrückt, aufhebt. Immerhin spürt Frisch, so schreibt es der Architekt am 16. Februar 1973, dass die Stadt, mindestens ihr Westteil um Urbanität und um ihren Platz in der Geschichte ringt, den sie zu verlieren droht. Er hat ein „Gefühl von Vakuum", wenngleich er die breiten Straßen gern entlangfährt:

Trotz ihrer Breite sind es lauter Nebenstraßen, die nicht einmal in ein Zentrum führen, allenfalls in Bezirke mit größerem Schick; Banken und Restaurants (international) machen kein Zentrum. Akademie der Künste und andere Wiederbelebungsversuche, es wird etwas unternommen, alles etwas vorsätzlich gegen das Verschwinden aus der Geschichte.

War der jüngere Schriftsteller Peter Schneider von der Revolte geradezu besoffen bis zur Bewusstlosigkeit, bis zu Selbstverlust, Selbstaufgabe, so sind die beiden selbsternannten Sozialisten bzw. Sozialdemokraten Grass und Frisch wohldifferenziert, und sie gehen in ihrer Sympathie ein Stück mit den Jungen mit, aber die Gewaltfrage, die mangelnde Demokratie der Bewegung trennen diese Älteren von den Jungen. Schneider gesteht das erst im Abstand eigenen Älterseins zu. Und letztlich stehen beide Autoren für jenes *Establishment*, das, so bekommt es Frisch 1967 persönlich gesagt, nach der fantasierten Revolution *unnütz* sein wird. Auch Bischof Kurt Scharf ist ein mit den Jungen mitfühlender Mann, ohne doch im oberflächlichen Sinn Sympathisant zu sein. Sein seelsorgerliches Situationsverständnis brachte es unvermeidlich mit sich, dass genau das ihm mitunter in militanter Sprache vorgeworfen wurde, insbesondere nachdem er, allen voran Ulrike Meinhof, verurteilte Terroristen in der Haft besucht hatte, wie er es mit vielen anderen, angefangen mit Häftlingen im Dritten Reich, aber später auch mit Rechtsextremisten und Nationalsozialisten immer schon getan hatte. Man kann Scharfs lebenslanges Wirken zusammenfassen als ein permanentes Ankämpfen gegen Spaltungen verschiedener Art, vor allem seiner Kirche. Festzuhalten ist mit Blick auf Wolf Biermanns Aussperrung, dass bereits am 31. August 1961, knapp drei Wochen nach dem Bau der Mauer, Scharf ausgebürgert wird und nicht mehr nach Ost-Berlin zurückkehren darf. In West-Berlin, dem *Revolte Berlin*, stellt er sich gegen die Spaltung der Gesellschaft, die ausgelöst wird von den revoltierenden Jungen und der darauffolgenden Reaktion. Geradezu exemplarisches Feld dieser Auseinandersetzung ist Scharfs eigene Kirche, deren Hirt in West-Berlin er selbst ist. Junge Pfarrer, den Ideen der 68er nahe stehend, gegen konservative Gläubige. Dabei spielt die Gemeinde der Wahrzeichen gewordenen Kaiser-Wilhelm-Gedächtniskirche eine besonders augenfällige Rolle. In der Hitze der Wortgefechte ist er als Gottes-, als Glaubensmann, als Priester, der er seinem Schützling und Freund Albertz in dieser Hinsicht ähnelt, nicht angemessen wahrgenommen worden. Manfred Karnetzki formuliert das treffend so:

Er bleibt uns als Theologe gleichermaßen nah und fremd. Dabei verkennen allerdings konservative Theologen und Kirchenleute oft, wie nah er ihnen in seiner Frömmigkeit war, und linke gestehen nicht ein, wie fremd er ihnen mit seiner eschatologischen Sicht der Welt bei aller Übereinstimmung blieb.

Die evangelische Kirche und Scharf allen voran agiert in diesen Jahren immer wieder unversehens in der Rolle als letzter Mittler in den diversen Konflikten, weil sonst kaum mehr jemand da zu sein scheint, der mit den Konfliktparteien noch reden konnte und den die Streitenden akzeptierten. Scharfs bis an die Grenze der Selbstaufgabe gehendes Engagement für Frieden, Versöhnung, wenigstens Waffenruhe, das darf nicht gleichgesetzt werden mit Parteinahme für eine der beiden Seiten, bei seinen damaligen Gegnern vorzüglich der linken Seite, also für die Jungen, die Aufrührer, die Revoltierenden. Wie wenige vor ihm und nach ihm hat er als Stifter inneren Friedens der Stadt die ihm 1976 verliehene Ernst-Reuter-Plakette verdient. Bewusst wird dem Betrachter, welch erstaunlich wichtige Rolle der Protestantismus im Berlin der Studentenrevolte und der 1970er-Jahre gespielt hat, wenn man die Namen Albertz und Scharf und in anderer Weise auch Dutschke, Reiser ebenso wie Meinhof und ihre Ziehmutter Renate Riemeck aufzählt. Reiser nennt die Studentenbewegten aus seiner eigenen christlichen Imprägnierung heraus in kritischem Sinne *Protestanten* und tituliert sie sogar als *Erweckungsbewegung*. Rainer Langhans spricht von *Arbeiterbewegungskirche*.

Vermittler während der Entführung des CDU-Politikers Peter Lorenz: Kurt Scharf (l.) und Heinrich Albertz am 1. März 1975 vor dem Rathaus Schöneberg.

DER PROTESTANTISMUS hatte auch die Kindheit der bedeutenden Figur des Berliner Theaters der 1970er-Jahre bestimmt. Der 1989 mit dem *Theaterpreis der Stadt Berlin* geehrte Peter Stein, der in eine Reihe mit Max Reinhardt, Heinz Hilpert, Gustaf Gründgens, Wolfgang Langhoff gehört, war *bürgerlich*. So wurde er denunziert, obwohl er doch links fühlte. Sein Zugang zu den Dramen wurde als *philologisch* angegriffen, und in der Sache stimmte das. Mit Grund ist Stein stolz auf seine in hoher Auflage verkaufte, wissenschaftlich anerkannte und sich durch frappante Klarheit auszeichnende Übersetzung der *Orestie* des Aischylos aus dem alten Griechisch der Antike, die 1980 Grundlage seiner fulminanten Inszenierung der drei Stücke für die Schaubühne gewesen war. Wie geht diese streng dem Wort, Gehalt, Sinn der Stücke verpflichtete Weise von Inszenierung überein mit dem linken, kritischen, wer mag: revolutionären Bekenntnis? Immerhin waren in seinem Ensemble in West-Berlin alle Schattierungen linksradikaler Gesinnungsvielfalt von Maoisten, K-Gruppen bis zur DDR-treuen SEW vertreten. Es gab Schulungen durch Kader der KPD. Peter Iden vergleicht den gegenüber der Vorlage destruktiv vorgehenden anderen bedeutenden Regisseur dieser Zeit mit Stein: „Wo Zadek den Kontext eines klassischen Dramas aufbricht und einzelne Momente zum Antrieb eigener Assoziationen macht, entfaltet Stein seine kritischen Haltungen aus der radikalen Einlassung auf den vorgegebenen Text.“ Steins Radikalität geht im Wortsinn an die *radix*, an die Wurzel des dramatischen Werks und stößt so oft auf andere Aussagen, als sie die Tradition vorgab. Wie formuliert es Iden? Stein vor allem habe „die Wiedergewinnung des Kunstwerks mit der Fülle der Mittel einer weltläufig ausgebreiteten Bilderwelt“ angestrebt. Und es ist Stein auf berückende Weise gelungen. Stein und die Schaubühne sind fürstliche Beispiele für das, was 1968 an Neuem hervorgebracht hat, in diesem Fall fürs Theater und für Berlin. Dieses West-Berlin, so zeigt die Geschichte der Schaubühne, nahm, was es bekam, zahlte, was es musste, um seinen Rang als Kulturmetropole fortzuschreiben. Man darf Werner Steins Verdienst um die Etablierung dieser Theatertruppe in ihrer Dimension und in ihrer kulturpolitischen Zukunftswirkung in eine Reihe stellen mit dem Vertrag auf Lebenszeit mit Herbert von Karajan, den der Volksbildungssenator Joachim Tiburtius 1956 abschloss, auch schon nach dem Motto *Koste es, was es wolle*.

DER PARALLELEN SIND VIELE. Manche sind dabei keine ursächlichen, aber fallen dennoch so ins Auge, dass man sie wenigstens benennen muss. Stein und Brecht, das ist so ein Fall. Natürlich ist Stein kein künstlerischer Nachfahre Brechts. Aber beide erleben ihre große Zeit in Berlin. Brecht und Stein sind *bourgeois* in ihrer Klassenzugehörigkeit, bedienen sich einer linken Zeitströmung, in deren Strom sie zum Erfolg schwimmen. Dazu gehört das antibürgerliche Äußere beider. Sie sind beide umgeben von ihrer Entourage, die sie mitreden lassen, sich ihr mehr oder weniger ernsthaft unterzuordnen scheinen. Am Ende sind sie, mehr oder weniger, doch die Entscheider. Beider Durchbruch findet in den Münchner Kammerspielen statt, bei Brecht am 29. September 1922 mit *Trommeln in der Nacht*. Beide inszenierten Revolutionsstücke. Beide drängt es danach letztlich nach Berlin, und sie wollen beide ein eigenes Haus. Bei Brecht ist es das Theater am Schiffbauerdamm, das ihm die DDR-Führung nach nachdrücklichem Drängeln überlässt, bei Stein ist es der prominent am Kurfürstendamm gelegene Mendelssohn-Bau. Brechts Einstand in Ost-Berlin ist seine *Mutter Courage*, Steins Einstand am Halleschen Ufer ist Brechts *Die Mutter*. Vielleicht macht das die Theaterstadt Berlin aus, dass sich die großen Leute eigene Häuser gestalten können. Barlog und Felsenstein hatten das schon nach 1945 getan, und man hatte sie mindestens gelassen. Festzuhalten ist, dass Stein ein Theater der 1920er- und 1930er-Jahre fortsetzt, in denen nach allgemeiner Überzeugung Steins Geburtsstadt Berlin Welthauptstadt des Theaters gewesen ist. Ist Steins Moderne in Wahrheit mehr ein Wiederbeleben, Wiederanknüpfen an die vergangenen großen Traditionen des Berliner Theaters der Jahre vor 1933, vielleicht in Teilen sogar noch des keineswegs durchwegs belanglosen Berliner Theaters im Dritten Reich? Auch Gustaf Gründgens war ein zunächst naiver Leser der Texte, die er in ihrem nach seinem Verständnis ureigenen Sein inszenieren wollte. Aus jener Zeit stammte auch Felsenstein, der die Oper, Stein inszenierte späterhin selbst Oper, aus den Verzerrungen, aus der Verstaubung der Tradition auf grandiose Weise befreite, und der in seiner Komischen Oper ein Meister der verzaubernden Bilderwelten wurde. Altes neu belebt, das ist auch bei den neuen Berliner Malern so, den *Neuen Wilden*, nehmen wir es als Orientierungsbegriff, die schon gegen das Abstrakte gewandt, das Gegenständliche neu entdecken. Und ist vielleicht die Besetzung der *Mutter* in Steins West-Berliner Debüt mit der großen Giehse, man ist versucht, sie letzten für das *Revolte Berlin* noch greifbaren *missing link* zum großen alten Berliner Theater zu nennen, ebenso wie das Manifest der Schaubühne als programmatische Ansage an die Welt des Theaters zu lesen, obwohl doch Stein keineswegs ein Epigone Brechts war und ist? *Die* Giehse jedenfalls schreibt in den 1970er-Jahren über Stein Sätze wie diesen, und sie wusste, wovon sie redete: „Als Regisseur kommt Stein gleich nach Brecht. Er ist zart wie dieser." Brecht bleibt anwesend im *Revolte*

Berlin, auch Max Frisch, überraschenderweise selbst David Bowie, ein wenig sogar Rio Reiser wissen von ihm.

BRECHT WAR AUCH DIE KÜNSTLERFIGUR, die den an dessen Haus am Schiffbauerdamm Theater-Erfahrungen sammelnden Wolf Biermann prägte. Er schreibt in seinen Memoiren diesen euphorischen Satz über seine Zeit beim Berliner Ensemble: „Unsere Welt war Brecht Brecht Brecht." Hinweisend auf dessen Begriff vom *Stückeschreiber*, schreibt Biermann in seiner Autobiografie, habe er, er betont: „für sich", den Begriff *Liedermacher*, erfunden. Ein Wort, das seit den 1970er-Jahren eine Szene von mehr oder weniger politisch engagierten Dichtern, Komponisten und zugleich Sängern bezeichnet. Der Fall Biermann gewann in Ost-Berlin seine einmalige Bedeutung, die den Poeten als Person zum Symbol machte und dessen Rausschmiss aus der DDR – womöglich nach dem Vorbild des Vorgehens der UdSSR gegen Alexander I. Solschenizyn – für die Existenz des sozialistischen deutschen Staates zum Menetekel werden sollte. Ursache dafür war, dass die bisher vereinzelt gebliebenen kritischen Künstler danach ein erstes Mal einen gemeinsamen, wenn auch zaghaft formulierten Protest ins Leben riefen. Viele Künstler in Ost-Berlin standen in den 1970er-Jahren zwar längst in systemkritischer Distanz, waren aber nach wie vor loyal zum SED-Staat als dem in ihren Augen mindestens potenziell *besseren Deutschland*. In den Memoiren und Interviews betont Biermann immer wieder: Anders als viele Künstler-*Genossen* in der DDR – in die SED habe es der Kommunist Biermann nur bis zum 1963 aberkannten Kandidatenstatus geschafft – habe er keine Eltern, keine persönliche, eigene Geschichte mit NS-Verstrickung. Deshalb kritisiert er den DDR-Staat *solidarisch*, und er tut es ungehemmter, selbstgewisser, schärfer, als es eine Christa Wolf mit ihrer Verwicklungsvergangenheit in der Kindheit tut, um sie als Beispiel neben dem wie sie in Berlin lebenden gewendeten Nationalsozialisten Franz Fühmann zu nennen. Es ist dezidiert die *Kultur*stadt Berlin, deren Ostteil zunächst mit Biermann als Einzelfigur, und dann in der wenn auch zurückhaltenden Organisation des Protestes ausgehend von Stephan Hermlin gegen dessen Ausbürgerung zum Zentrum der *Revolte* gegen die aktuelle Erscheinungsform sozialistischer Herrschaft in der DDR wird. Klaus Lenz, der mit Krug als Musiker arbeitete, nennt die DDR-Hauptstadt rückblickend *Provinznest*, in dem *jeder jeden* kannte. Als geteilte Stadt funktioniert Berlin in den 1970er-Jahren dank Entspannung noch besser als ost-westliches Scharnier, wenn auch zum Leidwesen der Ost-Berliner Regenten. Die durchdringliche Mauer fördert die Erosion des SED-Regimes, in Biermann erodiert sein kommunistischer Glaube. Es ist der greise Ex-Kommunist, Schriftsteller, Psychologe, Denker Manès Sperber, der ihn 1983 in Paris endgültig vom Glauben abfallen lässt:

Von diesem Alten ließ ich es mir gesagt sein. Ich glaubte ihm das, was mein Kopf im Grunde längst wusste, aber mein Herz nicht hatte wahrhaben wollen. Warum nicht? Aus Kinderliebe zu meinem ewig jungen Vater.

Biermanns Ausbürgerung löst bei den Literaten und Künstlern Ost-Berlins eine für ihre Verhältnisse beachtliche Reaktion aus, die ihrerseits scharfe Reaktionen der *Staatsorgane* hervorruft. Krugs komfortable Ausreise ist eines der Beispiele für den nach der Ausbürgerung beginnenden Exodus von Kulturschaffenden aus Ost-Berlin in den Westen, von dem West-Berlin nur teilweise profitierte.

WAREN LIEDERMACHEN UND JAZZ die Musik Biermanns und Krugs, steht *Ton Steine Scherben* für Deutschrock und insbesondere für Agitrock. Reiser entdeckt das Neue an der ihn und die zeitgenössische Jugend faszinierenden Musik von Beatles und Rolling Stones. West-Berlin ist der Ort, an dem sich diese neue Musik entfaltet. Reisers Truppe gehört zu den ersten, die Rock mit deutschen Texten macht, und zwar in politischer Absicht. Parallel entwickelt sich eine entsprechende Szene im Ostteil. Dabei sind Reiser und seine Band verkannt, wenn man sie nur aufs Politische reduziert. Spätestens in seiner anschließenden Solokarriere entfaltet Reiser seine andere, durchaus weiche, lyrische, poetische Seite. In der Stadt entsteht Anfang der 1970er-Jahre die Richtung des Elektropop, Elektrorock, in West-Berlin leben Pioniere dieser neuen Musik, die sich des elektronischen Instruments des Synthesizers bedient. Die Szenewelt, in der Reiser und die Scherben bis 1975 leben, entfaltet große Anziehungskraft, nicht zuletzt auf den internationalen Superstar David Bowie. Aber die *Scherben* und der Berliner Reiser verlassen dieses Berlin, sind seiner überdrüssig, nehmen Mitte der 1970er-Jahre einen inneren Stillstand wahr, fühlen sich gefesselt von den Verhältnissen und in ihrer Entwicklungsmöglichkeit behindert. Auch eine Art Abgesang auf die Epoche der 68er. Die *Scherben* begegnen politischen Figuren, die bereits Rang und Namen in der *Bewegung* hatten oder künftig Rang und Namen in der deutschen Politik haben werden. Dutschke ist auf ihrer Abschlussfete, sie treffen auf Tournee in Frankfurt am Main dessen Weggefährten Daniel Cohn-Bendit, und Claudia Roth, seit dem 8. Dezember 2021 Beauftragte der Bundesregierung für Kultur und Medien und als solche Staatsministerin in Berlin, stößt in Schleswig-Holstein zur Band und bemüht sich als Managerin, Reiser zu überzeugen, mit der Plattenindustrie zusammenzuarbeiten.

MUSIK, JUNGE, NEUARTIGE MUSIK, Jazz, Beat, Rock, all das gehört zum Berlin dieser Epoche. Biermann, Krug, Reiser, Bowie, die Musik in den Filmen, selbst die Malergruppe *Moritzboys*, überall rockt, singt, klingt es, im Radio, Fernsehen, in diesem Buch. Die *Revolte* hatte ihre Spiegelung auch in einer avantgardistischen Musik. Edgar Froese ist einer, wenn nicht *der* Pionier der elektronischen Musik, des Elektropop. Er und seine Musikerkollegen von *Tangerine Dream* verkauften ihre Instrumente und setzten auf eine Musik, für die es keine Instrumente zu kaufen gab. Es sei darum gegangen, alles in Frage zu stellen, was bisher in der Musik gegolten hatte. Das ist, was den Briten David Bowie nach Berlin gezogen hatte. Deutsche elektronische Musik ist die Avantgarde, aber die Musik spielt nicht nur in West-Berlin. Das ist, was Bowie inspiriert, davon sind seine drei Berliner Alben, nicht zuletzt seine Berlin-Hymne *‚Heroes'* geprägt. Anders als der andere Stippvisiten-Berliner Max Frisch hebt Bowie im Rückblick gerade die Übereinstimmung zwischen Berlin und einer großen Weltmetropole hervor. 2002 sagt er im *Tagesspiegel*, als er nach dem Besonderen des Berlins der späten 1970er-Jahre gefragt wird:

Da war diese besondere Atmosphäre, die ich übrigens in ähnlicher Form später in New York gefunden habe. Die Mentalität der Leute ist ziemlich ähnlich: Denen ist einfach egal, was du machst. Sie kümmern sich um ihr eigenes Zeug. Und sie denken nicht, dass es etwas Besonderes ist, einem berühmten Menschen auf der Straße zu begegnen. Das ist klasse. Deswegen lebe ich in New York.

Die Frage nach der alten Stadt, nach dem alten Berlin als Lebenswelt, die in Kreuzberg aufgeworfen ist, stellt sich unter anderen Bedingungen auch in Prenzlauer Berg. Konrad Wolfs beiläufig ausgesprochener Satz „Aber auch das alte Berlin ist Lebenswelt" ist dafür nur ein Fingerzeig. Auffällig, wie das ZK-Mitglied und der West-Berliner Konservative, Verleger und Architekturkritiker Wolf-Jobst Siedler hier an einem Strang ziehen. Der Film *Solo Sunny* schildert dieses alte Berlin in seinem schon in den 1970er-Jahren bejammernswerten Zustand, diskutiert die Frage des Lebens in den Neubauten, den *Platten*, mit filmischen Mittel, wenn wir dem Drehbuchautor Wolfgang Kohlhaase folgen wollen, ganz unbeabsichtigt. Wir erleben eine bohèmehafte Lebenswelt in diesem Film, die auch die Welt eines Biermann ist, und die dem, was im Westteil mit Kreuzberg verbunden wird, ähnelt. Mit Wolfgang Kohlhaase begegnen wir einem Drehbuchautor und Filmmann von hohen Graden, der mit den mit der Stadt verbundenen Kollegen Billy Wilder oder Erich Kästner mehr als mithalten kann. Kohlhaase ist geborener, überzeugter, seine Stadt reflektierender Berliner. Er hat sie als einheitlichen Stadtraum gekannt und erlebt den Mauerbau, den er so nicht nennt, als Verlust von Bewegungsfreiheit.

AUCH FETTINGS BERLIN-, MAUERBILDER sind Zeugnis des Lebens mit der Mauer, ihrer Selbstverständlichkeit, des Hinnehmens der durch sie bewirkten urbanen Anomalie und der durch sie symbolisierten Teilung. Die Mauer als instrumentell gedachter singulärer Bau wird künstlerisch zum Symbol für sich selbst, dessen Botschaft die Normalisierung der Verdoppelung der Stadt ist. Fetting verfremdet sie durch die kurios anmutende Verlegung der Mauer an Stellen, an denen sie gar nicht stand. So bringt er die Idee ihrer Wirklichkeit ins Bild, und Mauer und Teilung werden so eben doch zu einer absurden Realität. Fetting stellt sich in eine Berliner Maltradition, in die des Verfremders des Nachkriegs-Berlins Werner Heldt. Doch die Verfremdung der Mauer, um ihre Absurdität zur Anschauung zu bringen, hat auch eine literarische Entsprechung, nämlich Max Frischs Farce einer Mauer durch Zürich. Fetting betont die Ähnlichkeit West-Berlins mit der Metropole New York nun gerade im Morbiden, Ungeordneten, im Kontrast zur Bundesrepublik, woher er kam: „Als ich Anfang der siebziger Jahre in Berlin angekommen war, war das hier eine Ruinenlandschaft voller Anarchie, während Westdeutschland sauber war."

In den 1970er-Jahren gewinnt die *Hauptstadt der DDR* eine neue, neugestaltete Mitte. Sie hat bleibenden Charakter und gehört im 21. Jahrhundert zum Bild des vereinigten Berlins ebenso wie der in dieser Epoche fertiggestellte Fernsehturm, der zum weithin sichtbaren Wahrzeichen der Gesamtstadt geworden ist. Ost- und West-Berlin haben in den 1970er-Jahren teil an der architektonischen Moderne, einer am Technischen orientierten Bauweise, mit differierenden Akzenten und Stilen, aber doch mit der Zeit und an der internationalen Entwicklung der Architektur partizipierend und besonders im Ostteil mit Verweisen auf das Raumfahrtzeitalter. Fernsehturm und Funkturm, Palast der Republik und Internationales Congress Centrum sind nur zeitgerecht wahrgenommen, wenn sie in ihrer Konkurrenz gesehen sind, ebenso wie die westliche City an der Gedächtniskirche, versehen mit dem 1965 fertiggestellten Europa-Center.

DIE 68ER-BEWEGUNG wird in Zusammenhang gebracht mit der Emanzipation der Frau. Auch hier ist Berlin nur noch einer der Schauplätze gesellschaftlicher Entwicklung neben anderen. Wieder zeigt sich, dass die Ursprünge kultureller Tendenzen älter sind als die Studentenbewegung. Ulrike Meinhof hat dagegen eine solitäre Rolle. Bei keiner anderen Figur der Bewegung gebe es diesen Umschlag ehrlichen politischen Engagements seit der Jugend in mordbereiten Wahn, urteilt Peter Schneider.

Die Frage nach dem *Revolte Berlin* im Kontext einer Berliner Kulturgeschichte von 1968 bis 1980 legt die These nahe, dass womöglich dem Epochenjahr 1968 mindestens ebenbürtig in seiner historischen Bedeutung das Epochenjahr 1976 an die Seite gestellt werden muss. Die die Gesamtheit der Stadt über die Mauer hinweg in den Blick nehmende kulturgeschichtliche Perspektive zeigt, dass die Verbindungen der Revolteure in West und Ost und die kulturellen Verbindungen des Ostteils mit dem Westteil der Stadt eng gewesen sind. Die Absicht der Mauerbauer der SED hatte hier nicht gefruchtet. Überdies sind die ideologisch linksradikalen Überzeugungen der Revoltierenden von 1968 und von 1976 einander nahe. Die deutschen November in Berlin sind Schicksalsmonate. Der November 1976 ist das Präludium für den November 1989. Der November 1976 ist in seinem Protagonisten Biermann mit der Führungsfigur der Revolte im Westen, Rudi Dutschke, symbolhaft verflochten. Beide Bewegungen hatten die Legitimation ihrer jeweiligen Staaten und Stadthälften in Frage gestellt und die Herrschenden zur Rechtfertigung genötigt. Das *Revolte Berlin* des Jahres 1976 hat erreicht, was den 1968ern nicht gelang. Die Legitimation des von Ost-Berlin aus regierten deutschen Staates wurde zerstört. Wenn nicht bei der Realisierung des besseren Deutschlands einer demokratisch-sozialistischen DDR, so doch in der Entfaltung seiner Durchschlagskraft ist das *Revolte Berlin* des Ostens das erfolgreichere gewesen. Dazu hat in allererster Linie die Kulturmetropole Berlin mit ihren Ost-Berliner Repräsentanten das Entscheidende beigetragen. Ereignishaft wird dies anschaulich in der Demonstration des 4. November 1989 auf dem Alexanderplatz, die initiiert und getragen war von Kulturschaffenden vor allem aus der *Hauptstadt der DDR* Berlin. Dabei waren sie alle nicht so weit, die DDR abzuschaffen, die Einheit der Nation herzustellen. Die Berlinerin Angelica Domröse, die große Naive des Theaters, des Films schreibt über den November 1976, sie hätten nicht einmal das ZK abschaffen

Walter Womacka und seine Werke, 12. Mai 1987: Im Haus der Wohnungsbaugesellschaft WBM Wallstraße 90 an der Fischerinsel verfügte der Maler über ein Atelier.

wollen, sie hätten nur die Selbstherrlichkeit der Partei beseitigen wollen, einfach nur: „Wir wollten eine erwachsene Gesellschaft." Der Partei gelingt jedoch es unbeirrbar, so viele von sich zu weisen, so viele aus dem Land zu weisen, so viele vor den Kopf zu stoßen. Thate und Domröse gehen. Beide kommen mit Boy Gobert, dem neuen Generalintendanten der Staatlichen Schauspielbühnen, ans Schillertheater in West-Berlin. Und Krug gelingt es, im Westen Erfolg zu haben, und er macht vor allem Fernsehen, weil es einträglicher ist als Theater, aber er fragt sich und seinen Freund in seinem Tagebuch, während er auf die Ausreise wartet, bereits unter dem 25. April 1977 zweifelnd:

Ist es das „bessere Deutschland“, das ich jetzt verlassen will, Biermann? Ich frage mich, ob du dir da selbst noch sicher bist.

Das doppelte Berlin ist sich in seinen Hälften ähnlicher, als es die Mauer-Erbauer glauben machen wollten. Eine doppelte *Revolte* erschüttert in dem auf 1968 folgenden Jahrzehnt die Stadt. Sie ist vom Sozialismus inspiriert, beide Revolten stehen in Wechselwirkung zur Kultur und ihren Trägern. Rudi Dutschke und Wolf Biermann wollten ein gemeinsames, besseres Deutschland in einem besseren Sozialismus als dem realen. Mindestens einen besseren Sozialismus wollten auch Biermanns Unterstützer. Beiden Freunden ist Berlin, und zwar mehr als nur imaginär das ganze Berlin in seiner Geteiltheit und deren singulären Bedingungen, Bühne gewesen. Die Revolten berührten einander und sie waren getragen von Minderheiten. Die eine verging rasch und hinterließ ihre Spuren in der Kultur, bezeichnenderweise oft in einer im Zeichen der *Revolte* stehenden Restauration überkommener Kunstformen, im Theater Steins in der Reorientierung an der Antike, in der Malerei Fettings in der Fortführung der Revitalisierung figurativen Malens, in der Literatur in der Rückbesinnung auf Klassiker als Modelle wie bei Schneider und Plenzdorf. Im Städtebau obsiegt in beiden Hälften eine zeitgemäße, globale Moderne. Grelle Farben, gellend-allgegenwärtige Rockmusik, ebenso wie die Architektur auch in Berlin verbunden mit neuen Formen und Techniken beherrschen das Antlitz des Dezenniums. Die andere *Revolte* war subversiver Ausgang des Endes des realen Sowjetkommunismus und in ihrer Wirkung Teil einer sich internationalistisch wissenden antikommunistischen Revolution. Für dieses doppelte, gegen die jeweiligen Systeme gerichtete Protestantentum spielt in Berlin die geteilte, aber aufeinander bezogen bleibende, insofern nach wie vor gesamtstädtisch sich sehende protestantische Kirche eine wichtige begleitende, vermittelnde, Schutz gewährende Rolle. Kirchenleute wie Manfred Stolpe und Günter Krusche werden für Biermanns und Havemanns Fortsetzerin, die Malerin Bärbel Bohley, wichtig sein. In beiden Teilen einer Stadt, die um das ringt, was die Sprache der SED *Weltniveau* nennt, muss das, was kaum mehr aus sich heraus und durch überbordenden Zustrom wächst wie in den Metropolen draußen in der weiten Welt oder im *Vulkan Berlin* der 1920er-Jahre, politisch herbeisubventioniert werden. Das Paradebeispiel ist die Schaubühnentruppe, die als erstes vom Senat Geld fordert. Die 68er-Bewegung verstaatlichte sich auf ihrem Weg in die Institutionen selbst.

Wer-
gleichen

Das Jahrzehnt vor der neuen Einheit – Normalisierung und der ewige Karajan

Tristesse des Stillstands: Brandmauern, Graffiti. Leere. Das Foto entstand 1976 im Herzen Ost-Berlins, Münz-/Ecke Schönhauser Straße.

KLAUS SCHÜTZ, SO LÄSST SICH SAGEN, ist in seiner Amtszeit Opfer des Erfolgs der Entspannungspolitik, von Transitabkommen und Besucherregelung insbesondere geworden. West-Berlin verlor seine Rolle als Spannungsherd. Schütz stellte in den Erinnerungen heraus, dass West-Berlin und dass die West-Berliner durch ihre „Unbedingtheit, frei zu bleiben und gleichzeitig den Frieden erhalten zu wollen“, mehr für Deutschland bewirkt hätten als ihnen bewusst war. Andererseits sei vielen Deutschen außerhalb Berlins gar nicht klar, wie sehr die Berliner und ihre Stadt auch ihr Schicksal bestimmt hätten. Die Berliner, so Schütz' Beobachtung, sähen die anderen Deutschen ohne Bewunderung und ohne Hochmut. Umgekehrt würden die Nichtberliner mal schimpfen, sich mal solidarisieren, mal stolz sein, mal über Berlin lächeln.

IN DEN 1970ER-JAHREN wirkte noch immer ein alternder Weltkünstler in West-Berlin. Schütz sind die Begegnungen mit Herbert von Karajan und dessen Frau Eliette unvergesslich. Er schreibt dem Chefdirigenten der Berliner Philharmoniker, die für ihn ein „Berliner Schmuckstück“ waren, eine Ausstrahlung zu, „wie ich sie selten erlebt habe.“ Der lebenslange Chefdirigent wird auch noch in den 1980er-Jahren in Berlin tätig sein. Das Orchester schlägt die kulturgeschichtliche Brücke aus dem 19. bis ins 21. Jahrhundert. Karajans Abgang vollzieht sich am Ende des Jahrzehnts im Wesentlichen schriftlich, und es trifft die Kultursenatorin des aus SPD und Alternativer Liste gebildeten Senats des Regierenden Bürgermeisters Walter Momper. Anke Martinys christdemokratischer Vorgänger Volker Hassemer hatte sich aufgrund des Regierungswechsels nicht mehr gekümmert. Die frisch ins Amt gekommene sozialdemokratische Senatorin für Kulturelle Angelegenheiten reist am 24. April 1989 zu Karajan nach Anif bei Salzburg. Tags zuvor hatte der am 5. April 82 Jahre alt gewordene Karajan sein letztes Konzert in Wien gegeben. In West-Berlin hatte er Silvester das letzte Mal dirigiert. Martiny hatte erwartet, dass Karajan mit ihr über neue Vertragsbedingungen, namentlich über die Verringerung seiner Konzertverpflichtungen, verhandeln wollte. Das hatte er ihr geschrieben. In dem Brief, den er ihr an der Tür aushändigt, beklagt er sich über den säumigen, schlechten Umgang mit seiner Person. Sein letzter Satz bezieht sich auf seinen letzten Brief, den er an Martiny gerichtet hatte: „Wiederum habe ich keine Antwort erhalten!“ Es ist ein unwürdiger Umgang. Und so fängt der Brief an, den der am 16. Juli 1989 dort in seinem Haus in Anif verstorbene Maestro der Berliner Senatorin in die Hand drückt:

Sehr geehrte Frau Senator, Ich [sic] bitte Sie, zur Kenntnis zu nehmen, dass ich mit heutigem Datum meine Arbeit als künstlerischer Leiter und ständiger Dirigent des Berliner Philharmonischen Orchester [sic] beende.

Künstlerische Größe auch im *Revolte Berlin:* Dem Maestro Herbert von Karajan händigte Klaus Schütz am 14. April 1975 in der Philharmonie das Große Verdienstkreuz aus.

Dieser Maestro steht trotz seiner NSDAP-Vergangenheit für das grandiose Berliner Musikleben, in dem er die 1920er-Jahre, vor allem aber

die nationalsozialistischen Jahre des *Monster Berlin* über die Karajan-Lücke der Nachkriegsjahre, über Kalten Krieg, Entspannung und 1980er-Jahre hinweg präsent in Berlin gewesen ist, ohne hier je eine Wohnung gehabt zu haben. Seine Berufung zum lebenslänglichen Chefdirigenten durch den 1989 längst vergessenen Volksbildungssenator Joachim Tiburtius war eine unvergleichliche kulturhistorische Weichenstellung. Anke Martiny vollzieht im Salzburgischen *nolens volens* die Beendigung dieser singulären Berliner Karriere. Karajan ist der letzte Repräsentant der international renommierten Kulturmetropole Berlin, der das Berlin der Gegenwart der 1980er-Jahre noch mit dem Zeitalter des *Vulkan Berlin* verbunden hatte. Vielleicht markiert der Abschied Karajans die endgültige Absage an den Anspruch Berlins, eine Kulturmetropole zu bleiben, zu werden, wieder zu werden, ein *Vulkan* wie damals in den glorifizierten 1920er-Jahren. Vielleicht war Berlin während der in die in die Vereinigung mündenden 1980er-Jahre tatsächlich nur noch *Normal Berlin*, wie es Klaus Schütz retrospektiv und im Hader mit sich und der Stadt in seinen Memoiren als seine damalige Vision für West-Berlin formuliert hat:

Ich habe in den siebziger Jahren gefordert, daß wir West-Berlin zu einer normalen Großstadt entwickeln müssen, mit Lebensverhältnissen wie sonst in West-Deutschland. Ich hielt das für eine radikale Forderung angesichts des Vier-Mächte-Abkommens. Aber die Resonanz war reserviert. Viele wollten auf das Außergewöhnliche eines ständig gefährdeten West-Berlins nicht verzichten. Sie selbst wollten zwar so normal leben wie nur möglich, aber die Lage Berlins sollte nach Möglichkeit anormal bleiben. Nur: Beides zusammen würde auf Dauer nicht gehen.

Der Irrtum liegt darin, dass die Lage beider Berlins tatsächlich in ihrer alltäglichen Wirklichkeit anormal blieb. Das politische Schlagwort der Entspannungsära von der *Normalisierung* war für Ost-Berlin der Stempel auf die Anerkennung als *Hauptstadt der DDR*. Es war der Anschein der von der SED ersehnten, aber fragilen Normalität. Aber war wirklich *normal*, dass die andere Stadthälfte noch immer umgeben war von einem feindseligen Territorium, an dessen Grenzlinie Menschen starben, die diese Grenze überschreiten wollten? Das war keineswegs *normal*, obwohl das Berlin der 1980er-Jahre genau diesen Eindruck erwecken wollte. Der Fall der Mauer wurde zum Ausweg aus diesem Dilemma. Bis dahin drang ein lethargischer, visionsloser, nivellierender *Stillstand Berlin* immer weiter vor.

LITERATURVERZEICHNIS

Heinrich Albertz, Heinrich Böll, Helmut Gollwitzer u. a.: „Pfarrer, die dem Terror dienen"? (rororo aktuell), hrsg. von Freimut Duve. Reinbek bei Hamburg 1975.

Götz Aly: Unser Kampf. 1968 – ein irritierter Blick zurück. Frankfurt am Main 2008.

Reinhard Appel: Die Regierenden von Berlin seit 1945. Die Nachkriegsgeschichte der Stadt im Spiegel ihrer Bürgermeister. Berlin 1996.

Harry Balkow-Gölitzer: Prominente in Berlin-Friedenau und ihre Geschichten. Berlin 2013.

Eva Gesine Baur: Einsame Klasse. Das Leben der Marlene Dietrich. München 2017.

Wolf Biermann. Liedermacher und Sozialist, hrsg. von Thomas Rothschild. Reinbek bei Hamburg 1976.

Wolf Biermann und andere Autoren. Die Ausbürgerung. Anfang vom Ende der DDR, hrsg. von Fritz Pleitgen. München 2001.

Jens Bisky: Berlin. Biografie einer großen Stadt. Berlin 2019.

David Bowie. Stardust Interviews. Ein Leben in Gesprächen. Zusammengestellt von Cornelia Kühne und Juliane Noßack. Zürich 2021.

Ulrich Chaussy: Rudi Dutschke. Die Biographie. München 2018.

Sylvia Claus: Zwischen Modernismus und Historismus. Zu Hermann Henselmanns Architekturästhetik, in: Der Architekt, die Macht und die Baukunst. Hermann Henselmann in seiner Berliner Zeit 1949–1995, hrsg. von Thomas Flierl. Berlin 2018, S. 151–172.

Jutta Ditfurth: Ulrike Meinhof. Die Biografie. Berlin 2007.

Gretchen Dutschke: Wir hatten ein barbarisches, schönes Leben. Rudi Dutschke. Eine Biographie von Gretchen Dutschke. Köln 2021.

Rainer Fetting. Berlin, hrsg. von der Berlinischen Galerie, Landesmuseum für Moderne Kunst, Fotografie und Architektur. [Ausstellungspublikation.] München 2011.

Thomas Flemming, Gernot Schaulinski, Bernd Ulrich: Das Rote Rathaus in Berlin. Eine politische Geschichte. Berlin 2020.

Bruno Flierl: Hermann Henselmann – Chefarchitekt von Berlin, in: Der Architekt, die Macht und die Baukunst. Hermann Henselmann in seiner Berliner Zeit 1949–1995, hrsg. von Thomas Flierl. Berlin 2018, S. 69–84.

Lukas Foljanty: Der Verkehrsknoten Steglitz. Bierpinsel, U-Bahnhof Schloßstraße, Joachim-Tiburtius-Brücke. Das Erstlings-werk von Ralf Schüler und Ursulina Schüler-Witte (Graue Reihe des Instituts für Stadt- und Regionalplanung der Technischen Universität Berlin, hrsg. vom Forum Stadt- und Regionalplanung e. V., Heft 30). Berlin 2011.

Hermann Glaser: Kleine deutsche Kulturgeschichte. Eine west-östliche Erzählung vom Kriegsende bis heute. Frankfurt am Main 2007.

Ingeborg Gleichauf: Jetzt nicht die Wut verlieren. Max Frisch – eine Biografie. München 2010.

Peter Hahn, Jürgen Stich: Friedenau. Geschichte & Geschichten. Badenweiler 2015.

Jan-Christoph Hauschild: Georg Büchner. Reinbek bei Hamburg 2004.

Peter Iden: Die Schaubühne am Halleschen Ufer 1970–1979. München/Wien 1979.

Michael Jürgs: Günter Grass. Eine deutsche Biografie. München 2007.

Wolfgang Kohlhaase: Um die Ecke in die Welt. Über Filme und Freunde, hrsg. von Günter Agde. Berlin 2021.

Alexander Kulpok: SFB mon amour. Berlin 2019/20.

Jörg Magenau: Christa Wolf. Eine Biographie. Berlin 2002.

Angela Martin: Heinrich Albertz, in: Stadtoberhäupter. Biographien Berliner Bürgermeister im 19. und 20. Jahrhundert, hrsg. von Wolfgang Ribbe. Berlin 1992, S. 513–542.

Jürgen Miermeister: Rudi Dutschke. Reinbek bei Hamburg 1968.

Kai-Uwe Merz: Eiszeit Berlin. Eine Kulturgeschichte des Kalten Kriegs. Berlin 2022.

Kai-Uwe Merz: Monster Berlin. Eine Kulturgeschichte der nationalsozialistischen Zeit. Berlin 2021.

Kai-Uwe Merz: Vulkan Berlin. Eine Kulturgeschichte der 1920er-Jahre. Berlin 2020.

Kai-Uwe Merz: Wüste Berlin. Eine Kulturgeschichte der Nachkriegszeit. Berlin 2021.

Kai-Uwe Merz: Zement Berlin. Eine Kulturgeschichte der frühen 1960er-Jahre. Berlin 2022.

Volker Neuhaus: Günter Grass. Eine Biografie. Göttingen 2012.

Ernst Nolte: Deutschland und der Kalte Krieg. Stuttgart 1985.

Richard Osborne: Herbert von Karajan. Leben und Musik. Frankfurt am Main 2004.

Bettina Röhl: So macht Kommunismus Spaß! Ulrike Meinhof, Klaus Rainer Röhl und die Akte KONKRET. München 2006.

Bettina Röhl: „Die RAF hat Euch lieb." Die Bundesrepublik im Rausch von 68. Eine Familie im Zentrum der Bewegung. München 2018.

Jay Rosselini: Wolf Biermann. München 1992.

Dirk Rotenberg: Klaus Schütz, in: Stadtoberhäupter. Biographien Berliner Bürgermeister im 19. und 20. Jahrhundert, hrsg. von Wolfgang Ribbe. Berlin 1992, S. 543–569.

Wilfried Rott: Die Insel. Eine Geschichte West-Berlins 1948–1990. München 2009.

Tobias Rüther: Helden. David Bowie und Berlin. Zürich/Berlin 2022.

Roswitha Schieb: Peter Stein, ein Portrait. Berlin 2005.

Kai Sichtermann, Jens Johler, Christian Stahl: Keine Macht für Niemand. Die Geschichte der Ton Steine Scherben. Berlin (erweiterte Neuausgabe) 2008.

Peter Schneider: Rebellion und Wahn. Eine autobiographische Erzählung. Köln 2018.

Stationen eines Weges. Daten und Zitate zur Kunst und Kunstpolitik der DDR 1945–1988. Zusammengestellt von Günter Feist unter Mitarbeit von Eckhart Gillen, hrsg. vom Museumspädagogischen Dienst Berlin [Ausstellungspublikation]. Berlin 1988.

Jacques Schuster: Heinrich Albertz. Der Mann, der mehrere Leben lebte. Eine Biographie. Berlin (Dissertation) 1997.

Hans-Peter Schwarz: Axel Springer. Die Biografie. Berlin 2008.

Paul Sigel: Positionsbestimmungen zwischen Ost und West. Hermann Henselmann im Kontext internationaler Architektur- und Stadtdiskurse der 1950er bis 1970er Jahre. In: Der Architekt, die Macht und die Baukunst. Hermann Henselmann in seiner Berliner Zeit 1949–1995, hrsg. von Thomas Flierl. Berlin 2018, S. 173–195.

Michael Sontheimer, Peter Wensierski: Berlin. Stadt der Revolte. Berlin 2018.

Donald Spoto: Marlene Dietrich. Die große Biographie. München 2000.

Peter Uehling: Karajan. Eine Biographie. Reinbek bei Hamburg 2008.

Taxis, Monsters and the Good Old Sea. Rainer Fetting. [Ausstellungspublikation.] Berlin 2017.

Roger Vaughan: Karajan. Ein biographisches Porträt. Frankfurt am Main, Berlin 1989.

Antje Vollmer, Hans-Eckardt Wenzel: Konrad Wolf. Chronist im Jahrhundert der Extreme. Berlin 2019.

Heinrich Vormweg: Günter Grass. Reinbek bei Hamburg 2002.

Reymar von Wedel: Kurt Scharf. Kämpfer und Versöhner. Kleinmachnow 2010.

Sabine Wickert: Grass' abgelegtes Berlin. Vom nahen Lebensort zur fernen Hauptstadt. In: Berliner Hefte zur Geschichte des literarischen Lebens 10 (2013), S. 146–158.

Konrad Wolf. Direkt in Kopf und Herz. Aufzeichnungen, Reden, Interviews (Akademie der Künste der DDR, Nationale Forschungs- und Gedenkstätten der DDR für deutsche Kunst und Literatur des 20. Jahrhunderts), hrsg. von Aune Renk. Berlin 1989.

Walter Womacka. Ausstellung. Malerei, Grafik, Baugebundene Kunst, hrsg. vom Magistrat von Groß-Berlin (Abteilung Kultur) und vom Verband Bildender Künstler der DDR (Bezirksvorstand Berlin). [Ausstellungspublikation, Berlin 1973].

Wolf-Dieter Zimmermann: Kurt Scharf. Ein Leben zwischen Vision und Wirklichkeit. Göttingen 1992.

Akademie der Künste, Berlin, Bertolt-Brecht-Archiv, BBA FA 69/001.11 © By Berlau Hoffmann: 72 – **akg-images:** 2 (UIG), 16, 20 (Henschel), 23 (Gert Schütz), 24 (AP), 31 (Gert Schütz), 42 (Binder), 54, 60 (AP), 62, 70 (brandstaetter images/Votava), 97 (Bildarchiv Pisarek), 110 (brandstaetter images/Votava), 143 (Viennaslide / Harald A. Jahn), 155 (Matthias Lüdecke), 159, 174 (Niklaus Stauss), 188 (Manuel Cohen), 192 (Pansegrau), 195 (Straube), 197, 203 (AP), 214, 224 (Gert Schütz), 232 (ddrbildarchiv.de/Manfred Uhlenhut), 234 (Sewcz), 236 (Gert Schütz) – **bpk:** 103 (Bundesstiftung Aufarbeitung / Harald Schmitt) – **Bundesarchiv:** 169 (183-G1003-0033-001) – **DEFA-Stiftung/Dieter Lück:** 167 – **Fetting, Rainer:** 174, 181 – **Imago Images:** 50 (KPA), 145 (Ulrich Gehner/teamwork), 151 (Photoshot), 198 (ZUMA/Keystone) – **mauritius images:** 64 (United Archives GmbH/Alamy), 93 (kpa/Alamy), 123 (Colaimages/Alamy), 191 (Lothar Steiner/Alamy) – **picture alliance:** 6 (brandstaetter images/Votava), 10 (United Archives), 12 (ASSOCIATED PRESS), 19 (dpa | Chris Hoffmann), 26 (Sammlung Richter/LB), 33 (ZB | Wilfried Glienke), 38 (ASSOCIATED PRESS/Anonymous), 46 (ZUMAPRESS.com | Keystone Pictures USA), 53, 57 (United Archives / kpa / Grimm), 58 (dpa | Günter Bratke), 66 (imageBROKER/Schoening Berlin), 69 (Heinrich Sanden), 76 (Konrad Giehr), 81 (dpa/Klaus Heirler), 82 (dpa/Chris Hoffmann), 86 (dpa/Konrad Giehr), 88 (Sammlung Richter/LB), 98, 100 (ZB/Wilfried Glienke), 109 (brandstaetter images/Votava), 113 (dpa), 114 (Wilhelm Bertram), 116 (dpa/Martin Athenstädt), 124 (Konrad Giehr), 128 (zb/Klaus Winkler), 130 (Jazz Archiv Hamburg/Hardy Schiffler), 132 (Bildagentur-online/Schoening), 136 (Volkmar Hoffmann), 140 (ullstein bild), 146 (ullstein bild/ARTCO-Berlin), 149 (Photoshot), (153 (Avalon/Retna | Michael Putland), 160 (dpa/Chris Hoffmann), 162 (ZB/Klaus Franke), 170 (Sammlung Richter/LB), 172 (dpa | Wolfgang Kumm), 182 (zb/Manfred Krause), 187 (ZB/Edgar Dahlberg), 205 (dpa/Hoffmann, Volkmar), 209 (Keystone), 211 (dpa/Chris Hoffmann), 212 (zb/Klaus Winkler), 219 (dpa) – **VG Bild-Kunst, Bonn 2023:** 184 – **Wüstenhagen, Monique:** Autorenfoto hintere Umschlagklappe

Bibliografische Information der Deutschen Nationalbibliothek
Die Deutsche Nationalbibliothek verzeichnet diese Publikation in der Deutschen Nationalbibliografie; detaillierte bibliografische Daten sind im Internet über http://dnb.d-nb.de abrufbar.

Titelbild:
1969 hatten sie Berlin hinter sich gelassen: Kommune-Mitbegründer Rainer Langhans an der Sithar mit dem Fotomodell Uschi Obermaier in deren Heimatstadt München.

Abbildung auf S. 2:
Vier West-Berliner Polizisten transportieren Dieter Kunzelmann ab: Der aus Bamberg stammende Kommune-Mitbegründer im Juli 1970 bei seiner Festnahme.

Der Elsengold Verlag ist ein Imprint des BeBra Verlags.

Asternplatz 3, 12203 Berlin
post@bebraverlag.de
Lektorat: Marijke Leege-Topp, Berlin
Umschlag: Goscha Nowak, Berlin (Foto: picture alliance (dpa/Kpa))
Satz: Goscha Nowak, Berlin
Schrift: Basic Gothic Pro, Bellybeans, Stone Serif ITC Pro, Trade Gothic Next
Druck und Bindung: Finidr, Český Těšín
ISBN 978-3-96201-127-7

www.elsengold.de